Ute Mehnert

USA
Ein Länderporträt

Ute Mehnert

# USA
## Ein Länderporträt

Ch. Links Verlag, Berlin

Die Deutsche Nationalbibliothek verzeichnet
diese Publikation in der Deutschen Nationalbibliografie;
detaillierte bibliografische Daten sind im Internet über
www.dnb.de abrufbar.


3., aktualisierte und erweiterte Auflage, Juni 2018
© Christoph Links Verlag GmbH, 2010/2016
Schönhauser Allee 36, 10435 Berlin, Tel.: (030) 44 02 32-0
www.christoph-links-verlag.de; mail@christoph-links-verlag.de
Reihengestaltung: Stephanie Raubach, Berlin
Karte: Christopher Volle, Freiburg
Satz: Eugen Bohnstedt, Ch. Links Verlag
Druck und Bindung: Druckerei F. Pustet, Regensburg


ISBN 978-3-86153-903-2

# Inhalt

# Ein Land, das alle schon kennen – und das doch ganz anders ist

»We're all living in Amerika – Amerika ist wunderbar.«
(Refrainzeile im Song »Amerika« der deutschen Rockgruppe Rammstein)

Seit Jahrhunderten ist Amerika das Land unserer Sehnsucht. Es ist die neue Welt, in der alle frei und gleich sind. Es ist das Land der unbegrenzten Möglichkeiten, das aus Tellerwäschern Millionäre macht. Es ist die Traumfabrik, die Helden und Happy Ends produziert. Und es ist die Heimat des unverbesserlichen Optimismus, wo man nach vorn blickt statt zurück – weshalb schon Goethe der Neuen Welt zurief: »Amerika, du hast es besser.«

Seit Jahrhunderten erregt Amerika unseren Zorn. Es ist das Land des Raubtierkapitalismus, in dem Geld alles ist. Es ist die Wiege der Mickymaus-Kultur, die nur seichtes Entertainment kennt. Es ist das Land des Konsumterrors, wo Shoppingmalls und Fastfood-Ketten den Geschmack ruinieren. »Amerika – die Entwicklung von der Barbarei zur Dekadenz ohne Umweg über die Kultur«, wie es der französische Politiker Georges Clemenceau schon vor hundert Jahren formulierte.

Nur gleichgültig lässt uns Amerika nicht. Von Hassliebe ist oft die Rede, wenn es um das Verhältnis der Deutschen zu den USA geht (der Rest des Doppelkontinents ist mit »Amerika« so gut wie nie gemeint.) Das wird nirgends so sichtbar wie in unserer Faszination für die amerikanischen Präsidenten und all jene, die es werden wollen. Über Bill Clintons Affäre mit seiner Praktikantin waren wir Mitte der 1990er Jahre ebenso detailliert im Bilde wie über Hillary Clintons spektakuläre Wahlniederlage fast zwei Jahrzehnte danach. Wir haben George W. Bush verteufelt. Dann haben wir Barack Obama vergöttert – zumindest so lange, bis sich herausstellte, dass US-Geheimdienste in seinem Auftrag das Handy der deutschen Bundeskanzlerin abhörten. Doch niemand hat unsere Fantasie mehr beflügelt als Donald Trump. Seit seinem überraschenden Wahlsieg im November 2016 beschäftigt er Kommentatoren, Komiker und Karikaturisten wie kein zweiter. Die Titelbilder deutscher Magazine zeigten Trump als Diktator mit Sternenbanner-Toga und Hitlergruß, als Dr. Seltsam beim Ritt auf der Atombombe oder als Tsunami mit platinblonder Haartolle – eine Monsterwelle, die Washington hinwegfegt und die amerikanische Demokratie gleich mit. Wie Asterix und Obelix ihre Römer, so beobachten wir das Imperium unserer Zeit und stellen analog zu den Galliern fest: Die spinnen, die Amerikaner. Wenn wir uns nicht über Trump aufregen, schimpfen wir auf die »Datenkrake« Google oder über die »moderne Sklaverei« der Uber-Fahrer. Dann ziehen wir unser iPhone aus der Tasche und bestellen schnell noch was bei Amazon. »Warum die Amerikaner alles falsch machen«, hieß das schon vor Jahren in der *Zeit,* und Kommentator Robert Leicht bescheinigte der deutschen Öffentlichkeit insgesamt ein mangelhaftes Urteilsvermögen gegenüber den USA.

Wir alle wissen immer schon Bescheid, was Amerika ist und nicht ist. Es ist ein Ort in unserer Vorstellungswelt, zusammengesetzt aus Gemälden, Fotos, Nachrichten, Werbeplakaten, Reisen, Büchern, Songtexten, Sitcoms und Kinofilmen. Vieles davon verdanken wir den USA selbst, weil es Teil der amerikanischen *soft power* ist, von Hollywood, App Stores und Streaming-Diensten bis in die entlegensten Winkel der Welt geliefert. Den Siegeszug der demokratisierten Kultur *made in USA* nach dem Zweiten Weltkrieg hat Michael Rutschky als Zeitzeuge im Titel seiner »deutschen Entwicklungsgeschichte« auf den Punkt gebracht: *Wie wir Amerikaner wurden.*

Auch mich lockte die amerikanische Verheißung, seit ich denken kann. Nie werde ich mein erstes T-Shirt vergessen: hellblau,

8

mit aufgedrucktem Donald Duck, der vor dem Sternenbanner posierte. Ich hatte so lange gebettelt, bis meine Mutter es mir kaufte – zum Ärger meines Vaters, der das »billige amerikanische Ding« abscheulich fand. Als McDonald's 1971 seine erste Filiale in Deutschland eröffnete, machte der *Stern* daraus sogar ein Titelbild: Wie Ufos aus einer anderen Welt schwebten Hamburger über den Atlantik auf die deutsche Küste zu; im Hintergrund glitzerte die Skyline von New York. Für uns Kinder waren Geburtstagspartys in den neuen Fastfood-Restaurants damals das Größte, auch wenn unsere Eltern über die »amerikanischen Labberbrötchen« die Nase rümpften.

Mitte der 1980er Jahre reiste ich zum ersten Mal in die USA. Drei Wochen lang genoss ich als Touristin im Südwesten des Landes die entspannte Atmosphäre eines Roadmovies, begegnete vielen freundlichen Amerikanern – und meinte überall Vertrautes zu erkennen. Lebenskünstler auf Surfbrettern unter der Golden Gate Bridge. Grandiose Natur und einsame Motels an endlosen Highways. Selbstvergessene alte Ladies an den *slot machines* in Las Vegas. Rettungsschwimmer am Strand von Malibu, die von Hollywood-Karrieren träumten. In dieser kurzen Zeit bekam mein Klischee-Amerika kaum einen Kratzer.

1990 ging es erneut, aber diesmal unter ganz anderen Vorzeichen in die USA: Sechs Monate Archivarbeit in Washington, D. C. Erst hier, konfrontiert mit dem amerikanischen Alltag und seinen Institutionen, lösten sich die scheinbaren Gewissheiten auf. Auch hier begegnete ich vielen freundlichen Amerikanern – aber es gab betretene Gesichter, als ich den Satz: »Du musst uns unbedingt besuchen«, wörtlich nahm und einfach vorbeischaute. Und dass es im *Land of the Free* nicht ratsam ist, Autoritäten in Frage zu stellen, wurde mir abrupt klar, als ich im Pendlerzug beim Gepäckverstauen dem Schaffner widersprach: Ich musste umgehend wieder aussteigen.

Inzwischen lebe ich auf unbestimmte Zeit mit meiner Familie in Princeton, New Jersey. Wir wohnen in einem typisch amerikanischen, weißen Holzhaus mit grünen Fensterläden und ohne Gartenzaun. Jeder Besucher aus Deutschland schüttelt den Kopf über die durchhängenden Leitungen, auf denen Eichhörnchen zwischen Haus und Strommasten turnen – und staunt über die staatlich subventionierten Solarzellen auf dem Dach, die wir noch den amerikanischen Vorbesitzern verdanken. Wir sind große Fans unseres Postboten, der nicht nur Briefe bringt, sondern auch gern welche mitnimmt und für uns abschickt. Und doch erleben wir bei (fast) jedem Behördengang, dass es in Amerika bürokratischer zugehen kann als in unserer dafür berüchtigten Heimat.

Kurz und gut: Wer für längere Zeit aus Deutschland in die USA kommt, findet zunächst viel Vertrautes, ist nach wenigen Wochen gründlich irritiert und weiß nach einigen Monaten gar nichts mehr. Das Vertraute kollidiert mit dem Fremden, das wir bei allem Vorwissen eben doch nicht im Blick hatten. An diesem Kontrast arbeiten sich alle ab, die nicht nur zum Shopping mit Rundreise nach New York fliegen. Amerikaner sind Workaholics – doch im Alltag merkt man ihnen Stress kaum an. Amerikaner sind prüde – haben aber zugleich die größte Porno-Industrie der Welt. Die USA sind *God's Own Country* – und doch wird man kaum ein Land finden, das die Trennung von Religion und Staat strikter einhält. Amerikaner sind scharf aufs Geldverdienen – und trotzdem ist fast jeder irgendwo ehrenamtlich engagiert. Amerikaner sind maßlose Energieverschwender – doch 2015 haben die USA laut UNO fast fünfmal so viel Geld in erneuerbare Energien investiert wie Deutschland, und in der *Sesamstraße* musste Oscar, der Griesgram mit dem grünen Zottelfell, aus seiner alten Mülltonne ausziehen: Der Kinderserienheld wohnt jetzt in einem Recyclingcontainer.

Irritierend ist auch die ungeheure Dynamik dieses Landes: Amerika ist, ebenso wie seine Bewohner, fast immer in Bewegung. Das gilt derzeit insbesondere für die Wirtschaft, wo Firmen wie Amazon, Netflix und Uber – eben noch Start-ups – ganze Branchen aufmischen. Aber auch die rasante demografi-

10

sche Entwicklung sorgt für Unruhe. Noch bis vor kurzem waren Afro-Amerikaner die größte Minderheit. Heute sind es die sogenannten Latinos, also Einwohner lateinamerikanischer Abstammung, und nach ihnen sind Asiaten die am schnellsten wachsende Bevölkerungsgruppe. Schon bald werden die weißen Amerikaner selbst nur noch eine von vielen Minderheiten sein. Schwarz versus Weiß – diese einfache Farbenlehre reicht längst nicht mehr aus. Nimmt man noch die schiere Größe und regionale Vielfalt der Vereinigten Staaten hinzu, dann ist es eigentlich gar kein Wunder, dass man sich als Fremder leicht (ver)irrt.

Auch dieses Buch kann Ihnen nicht in ein paar griffigen Formeln erklären, wie Amerika zu verstehen ist. Noch weniger geht es auf die Suche nach einem »eigentlichen Amerika« (das ja oft irgendwo im *Heartland,* in einem eher ländlichen Landesinneren vermutet wird, obwohl acht von zehn Amerikanern heute in urbanen Ballungsgebieten leben). Es möchte vielmehr ein Wegweiser sein für Ihren eigenen Zugang zum »Land der unbegrenzten Möglichkeiten«, das diesen Beinamen ja nicht von ungefähr trägt.

Erzählt wird einiges aus der Geschichte der Vereinigten Staaten und ihrer Entstehung als Gegenmodell zum alten Europa. Sie wird Ihnen, sei es mächtig glorifiziert oder heftig umstritten, auch im heutigen Alltag überall begegnen, und so manche amerikanische Eigenheit ist ohne Kenntnis dieser Wurzeln kaum zu verstehen. Hauptsächlich geht es aber darum, wie man in den USA heute lebt und lernt, baut und wohnt, isst und einkauft, Sport treibt und Politik macht.

Das ist ohne Pauschalisierungen nicht zu schaffen. Von »Amerika« und »Amerikanern« zu schreiben, wo es genau genommen »die USA« und »US-Amerikaner« heißen müsste, ist ja ohnehin schon nicht korrekt. Trotzdem habe ich mich dafür entschieden, denn wo Amerika gesagt wird, ist fast nie der ganze Kontinent gemeint. Schon Clemenceau konnte fest davon ausgehen, dass niemand an Argentinier, Kanadier oder Mexikaner denken würde, als er von Amerikas direktem Weg in die Dekandenz sprach.

11

Dieses Land ist stets beides zugleich: die USA und Amerika; eine präsidiale und föderale Republik mit derzeit gut 325 Millionen Einwohnern auf einem Territorium von 9,8 Millionen Quadratkilometern *und* ein Ort in höchst unterschiedlichen Vorstellungswelten. Amerika ist schließlich nicht nur ein Konstrukt von außen. Was Amerika ist und sein soll, darüber wurde und wird nirgends heftiger gestritten als in den Vereinigten Staaten selbst.

Nach den Anschlägen vom 11. September 2001 galt das vor allem im Zusammenhang mit dem »Krieg gegen den Terror«. Doch in jüngster Zeit sind es eher soziale Bewegungen und Krisen im eigenen Land, die Konfliktstoff liefern. Seit wir in die USA gezogen sind, haben wir eine Finanzkrise, einen Hurrikan und stürmische Zeiten in der Politik erlebt. Nichts hat unseren überwiegend von linksliberalen Akademikern bevölkerten Wohnort heftiger erschüttert als die Trump-Wahl – nicht einmal Sandy, der stärkste Hurrikan, der je im Nordatlantik gemessen wurde. Kaum jemand hier hatte »President Trump« ernsthaft für möglich gehalten. Was eben auch zeigt, wie viele (die Autorin eingeschlossen) das Land doch weniger gut kannten, als sie glaubten. Seitdem wird debattiert, mobilisiert, protestiert. Aktivismus ist angesagt: für die Umwelt, für Frauen- und Minderheitenrechte, gegen Rassismus, aber vor allem gegen Trump und die *alt-right*, die radikale Rechte.

In den Südstaaten stürzen Denkmäler, in denen die einen Kriegshelden und Patrioten sehen wollen, die anderen aber Ku-Klux-Klan-Männer und Sklavenhalter erkennen. In Hollywood stürzte Harvey Weinstein, einer der mächtigsten Filmproduzenten und ein Sexmonster, dessen Übergriffe die Branche jahrzehntelang unter den Teppich kehrte. Seitdem bringt die #MeToo-Kampagne weitere prominente Männer zu Fall, sei es am Broadway, bei Fox News oder im Kongress. An Amerikas Universitäten werden ideologisch unliebsame Redner niedergebrüllt, und auf Demonstrationen marschiert ein schwarzer Block: »Antifa« ist plötzlich auch in Amerika ein Begriff. Die Radikalisierung der Rechten kam mit der Tea-Party-Bewegung 2009 in Fahrt; nun ist die Linke dran.

Kein Zweifel, die US-Gesellschaft fragmentiert und polarisiert sich zusehends. Doch dafür ist Donald Trump, so sehr er die Gegensätze auch schüren mag, eher Symptom als Ursache. Die ideologischen Frontlinien verlaufen zwischen Schwarzen und Weißen, zwischen Neueinwanderern und Alteingesessenen, zwischen Frauen und Männern, zwischen Wall Street und Main Street, zwischen Küstenmetropolen und Kernland. Viele sehen deshalb die Zukunft der USA derzeit eher pessimistisch; das Schlagwort vom *Cold Civil War,* einem Kalten Bürgerkrieg, macht die Runde. Das amerikanische Staatsvolk, so heißt es, zerfällt in rivalisierende *tribes,* in identitäre Clans und Stämme, die in Informationssilos mit ihren je eigenen Wahrheiten leben und mit denen sich kein demokratischer Rechtsstaat mehr machen lässt.

Doch die Frage, was die amerikanische Nation eigentlich zusammenhält, ist so alt wie die Vereinigten Staaten selbst. Und in ihrer knapp 250-jährigen Geschichte hat diese Nation immer wieder massive innenpolitische Konflikte ausgehalten, darunter einen echten und ausgesprochen blutigen Bürgerkrieg. Für akute Alarmstimmung oder – je nach Standpunkt – für Schadenfreude ist es also etwas zu früh.

Dasselbe gilt meines Erachtens für die Trump-Regierung mit ihrem anscheinend unkontrolliert impulsiven Chef, dessen Politikstil mit dem Modewort »disruptiv« durchaus treffend beschrieben ist. Will heißen: Zwar wird in Washington derzeit manches Gewohnte über den Haufen geworfen, doch was daraus entsteht, ist noch nicht recht abzusehen. Nach dem ersten Trump-Jahr jedenfalls wird kaum jemand behaupten können, in den USA sei nichts mehr wie zuvor. Das Land ist immer noch in der NATO. Ein unabhängiger Sonderermittler untersucht, ob die Wahl womöglich mit russischer Hilfe manipuliert wurde und Trump davon wusste. Die Mehrheit im Kongress verabschiedet Reformen, die der Opposition nicht passen. Und wo amerikanische Neonazis aufmarschieren, hagelt es Proteste. So schnell kriegt man eben weder Amerikas politische Institutionen noch die Zivilgesellschaft klein.

Schwerer wiegen langfristige Trends, die weniger spektakulär daherkommen. So ist mit dem Silicon Valley ein neues Machtzentrum im Westen entstanden, das die Ostküsten-Schwergewichte New York und Washington schon bald in den Schatten stellen könnte. Technologiegiganten wie Google, Facebook und Amazon mischen nicht nur ganze Industriezweige mit ihren Produkten auf, sondern machen mit ihren sozialen Projekten längst auch dem Staat Konkurrenz. Allerdings lässt die bessere Welt, die sich die ehrgeizigen Unternehmer von ihren neuen Geräten und Logarithmen versprechen, bislang auf sich warten: Mit Ausnahme der Bildungs- und Wirtschaftseliten sind die Amerikaner heute insgesamt weniger wohlhabend, weniger mobil, weniger gesund und weniger optimistisch als noch zu Beginn des Jahrtausends. Die Kluft zwischen der kleinen Gruppe der Reichen oder Superreichen und dem Rest der Gesellschaft wird ständig breiter, und insbesondere in den Mittelschichten ist der Glaube an den amerikanischen Traum erschüttert: dass der soziale Aufstieg in den USA jedem möglich sei, wenn er nur hart arbeitet und sich an die Regeln hält.

Längst nicht alle dieser Trends sind hausgemacht. Aber die Folgen der Globalisierung machen eben auch vor dem Land nicht halt, dessen Innovationen die Vernetzung der Welt so massiv beschleunigt haben. Wird Amerika, nachdem es dem 20. Jahrhundert als universalistische Supermacht seinen Stempel aufgedrückt hat, nun also einfach »normaler«? Selbst wenn die USA heute vor ähnlichen Herausforderungen stehen wie viele moderne Industriegesellschaften: Man darf auch weiterhin erwarten, dass die Amerikaner anders damit umgehen als wir Europäer. Und wie Amerika »tickt«, das zeigt sich mindestens so sehr im Kleinen wie im Großen.

Als Neueinwanderer vor mehr als zehn Jahren war unsere vielleicht bemerkenswerteste Erfahrung die Überzeugungskraft des amerikanischen Alltags. Damals waren wir in ein Imperium gekommen, wo Glaubenskrieger, Militärfalken und Ölmilliardäre den Ton angaben, wo es nur noch Freunde oder Feinde, »für uns oder gegen uns« gab – und lebten doch zugleich in einer ganz anderen Welt. Hier wurden Fremde ohne jede Gesinnungsprüfung mit offenen Armen empfangen. Hier reichte ein Mietvertrag als Nachweis lokaler Zugehörigkeit, um ein Kind in der öffentlichen Schule anzumelden, wo es sich schon nach wenigen Tagen bewegte wie ein Fisch im Wasser. Hier war man stolz auf die Institutionen der Republik und schämte sich des politischen Personals in der Hauptstadt. Diese alltägliche Realität hat sich während der acht Obama-Jahre eigentlich nicht geändert, und sie ist auch danach nicht einfach verschwunden.

Nun mal langsam, werden Sie jetzt vielleicht einwenden. Immerhin ist hier die Rede von Princeton, einem sehr speziellen, »kanadisch-grün-feministisch-europäisch angehauchten Biotop«, wie es ein deutscher Korrespondent vor einigen Jahren in der Zeitschrift *Cicero* formuliert hat. Princeton ist doch nicht typisch für die USA! Aber was ist es dann? Bunkerville, Nevada, wo militante Rancher mit dem Gewehr in der Hand auf das Gewohnheitsrecht des Wilden Westens pochen, ihre Rinder frei grasen zu lassen – auch dort, wo der Bund die Prärie unter Naturschutz gestellt hat? Fisher Island, Florida, dessen Luxusresidenzen nur per Privatfähre oder Helikopter zu erreichen sind, damit die ehemaligen Showbiz-Größen und schwerreichen Rentner am Palmenstrand ganz unter sich bleiben? Oder die ehemalige Autostadt Detroit im Mittleren Westen, wo ganze Wohnviertel verfallen und jeder Dritte unterhalb der Armutsgrenze lebt?

Amerika ist all das. Dass sich diese Gesellschaft mit all ihren Gegensätzen und durch all ihre Kulturkämpfe hindurch bisher als robust erwiesen hat, verdankt sie nicht zuletzt der bemerkenswerten kollektiven Fähigkeit, lieber optimistisch nach vorn zu blicken als im Zorn zurück. Seit 1956, der Ära der antikommunistischen Hexenjagd, mag der offizielle Wahlspruch des Bundesstaates »In God We Trust« lauten. Doch auf dem Siegel der Vereinigten Staaten steht nach wie vor das Motto, das der amerikanische Philosoph, Patriot und Porträtmaler Pierre-Eugene du Simitiere schon 1776 für die künftige Union auswählte: »E Pluribus Unum«, Aus Vielen Eines.

Nach einem ähnlichen Prinzip soll dieses Buch funktionieren. Am Rande handelt es auch vom großen Ganzen, von nationalen Doktrinen und vom Industriekapitalismus. Doch in erster Linie versucht es, Ihnen durch die kleinen Institutionen des Alltags einen Zugang zu Amerika zu verschaffen: durch den *garage sale* und die *public library,* den *police blotter* und die *potluck party,* durch *real estate porn* und die Begnadigung eines Truthahns im Weißen Haus.

Wer nach Amerika kommt und sucht, was er schon kennt, der wird auch das dort irgendwo finden. Dieses Buch ist für all jene gedacht, die sich diesem Land so nähern wollen, wie wir es als deutsche Familie seit nunmehr fast zwölf Jahren versuchen: nicht unkritisch, aber bereit, neue Maßstäbe kennenzulernen; nicht frei von Vorurteilen, aber auch neugierig auf Beweise für das Gegenteil.

Princeton, im Februar 2018

# *A Big Country:* Amerika in Raumbildern

»Yes, it's a big, wonderful country. Proud of its past. Strong in its present. Confident in its future.«
(Metro-Goldwyn-Mayer-Film *It's a Big Country,* USA 1951)

Die Vereinigten Staaten sind alles andere als eine homogene Nation. Wie könnte das auch anders sein in einem Land, das immer wieder neue Einwanderer aus aller Welt aufnimmt? Amerikaner ist, wer auf US-Territorium geboren wird; wer einwandert, kann es werden. Doch auch die Unterschiede zwischen den großen Regionen wie Neuengland, den Südstaaten und dem pazifischen Nordwesten sind nicht nur landschaftlicher Natur. Der US-Historiker Colin Woodward beschreibt in seinem 2011 erschienenen Buch *American Nations* nicht weniger als elf rivalisierende Regionalkulturen in Nordamerika, deren Wurzeln meist zu den Anfängen der Kolonialzeit zurückreichen. Demnach gehen die tiefen politischen Gräben, die man in der US-Gesellschaft heute wieder deutlich erkennen kann, noch auf die gegensätzlichen Mentalitäten jener niederländischen Kaufleute, spanischen Missionare, englischen Quäker, karibischen Sklavenhändler, schottischen Hochlandbauern und anderen ethnisch-kulturellen Gruppen zurück, die seit dem 16. Jahrhundert verschiedene Teile des Kontinents für sich erobert und dauerhaft geprägt haben.

Und doch ist der Patriotismus der Amerikaner sprichwörtlich. Angeblich fühlt kein Volk der Welt patriotischer als die US-Bürger. Kein Ort in den USA, an dem nicht das Sternenbanner weht. Keine amerikanische Schule, in der nicht jeden Morgen der Fahneneid gesprochen wird. Kaum ein öffentlicher Anlass, zu dem nicht die Nationalhymne ertönt – und kaum ein Amerikaner, der dann nicht die rechte Hand aufs Herz legt und mitsingt. Von Ausländern wird erwartet, dass sie aufstehen und der Nation Respekt zollen.

Patriotismus ist dabei nicht zu verwechseln mit blinder Staatstreue. Doch wer die Grenzen der amerikanischen Toleranz auf diesem Gebiet nicht respektiert, verscherzt sich schnell die Sympathien. Wenn Sie zu einer *Dinnerparty* eingeladen sind, werden sich Ihre amerikanischen Gastgeber Kritik an den Abhörpraktiken der Nationalen Sicherheitsbehörde NSA, am Drohnenkrieg der USA im Nahen Osten oder an den Twitter-Tiraden des Präsidenten höflich anhören und Ihnen womöglich sogar zustimmen; wenn diese Kritik aber in eine pauschale Verurteilung der USA und ihrer weltpolitischen Rolle mündet, wird die nächste gesellige Runde in diesem Haus wahrscheinlich ohne Sie stattfinden.

Was aber ist das nun für ein Amerika, das seine Bewohner so stolz in ihrem Landesnamen United States of America führen – »America, the Beautiful«, »God's Own Country«, »The Land of the Free and the Home of the Brave«? Und wie ist es überhaupt entstanden?

Nach landläufiger Definition hat Christoph Kolumbus Amerika 1492 für die Europäer entdeckt, auch wenn es wohl schon Jahrhunderte vorher Seefahrer aus Skandinavien an die Küsten des Kontinents verschlagen hatte. Viel eher aber müsste man sagen: Erst anderthalb Jahrzehnte später wurde es in Europa erfunden. Denn Amerika verdankt seinen Namen zwei Deutschen, einer kleinen Broschüre – und einem Irrtum.


### »America«: *Made in Germany*

»America is a passionate idea or it is nothing.«
(Max Lerner, *Actions and Passions*, 1949)


Um die Wende vom 15. zum 16. Jahrhundert gab der Herzog von Lothringen einem Kartographen und einem Philologen den Auftrag, das bis dahin gültige Weltbild auf den neuesten Stand zu bringen: Der Freiburger Martin Waldseemüller sollte jenes Land, das kurz zuvor auf der anderen Seite des Atlantik entdeckt worden war, in eine aktualisierte Weltkarte einzeichnen; den Begleittext sollte der Elsässer Matthias Ringmann verfassen.

Auf dem Arbeitstisch der beiden Männer lag zu diesem Zeitpunkt ein schmales Heft. Es sollte vom italienischen Seefahrer Amerigo Vespucci für die mächtige venezianische Bankiersfamilie Medici verfasst worden sein. In diesem Heft wurde das neu entdeckte Land zum ersten Mal als bislang unbekannter Kontinent bezeichnet. Kein Wunder also, dass Waldseemüller und Ringmann diesen »Americus Vesputius« für den eigentlichen Entdecker hielten – und den neuen Erdteil deshalb »America« tauften. Die Weltkarte wurde auf der Frankfurter Buchmesse des Jahres 1507 vorgestellt, eine Auflage von 1000 Exemplaren gedruckt und in Umlauf gebracht.

Als Waldseemüller nach Ringmanns Tod einige Jahre später bemerkte, dass Christoph Kolumbus die Entdeckerehre gebührte, war es längst zu spät. Zwar nannte der Kartograph den neuen Erdteil in einer Neuauflage seiner Weltkarte von 1513 nun »Terra Incognita«, unbekanntes Land. Doch der Name »America« hatte sich längst auf den Landkarten und in den Köpfen breitgemacht. Seine Karriere war nicht mehr aufzuhalten.

Das vermutlich einzige heute noch erhaltene Exemplar von Waldseemüllers Weltkarte aus dem Jahr 1507 wurde erst zu Beginn des 20. Jahrhunderts im Schloss Waldegg in Oberschwaben wiederentdeckt. Heute liegt es, von der UNESCO mit dem Siegel des Weltdokumentenerbes versehen, in der Nationalbibliothek der Vereinigten Staaten von Amerika. Aufbewahrt wird es in einem vom National Institute of Standards and Technology (NIST) eigens konstruierten Hightech-Sicherheitsbehälter. Und noch nie hat die Nationalbibliothek länger gewartet oder mehr bezahlt, um ein einziges Objekt zu erwerben: 100 Jahre und zehn Millionen Dollar für den Urtext der berühmtesten Marke der Welt.

Jener kleinen Broschüre aber, die Amerigo Vespucci vermutlich nicht einmal selbst verfasst hat, verdankt der Doppelkontinent im Westen neben »Amerika« noch einen weiteren Namen. Ihr Titel lautet nämlich: *Novus Mundus* – Neue Welt.

## Neue Welt: Amerika als Sehnsucht

»Es sey die alte Welt gefunden in der Neuen.«
(Christian Wernicke, *Auf die Eroberung von Mexiko,* 1704)

Neue Welt – was für ein verheißungsvoller Name! Alle Hoffnungen und Sehnsüchte Europas spiegelten sich darin. War endlich jenes paradiesische Land gefunden, das schon Plato und Homer irgendwo westlich der antiken Welt vermutet hatten? Kolumbus jedenfalls behauptete, auf seinen Reisen eine Art Garten Eden entdeckt zu haben, dessen Bewohner ohne Neid und Besitzansprüche alles miteinander teilten, was die Überfülle der Natur ihnen bot.

Die Humanisten der Renaissance sahen mit der Entdeckung dieser Neuen Welt ein neues »Goldenes Zeitalter« heraufziehen, das auch den Absolutismus in Europa überwinden könnte. Michel de Montaignes Essay *Des Cannibales* aus dem Jahr 1580 gilt als Paradebeispiel für den Versuch, die Indianer Amerikas als wunschlos glückliche Menschen im Naturzustand zu porträtieren – und damit ein Gegenbild sowohl zur reinen Barbarei als auch zur dekadenten europäischen Zivilisation zu entwerfen.

Je mehr nun europäische Siedler im Verlauf des 17. Jahrhunderts über die beschwerliche Bewirtschaftung des ungewohnten Landes, über die Gefahren der Wildnis und blutige Zusammenstöße auch mit den Ureinwohnern Nordamerikas berichteten, desto fragwürdiger wurde die Vision eines neuen Arkadiens. Doch mit Rousseau und den Naturphilosophen des 18. Jahrhunderts hielt *le bon sauvage* erneut Einzug in eine Vorstellung von der Neuen Welt, der die Romantik dann bis weit ins 19. Jahrhundert hinein folgte. Während Industrialisierung und Verstädterung die Alte Welt erschütterten, sollte die Neue Welt den Weg in eine gerechtere, fortschrittliche Gesellschaft weisen.

Dabei war es nicht zuletzt der romantische Roman, ein neues Genre mit ungeheurem Erfolg auch und gerade bei Leserinnen, der die Amerika-Sehnsucht bediente und weiter förderte. James Fenimore Cooper (1789–1851) etwa begeisterte mit seinen *Lederstrumpf*-Romanen in den 1820er Jahren das Publikum auf beiden Seiten des Atlantik derart, dass er als erster amerikanischer Schriftsteller neben Washington Irving (1783–1859) von seinen Büchern leben konnte. Ein früher Amerika-Bestseller wurde auch die Essaysammlung eines französischen Aristokraten, der Mitte des 18. Jahrhunderts als Kolonialmilizionär in die Neue Welt kam und sich später in der Provinz New York niederließ. Hector St. John de Crèvecœurs *Briefe eines amerikanischen Farmers* erschienen 1782 zunächst auf Englisch; französische, deutsche und niederländische Übersetzungen folgten. Für Crèvecœur war es nicht zuletzt die schiere Größe des neuen Kontinents, durch die sich dieser auch qualitativ von der Alten Welt unterschied: »Ein Europäer, wenn er zuerst hier eintrifft, scheint beschränkt in seinen Vorhaben wie auch in seinen Ansichten. Doch ganz plötzlich ändert sich seine Skalierung; 200 Meilen, zuvor eine große Entfernung, erscheinen ihm nun allenfalls noch ein Katzensprung. Kaum hat er unsere Luft eingeatmet, macht er Pläne und beginnt Unternehmungen, auf die er in seinem eigenen Land nie gekommen wäre.«

Und erst die Demokratie! Der Aufstand gegen die Kolonialherren, die Unabhängigkeitserklärung von 1776, der Sieg der amerikanischen Revolutionäre über das britische Königreich 1783 und schließlich die republikanische Verfassung von 1787 – diese Erfolge beflügelten die Hoffnungen der Reformkräfte in Europa. »All men are created equal« – die Lehre von der Gleichheit aller

Menschen, festgeschrieben in der Unabhängigkeitserklärung der Vereinigten Staaten von Amerika, faszinierte die feudalistische Alte Welt enorm. Amerika wurde damit auch ein attraktives Ziel für all jene, die den alten Kontinent verloren gaben: »Ob nicht vielleicht Europa ganz zerstört und Wüste werden dürfte und die allgemeine Erwartung eines neuen Weltalters in Amerika doch gegründet sei?«, fragte sich Friedrich Schlegel um 1816. Selbst Goethe spielte zeitweise mit dem Gedanken, nach Amerika auszuwandern.

Die eindrücklichste, noch heute relevante Beschreibung von Politik und Gesellschaft der jungen Vereinigten Staaten stammt von Alexis de Tocqueville. Sein zweibändiges Werk *De la démocratie en Amérique* erschien 1835 und 1840, und anders als die Mehrzahl der europäischen Publikationen zum Thema basierte es auf eigenen Beobachtungen in den USA, die der Jurist und Historiker von Mai 1831 bis Februar 1832 bereist hatte. Tocqueville beschrieb, wie die klug ins Gleichgewicht gesetzten amerikanischen Institutionen nicht nur das Problem einer »Tyrannei der Mehrheit« lösten, das allen Demokratien drohte. Sie verankerten zugleich einen politischen Bürgersinn mit verbindlichen *mœrs* (Sitten) in der Gesellschaft. Diese *mœrs* trugen nach seiner Ansicht sogar noch mehr zur Stabilität der Republik bei als die Gesetze. Weit entfernt von naiver Schwärmerei für die Neue Welt, sah Tocqueville die USA dennoch als Modell für die Demokratie in Frankreich.

Im weiteren Verlauf des 19. Jahrhunderts machte sich allerdings Skepsis breit, ob dieses neue Amerika tatsächlich den idealistischen Erwartungen der Alten Welt entsprach. Zumindest an der Ostküste war von einem Naturzustand inzwischen nicht mehr viel zu sehen. Zwar ließ sich die romantische Mär von edlen Wilden und ebensolchen Pionieren mit der *Frontier* nach Westen retten, solange jenseits dieser Siedlungsgrenze noch Land verfügbar war. Doch so recht wollten die Amerikaner einfach nicht ins Idealbild passen: Ihre Sitten waren rau; insgesamt fehlte es an

Zivilisiertheit und Kultur, wie Besucher aus Europa bemängelten. Heinrich Heine spottete um 1850 in seinem Gedicht »Jetzt wohin?« über die amerikanischen »Gleichheitsflegel« in ihrem »großen Freiheitsstall«.

Kritik wurde nun insbesondere am aufblühenden Kapitalismus laut: Geldgier herrschte in Amerika, es gab keinen Gott neben dem allmächtigen Dollar, und der verschwenderische Umgang mit der Natur war haarsträubend. Der österreichische Schriftsteller Nikolaus Lenau, der 1832 voll Enthusiasmus in die Neue Welt aufgebrochen war, kehrte ein Jahr später völlig entnervt zurück: »Diese Amerikaner sind himmelanstinkende Krämerseelen. Tot für alles geistige Leben, maustot.« Franz Kafkas unvollendeter Roman *Amerika,* der 1927 erschien, beschrieb mächtige Verkehrsströme und hierarchische Arbeitswelten, in denen der Einzelne eher verlorenging als eine neue Heimat zu finden.

Sehnsucht nach und Furcht vor der Neuen Welt haben stets nebeneinander existiert. Den herrschenden Eliten Europas war das republikanische Experiment auf der anderen Seite des Atlantik suspekt. All denen aber, die Europa aus existentieller Not verließen, blieb gar nichts anderes übrig, als auf jenes Land der unbegrenzten Möglichkeiten zu hoffen, das erfolgreiche Auswanderer in so leuchtenden Farben schilderten. Doch insbesondere im Verlauf des 19. Jahrhunderts ist ein Trend weg von vorwiegend positiven und hin zu negativen Erwartungen klar zu erkennen.

Als die USA um die Wende vom 19. zum 20. Jahrhundert als militärische Großmacht die weltpolitische Bühne betreten und Europa auch ökonomisch unter Konkurrenzdruck setzen, werden sie zunehmend als Bedrohung gesehen. Neben diesem Staat mit seinem Rohstoffreichtum und seiner schnell wachsenden Bevölkerung nehmen sich die meisten Länder Europas wie Zwerge aus; allenfalls England mit seinem Empire mochte da noch mithalten. Auf dem Kontinent beginnt das Schlagwort von der »amerikanischen Gefahr« zu kursieren. »Für mich ist Amerika der Feind, der kleine Mörder in der Wiege«, schreibt der liberale deutsche

Politiker Walter Rathenau 1912. »Diese Amerikaner werden unsere Kinder fressen.«

Zwischen den Extremen von Sehnsucht und Abneigung schwankt das europäische Urteil über die USA noch heute – mit starker Tendenz zum Amerika-Bashing. Was die Ressentiments mindestens ebenso stark schürt wie der »Raubtierkapitalismus« und die militärisch-politische Macht der USA, ist die »Amerikanisierung«. Seit Beginn des 20. Jahrhunderts stellt man sie zunächst in Europa, bald aber in der ganzen Welt fest. Es ist die Macht einer zur Massenware verkommenen Kultur, die stets aus den USA zu stammen scheint: bunt und klebrig süß, verführerisch glitzernd, oberflächlich, unecht, profan. »Kulturindustrie – Aufklärung als Massenbetrug« heißt das 1947 in Max Horkheimers und Theodor W. Adornos Dialektik der Aufklärung. Die beiden Sozialphilosophen hatten ihre radikal ablehnende Haltung gegenüber der Popkultur während ihres Exils in den USA entwickelt.

Aus dieser Sicht hat Amerika den alten Kontinent schließlich doch verändert, aber nicht zum Guten, wie einst die Naturphilosophen gehofft hatten. Amerikas Produkte sind abstoßend – und zugleich immens attraktiv. Jazz, Hollywood-Filme, Fastfood, Shoppingmalls, der gesamte American Way of Life: All das erscheint europäischen Eliten umso hassenswerter, wie der US-Politologe Andrei S. Markovits in seinem 2007 erschienenen Buch Uncouth Nation: Why Europe Dislikes America notiert, als es trotz seiner unterstellten und oft wiederholten Unzulänglichkeiten »enorm verlockend, ja sogar unwiderstehlich für die europäischen Massen geblieben ist«.

Verheißung und Bedrohung: Amerika ist immer beides zugleich. Im allgemeinen Wissen ist dieses Paradox fest verankert. Der gemeinsame Nenner dieser widersprüchlichen Vorstellungen heißt Faszination, und diese Faszination hält nun schon über Jahrhunderte an. Wirkliche Amerika-Erfahrung ist dafür nicht erforderlich, womöglich sogar hinderlich. Doch ob »Neue Welt« oder »Amerikanisierung«: Mit dem Selbstverständnis der

US-Bürger und mit ihrem Land haben diese zutiefst europäischen Konstrukte wenig zu tun. »Amerika existiert nicht«, heißt es folgerichtig in Alain Resnais' Film *Mon Oncle d'Amérique* von 1980. »Ich weiß das, denn ich bin dort gewesen.«

## *Old South, New South:* Der Süden

»American by birth. Southerner by the Grace of God.«
(T-Shirt-Aufdruck, gesehen in einer Cafeteria in New Jersey)

Die Besiedlung der nordamerikanischen Atlantikküste durch englische Protestanten begann im 17. Jahrhundert fast gleichzeitig im Süden und im Norden. 1607 wurde Jamestown im heutigen Virginia gegründet, 1620 Plymouth im heutigen Massachusetts. Fast zwei Jahrhunderte später, im September 1785, listete der künftige US-Präsident Thomas Jefferson einem europäischen Diplomaten die für beide Regionen nach seiner Ansicht typischen Charakteristika auf:

| »Im Norden ist man: | Im Süden ist man: |
|---|---|
| kühlfeurig | feurig |
| nüchtern | sinnlich |
| arbeitsam | träge |
| ausdauernd | unstet |
| unabhängig | unabhängig |

| | |
|---|---|
| eifersüchtig auf die eigenen Freiheiten bedacht, und respektiert auch die aller anderen | begierig auf die eigenen Freiheiten, tritt aber die der anderen mit Füßen |
| eigennützig | großzügig |
| schikanierend | unvoreingenommen |
| abergläubisch und heuchlerisch in seiner Religion. | ohne Bindung an oder Anspruch auf eine andere Religion als die des Herzens.« |

Diese Eigenschaften, erläuterte Jefferson, würden von Norden nach Süden und umgekehrt von Süden nach Norden graduierlich schwächer. Ein aufmerksamer Reisender könne also immer schon an den Menschen der Umgebung erkennen, auf welchem Breitengrad er sich gerade befinde.

Einige Jahre zuvor hatten zwei britische Landvermesser, Charles Mason und Jeremiah Dixon, die Aufteilung auch kartographisch vollzogen: Um einen Territorialstreit zwischen den Kolonien Pennsylvania und Maryland aus der Welt zu schaffen, zogen sie im Auftrag der streitenden Parteien von 1763 bis 1767 jene schnurgerade Grenze, die als Mason-Dixon-Linie zur symbolisch aufgeladenen Trennungslinie zwischen dem Norden und dem Süden der USA werden sollte.

Schon bald nach der Unabhängigkeit begannen Gegensätze die Gemeinsamkeiten zu überlagern. Im Norden bestritten Kleinbauern die Landwirtschaft, und die Fabriken des beginnenden Industriezeitalters deckten ihren Bedarf an gut ausgebildeten Arbeitern mit Einwanderern aus Europa. Im Süden dominierte die arbeitsintensive Plantagenwirtschaft mit ihren Baumwollfeldern, auf denen hauptsächlich Sklaven eingesetzt wurden. Die Industrien des Nordens riefen in schwierigen Zeiten nach Schutzzöllen vor der europäischen Konkurrenz. Die Südstaaten waren für ihren Export nach Europa auf Freihandel angewiesen. Im Norden formierten sich die Abolitionisten zu einer mächtigen politischen Bewegung mit dem Ziel, die Sklaverei im gesamten US-Gebiet abzuschaffen. Im Süden erklärten *pro-slavery*-Ideologen die Sklaverei zum unverzichtbaren Bestandteil nicht nur der Plantagenwirtschaft, sondern auch einer stabilen Klassengesellschaft – und damit auch für moralisch gerechtfertigt.

Konfliktstoff lieferte auch die Frage des politischen Gleichgewichts in der Union. Die Verfassung der Vereinigten Staaten garantierte den Fortbestand der Sklaverei in jenen Staaten, in denen sie 1787 bereits etabliert war. Doch nun hatte die Expansion der USA nach Westen begonnen. Mit jedem Staat, der neu dazukam, geriet das prekäre Gleichgewicht im Kongress erneut durcheinander. Wurde die Sklavenhaltung in keinem der westlichen Staaten zugelassen, wie es die Abolitionisten im Norden verlangten, befürchtete der Süden in absehbarer Zeit eine Übermacht, die ihn jederzeit überstimmen konnte. Vorübergehend einigte man sich auf einen Kompromiss: Südlich der Mason-Dixon-Linie sollte es die *peculiar institution* weiterhin geben können, nördlich davon – mit Ausnahme Missouris – nicht. Weit über ihre ökonomische Bedeutung hinaus war die Frage der Sklaverei damit zur politischen Grundsatzfrage geworden. Zum offenen Bruch kam es 1861, als sich zunächst sieben Südstaaten von der Union abspalteten. Sie gründeten die Konföderierten Staaten von Amerika, denen sich später noch vier weitere Staaten anschlossen. Zwei Staaten, Kentucky und Missouri, waren gespalten und wurden entsprechend von beiden Seiten für sich reklamiert.

Der Bürgerkrieg zwischen Nord und Süd tobte mehr als vier Jahre lang. Er fand fast ausschließlich auf Konföderierten-Gebiet statt. Der Unionsgeneral William Tecumseh Sherman zog mit seiner 60 000-Mann-Armee durch Georgia und die Carolinas, ließ Städte und Plantagen plündern und brannte alles nieder, was die Truppe nicht mitschleppen konnte. Seine Strategie der verbrannten Erde sollte sich der Zivilbevölkerung ebenso unauslöschlich einprägen wie der Konföderierten-Armee. Kein Südstaatler sollte je wieder auf den Gedanken kommen, gegen die Union zu den Waffen zu greifen. Bei Kriegsende war der Süden verwüstet. Mehr als 600 000 Tote wurden gezählt. Unter ihnen war auch US-Präsident Abraham Lincoln, der die Nordstaaten in den Bürgerkrieg geführt hatte. Ein Schauspieler, der mit den Konföderierten sympathisierte, ermordete ihn während eines Theaterbesuchs in Washington.

Nach dem Bürgerkrieg wurde die Sklaverei in der gesamten Union abgeschafft. Doch allein dadurch, dass man vier Millionen Sklaven in eine ungewisse Freiheit entließ, schaffte man weder Rassismus noch Ausgrenzung aus der Welt. Die besiegten Südstaaten blieben lange unter direkter Verwaltung des Bundes. Doch gleich nach dem Abzug der Unionstruppen erfanden sie neue diskriminierende Praktiken gegen ihre laut Verfassung nunmehr freien, gleichen und wahlberechtigten schwarzen Mitbürger.

Was das kollektive Gedächtnis des Südens seitdem prägt, ist die Erfahrung einer Niederlage, eines verlorenen Krieges auf dem eigenen Territorium. Hinzu kommen ganz eigene Formen der Religiosität im *Bible Belt* des Südens und das französische Erbe Louisianas. Aus dieser Kombination ist ein regionaler Patriotismus mit trotzigem Unterton entstanden, der in anderen US-Regionen so nicht zu finden ist. Dazu gehört seit nunmehr gut 150 Jahren auch *Old-South*-Nostalgie, die sich vor allem in der demonstrativen Verehrung konföderierter Militärführer äußert. Stone Mountain in Georgia, das Felsrelief mit den Porträts der Sezessions-Heroen Jefferson Davis, Robert E. Lee und Thomas »Stonewall« Jackson hoch zu Ross, ist zwar weniger bekannt als Mount Rushmore. Es wurde aber früher begonnen und ist am Ende auch ein ganzes Stück größer ausgefallen als das Bergdenkmal mit den Konterfeis der US-Nationalhelden Washington, Jefferson, Lincoln und (Theodore) Roosevelt im Bundesstaat North Dakota.

Noch heute sind in erster Linie die elf Sezessionsstaaten (Alabama, Arkansas, Florida, Georgia, Louisiana, Mississippi, North Carolina, South Carolina, Tennessee, Texas und Virginia) gemeint, wenn von »the South« die Rede ist. Vom New South wurde schon bald nach der Wiedereingliederung der Sezessionsstaaten in die Union gesprochen. Seit Mitte des 20. Jahrhunderts verband man damit aber vor allem die Erfolge der schwarzen Bürgerrechtsbewegung mit dem Baptistenpastor Martin Luther King an der Spitze. Dieser Neue Süden war der Ort, wo Bürgerrechtler durch zivilen Ungehorsam und friedliche Proteste das Ende jener Gesetze erzwangen, die unter dem Slogan »separate, but equal« (getrennt, aber gleich) die Rassentrennung in öffentlichen Einrichtungen von Schulen über Krankenhäuser bis zu den öffentlichen Verkehrsmitteln vorschrieben. In diesem Neuen Süden lag auch Montgomery, Alabama. Hier weigerte sich die schwarze Näherin Rosa Parks im Dezember 1955, ihren Sitzplatz in dem für Schwarze verbotenen Teil eines Busses für einen Weißen zu räumen. Dieser Akt des gewaltlosen Widerstands löste einen knapp 13-monatigen Busboykott aus – und markierte damit den Anfang vom Ende der Rassentrennung in öffentlichen Verkehrsmitteln. Rosa Parks wurde zu einer Symbolfigur der Protestbewegung. Heute weiß man, dass ihre angeblich spontane Aktion sorgfältig geplant und inszeniert war, denn Parks war schon vor ihrer legendären Busfahrt in der Bürgerrechtsorganisation National Association for the Advancement of Colored People (NAACP) aktiv. Als Ikone der Bürgerrechtsbewegung wird sie deshalb aber nicht weniger verehrt.

Der demokratische Präsident John F. Kennedy beschwor im Oktober 1963 den *New South* als Teil einer wirklich geeinten Nation, wie sie im Fahneneid der USA formuliert ist: »Dieser große Neue Süden leistet seinen Beitrag zu einem großen, neuen Amerika, und ihr – vor allem die jungen Leute unter euch – könnt euch auf den Tag freuen, an dem wir keinen Süden mehr kennen, keinen Norden, keinen Osten und keinen Westen, sondern nur mehr ›eine Nation unter Gott, unteilbar, mit Freiheit und Gerechtigkeit für jeden‹.« Es war Kennedys letzter großer Auftritt, bevor er am 22. November in Dallas – im Süden – ermordet wurde.

Wenige Jahre später, am 4. April 1968, wurde auch Martin Luther King in Memphis, Tennessee, von einem Attentäter erschossen. Unvergessen bleibt seine große Rede »I have a dream«, mit der King im August 1963 vor dem Lincoln Memorial in Washington seine Mitbürger beschwor, im Sinne der amerikanischen Verfassung die Teilung der Nation in ein schwarzes und ein weißes Amerika zu überwinden. Dass dieser Traum bis heute nicht verwirklicht ist, zeigen sämtliche Sozialstatistiken der USA. Davon zeugt die neue Bürgerrechtsbewegung Black Lives Matter (»schwarze Menschenleben zählen«), die sich als Antwort insbesondere auf die exzessive Gewalt weißer Polizisten gegen afroamerikanische Teenager formierte. Davon zeugen aber auch Schulbücher für den Geschichtsunterricht in Texas, in denen der transatlantische Sklavenhandel als eine Einrichtung beschrieben wird, um Millionen von »Arbeitern« zu den Plantagen des amerikanischen Südens zu bringen.

Solche Geister des Alten Südens sind es, die den Kulturkampf in der Region wieder angefacht haben. Denn der *Old South* hat zwei Gesichter: Für die einen ist er die ewige Hochburg des Rassismus – das Land der Sklavenhalter und *Rednecks,* des Ku-Klux-Klans und der diskriminierenden Jim-Crow-Gesetze. Für die anderen ist es das Land der üppigen Plantagen und Magnolienbäume, ein Hort der Ritterlichkeit, der *Southern Belles* und der großen Gefühle.

Diesen nostalgisch verklärten Alten Süden haben Margaret Mitchell, Vivian Leigh und Clark Gable weltweit populär gemacht. Mitchells Bestseller *Vom Winde verweht* erschien 1936. Er spielt in Georgias Hauptstadt Atlanta, und einem ortsansässigen Reiseleiter zufolge fragen japanische Touristen dort stets als Erstes nach zwei Dingen: nach dem besten Golfplatz – und nach Tara, der fiktiven Heimat Scarlett O'Haras. Mit 30 Millionen verkauften Exemplaren gilt der Roman als eines der erfolgreichsten Bücher aller Zeiten. Der Film zum Buch wurde 1939 mit Leigh und Gable in den Hauptrollen gedreht. An den Kinokassen spielte *Vom Winde verweht* nach heutigem Wert 2,7 Milliarden Dollar ein und ist damit das einträglichste Werk der Filmgeschichte. Außerdem gewann der Film zehn Oscars. Einer davon ging an die schwarze Schauspielerin Hattie McDaniel für ihre Darstellung der Sklavin Mammy. Von der Premiere in Atlanta blieb McDaniel aber ausgeschlossen, ebenso wie alle anderen schwarzen Darsteller: In Georgia herrschte Rassentrennung.

Ergänzt wird die *Old-South*-Romantik mittlerweile durch das kulturell-touristische Image der Region als Wiege von Blues, Gospel und Jazz, als Heimat des *Cajoun Food* und des leicht korrumpierenden Savoir-vivre, wie es die Stadt New Orleans mit ihrem Beinamen *The Big Easy* zumindest bis zu ihrer Zerstörung durch den Hurrikan Katrina verkörpert hat. Noch heute sagt man den Frauen aus dem Süden mehr Charme und den Männern mehr Galanterie nach als dem Rest der US-Bürger – gepaart mit einer konservativen Grundeinstellung, einem Schuss Geisterglauben und einer gehörigen Portion Exzentrik.

Das ist sehr spannend in dem Film *Mitternacht im Garten von Gut und Böse* verarbeitet, den Clint Eastwood 1997 auf der Basis des gleichnamigen Reportageromans von John Berendt gedreht hat. Darin kommt ein New Yorker Gesellschaftsreporter nach Savannah, Georgia, um über die pompöse Weihnachtsfeier eines reichen Kunsthändlers und Lebemanns zu berichten. Beim gemeinsamen Spaziergang begegnen sie einem Schwarzen im Anzug und steifen Hut, der eine Leine ohne Hund spazieren führt. Er wird aber von allen Leuten im Park freundlich auf den unsichtbaren Hund angesprochen. Ein Verrückter? Keineswegs, wie der Südstaatler den New Yorker aufklärt, sondern Mr. Glover, der ehemalige Portier einer Anwaltskanzlei. Der verstorbene Anwalt hatte vor mehr als 20 Jahren in seinem Testament verfügt, Mr. Glover möge weiterhin 15 Dollar pro Woche dafür bekommen, dass er seinen Labrador Patrick ausführt. Zwei Jahre später sei Patrick dann seinem Herrn ins Grab gefolgt. Warum Mr. Glover seitdem nicht einfach einen anderen Hund spazieren führe, will der Reporter wissen. Mit hintergründigem Lächeln fragt der Kunsthändler zurück: »Und wer geht dann mit Patrick Gassi?«

Über anderthalb Jahrhunderte hinweg hat sich so in großen Teilen des Südens der Mythos einer im Grunde noblen, weißen Gesellschaft gehalten, die für »ihre« Schwarzen – sei es als Sklaven oder als Bedienstete – in aller Regel gut gesorgt und dafür auch deren Treue erworben habe. Die Sklaverei wurde zur Nebensache, der Bürgerkrieg zum heldenhaften Kampf für den Erhalt einer großen Kultur umgedeutet. Das fast allgegenwärtige Symbol dafür sind die Heldendenkmäler, kleinere Varianten des Stone Mountain, die in den Parks und auf den Plätzen des Südens stehen. Darunter sind auch Standbilder des Konföderierten-Generals Nathan Bedford Forrest, eines ehemaligen Sklavenhändlers und Plantagenbesitzers, der nach dem Krieg einer der ersten Anführer des Ku-Klux-Klan wurde. Demselben »Kult der verlorenen Sache« huldigen Fahnen und Autoaufkleber mit der Konföderierten-Flagge, einem blauen Kreuz mit 13 weißen Sternen auf rotem Grund. Mississippi führt das Kriegsbanner sogar als Teil seiner Staatsflagge. Gegen deren Abschaffung haben die Wähler dort erst vor einigen Jahren gestimmt, und zwar mit überwältigender Mehrheit.

Mit einem Konföderierten-Banner auf dem Nummernschild seines Wagens fuhr am 17. Juni 2015 auch der weiße Suprematist Dylann Roof zu einer traditionsreichen afroamerikanischen Methodistenkirche in Charleston, South Carolina, und erschoss dort neun Menschen beim Gottesdienst. Sein erklärtes Ziel war es, einen »Rassenkrieg« anzuzetteln. Abrupt hat dieser kaltblütig ausgeführte Terrorakt die Routine einer Erzählung unterbrochen, die das grausamste Kapitel in der Geschichte des Südens systematisch ausblendet. Bürgerrechtsaktivisten im ganzen Land nahmen den *Lost Cause*-Kult und seine Symbole ins Visier. Seitdem stürzt im Süden ein Konföderierten-Denkmal nach dem anderen. Vor allem in den Großstädten ist überdies eine neue Generation von Politikern an die Macht gekommen, die von Antebellum-Nostalgie und einer schöngefärbten Bürgerkriegsgeschichte nichts mehr wissen will. In New Orleans, wo sechs von zehn Einwohnern Schwarze sind, ließ der demokratische Bürgermeister Mitch Landrieu im Frühjahr 2017 gleich vier Statuen von öffentlichem Grund und Boden entfernen, darunter auch die des konföderierten Oberbefehlshabers Robert E. Lee. Die Standbilder bezeichnete er als »Affront für unsere Gegenwart und ein schlechtes Rezept für unsere Zukunft«.

Doch längst nicht alle Südstaatler teilen diese Ansicht. Drei der vier Denkmäler von New Orleans mussten im Schutze der Nacht abmontiert werden, und die Arbeiter trugen dabei schussichere Westen. So wie das Massaker von Charleston eine neue Welle der Bürgerrechtsbewegung ausgelöst hat, hat deren Sturm auf die Denkmäler auch die gegnerische Seite mobilisiert. Als der Stadtrat von Virginias Hauptstadt Charlottesville im August 2017 beschloss, ein Lee-Reiterstandbild aus dem städtischen Emancipation Park zu entfernen, marschierten dort unter dem Motto »Unite the Right« diverse rechtsextreme Gruppen mit Fackeln, Gewehren und Hitlergruß zum Protest auf. Nach Zusammenstößen zwischen Demonstranten, Gegendemonstranten und der Polizei verhängte der Gouverneur von Virginia den Ausnahmezustand. Kurz darauf starb die 32-jährige Heather Heyer, als in einer Nebenstraße ein hasserfüllter 20-Jähriger aus Kentucky sein Auto brutal in eine Gruppe von Gegendemonstranten steuerte.

Wo Neonazis und weiße Suprematisten die Demontage ihres Geschichtsbilds mit Gewalt verhindern wollen, gehen konservative Südstaatenpolitiker und Interessenverbände wie die »Söhne der konföderierten Veteranen« subtiler vor. So beriefen sich republikanische Abgeordnete in Memphis auf ein Gesetz des Staates Tennessee, das den Abbau historischer Denkmäler in öffentlichen Parks verbietet. (Indem der Stadtrat einem gemeinnützigen Verein zwei Parks verkaufte, wurde Memphis seine beiden umstrittenen Standbilder dann trotzdem los – standen diese doch nun auf privatem Land.) Wieder andere werben dafür, die bronzenen Heldenfiguren als Teil des historischen Erbes an ihrem Platz zu lassen. Ihnen hat der Bürgermeister von New Orleans strikt widersprochen. »Das waren keine unschuldigen Gedenkstätten für eine gute, alte Zeit«, so Landrieu. Wie die brennenden Kreuze des Ku-Klux-Klan seien auch die Konföderierten-Denkmäler als Zeichen des Terrors gesetzt worden: »Sie sollten jedem, der in ihrem Schatten ging, klarmachen, wer in dieser Stadt noch immer das Sagen hatte.«

Wer heute in New Orleans – und im Süden insgesamt – das Sagen hat, ist weniger eindeutig. Seit Anfang 2018 wird die Stadt am Golf von Mexiko, einst der größte Sklavenmarkt Nordamerikas, zum ersten Mal von einer Frau regiert. Nicht nur das: LaToya Cantrell ist Afro-Amerikanerin, und sie ist in Los Angeles geboren. Sie gehört also nicht zum politischen Urgestein Louisianas wie ihr Vorgänger Mitch Landrieu, dessen Schwester Mary den Staat fast 20 Jahre lang im US-Senat vertrat, und dessen Vater Moon bereits in den 1970er Jahren Bürgermeister von New Orleans war. Die Stadt ist im Wandel, wie auch der Süden insgesamt, und das hat nicht nur mit dem Hurrikan Katrina und mit den politischen Bewegungen der jüngsten Zeit zu tun. Mindestens ebenso wichtig sind langfristige Trends in der Wirtschaft und Demographie. Von »Hybridisierung«, hauptsächlich durch Einflüsse aus dem Nordosten und Mittleren Westen, spricht Gaines M. Foster, Historiker an der Louisiana State University: »Mindestens einer von vier Bewohnern des Südens ist nicht hier geboren. Sogar der Begriff ›Südstaaten‹ ist schwammig geworden.«

Seit der Jahrtausendwende verbindet man mit dem Begriff des *New South* vor allem Forschungszentren, Hightech-Industrie und Finanzwirtschaft. Rund um Städte wie Atlanta, Charlotte und Houston sind wirtschaftliche Boomregionen entstanden, die für einen komplett neuen Bevölkerungsmix gesorgt haben. Hochschulen und Unternehmen warben Fachkräfte aus dem In- und Ausland an. Der deutsche BMW-Konzern baute in Spartanburg, South Carolina, sein weltweit zweitgrößtes Montagewerk. Die Agrarindustrie stellte Arbeiter aus Lateinamerika ein; viele kamen nun nicht mehr nur als Saisonarbeiter, sondern blieben dauerhaft. Seit die allgegenwärtige Klimaanlage das Leben auch im Sommer erträglich macht, zieht es überdies eine wachsende Zahl von Rentnern auf der Flucht vor kalten Wintern in den Süden.

Binnen einer Generation hätten sich zumindest Teile des Südens so radikal gewandelt, dass man nunmehr von »The New New South« sprechen müsse, meint der Schriftsteller Robert Hicks. Hicks lebt in Franklin, Tennessee. »Als ich vor 32 Jahren hierher zog, waren wir nur eine von vielen armen Südstaaten-Landgemeinden. Es gab zahllose kleine Milchbauern, auf den Feldern wurde Tabak angebaut, und fast jeder war Demokrat«, schrieb er im August 2006. »Heute sind wir einer der reichsten Landkreise Amerikas. Es gibt vielleicht noch eine letzte kleine Milchfarm, auf den Feldern werden McMansions gebaut, und fast jeder ist Republikaner.«

Franklin und der umgebende Landkreis Williamson County liegen im Großraum von Nashville. Die Hauptstadt Tennessees ist berühmt für die Country-Musik, doch ihren rasanten wirtschaftlichen Aufstieg verdankt sie vor allem der Gesundheits- und der Autoindustrie. Der weltweit größte private Krankenhausbetreiber, Hospital Corporation of America, hat hier seinen Sitz. In Franklin steht das Hauptquartier von Nissan North America, und in der Nähe hat der Konzern auch sein größtes Automobilwerk auf dem Kontinent gebaut. Neun von zehn Einwohnern sind Weiße. Das durchschnittliche Haushaltseinkommen liegt mit 88000 Dollar weit über dem nationalen Durchschnitt. Bei den letzten fünf Präsidentschaftswahlen heimsten die republikanischen Kandidaten hier jeweils zwischen zwei Dritteln und drei Vierteln aller Wählerstimmen ein.

Williamson County ist ein besonders extremes Beispiel. Doch viele Landkreise und Städte im Umfeld der Südstaaten-Metropolen entwickeln sich nach ähnlichem Muster. Das macht sie vergleichbar mit einigen Regionen des amerikanischen Südwestens. Sieben der zehn größten US-Städte liegen inzwischen im *Sun Belt,* der von den Südstaaten am Atlantik über Texas bis nach Kalifornien reicht. Vereinzelt werden deshalb schon diese Bundesstaaten als *the South* bezeichnet – und nicht mehr die ehemaligen Konföderierten Staaten von Amerika.

Der neue Reichtum ist allerdings sehr unterschiedlich verteilt. Das Image des Südens als Wachstumsregion mag das bisweilen überdecken, doch unter den zehn ärmsten US-Staaten sind noch immer acht der elf klassischen Südstaaten zu finden – darunter das langjährige Schlusslicht Mississippi, aber auch Tennessee. In die Top Ten der Staaten mit den höchsten Pro-Kopf-Einkommen hat es dagegen bisher nur ein einziger Südstaat geschafft: Virginia, das von der benachbarten Hauptstadt Washington profitiert.

Mit dem wirtschaftlichen und demographischen Wandel hat sich auch die politische Landschaft verändert. 2008 wurde der Republikaner Bobby Jindal Gouverneur von Louisiana – ein Sohn indischer Einwanderer und der erste farbige Gouverneur eines Südstaats. Nur zwei Jahre später wurde Nikki Hayley Regierungschefin in South Carolina, auch sie Amerikanerin indischer Abstammung und damit die erste *woman of color,* die im Süden einen Gouverneursposten erringen konnte. Und ins Abgeordnetenhaus von Virginia zogen Anfang 2018 die ersten Latinas ein: Weil die Demokratinnen Elizabeth Guzmán und Hala Ayala in ihren Wahlbezirken die Stimmen zehntausender lateinamerikanischer Einwanderer für sich gewinnen konnten, mussten zwei langjährige republikanische Amtsinhaber ihre Sitze räumen. Solche Meilensteine im politischen Alltagsgeschäft sind nicht so spektakulär wie der Sturm auf umstrittene Denkmäler. Sie sind aber ein weiteres Zeichen dafür, dass die Südstaaten dem Rest der

USA ähnlicher werden. Oder, wie es die Zeitschrift *Newsweek* ironisch formulierte: »The South just ain't that different anymore« – der Süden ist auch nicht mehr so anders, wie er einmal war.

Doch historisch gewachsene Mentalitäten sind hartnäckig. Selbst wenn die Konföderierten-Denkmäler ins Museum gestellt werden, selbst wenn man dort die Geschichte des Bürgerkriegs endlich vollständig erzählt und das Unrecht der Sklaverei nicht länger leugnet oder verdrängt: Ganz wird die *Old South*-Romantik wohl nicht verschwinden. Dafür sorgen nicht nur starrsinnige Rednecks oder Politiker mit identitärer Agenda. Dafür sorgt auch die Tourismus-Industrie. Schon Margaret Mitchell wusste von der Macht der Folklore. Sie hatte mit *Vom Winde verweht* keineswegs der weißen Plantagen-Aristokratie ein Denkmal setzen wollen. Ihr Thema war das Überleben unter extremen Umständen. Aber: »Die Leute glauben, was sie glauben wollen«, schrieb Mitchell, »und der mythische Alte Süden ist zu fest in ihrer Phantasie verankert, als dass die simple Lektüre eines 1037 Seiten langen Romans daran etwas ändern könnte.«

## Megalopolis: Der Nordosten

»I'm from all over the Northeast.«
(Jim, Koch aus Philadelphia, der in seinem Leben schon mehr
als ein Dutzend Mal umgezogen ist)

Amerikas Nordosten ist ein Lichtermeer. Auf Nachtaufnahmen aus dem Weltraum strahlt der knapp 800 Kilometer lange Küstenstreifen von Boston bis hinunter nach Washington fast so lückenlos hell wie eine einzige Metropole. *Boswash* nennen ihn die einen mit Referenz auf die Großstädte am nördlichen und südlichen Ende, *Bosnywash* die anderen, um New York, die größte Stadt in dieser Kette, nicht ungenannt zu lassen.

Der französische Geograph Jean Gottmann taufte die zusammenwachsenden Ballungszentren an der nördlichen US-Atlantikküste schon 1961 »Megalopolis«, große Stadt. Er erklärte die Region zum Prototyp einer neuen Siedlungsform. Städte- und Verkehrsplaner, Architekten und Sozialwissenschaftler betrachten die Megalopolis in Amerikas Nordosten seitdem als Studienobjekt und Versuchslabor für urbane Trends der Zukunft.

Zu Gottmanns Zeit lebten in der Region rund 33 Millionen Menschen, ein Viertel der US-Bevölkerung. Im Nachkriegsamerika setzte sich die mobile Gesellschaft ans Steuer. 1955 rollten mehr als neun Millionen Automobile vom Band. Die Modelle bekamen bullige Achtzylinder-Motoren und strotzten auch im Design vor Selbstbewusstsein: blitzende Chromschiffe mit endlosen Heckflossen wie der Pontiac Star Chief, rasante Sportwagen wie der Ford Thunderbird und die Chevrolet Corvette. US-Präsident Dwight D. Eisenhower, sonst kein Freund staatlicher Subventionen, brachte 1956 mit dem *Interstate Highway Act* das nach seinen eigenen Worten »ehrgeizigste Straßenbauprogramm der Weltgeschichte« in Gang. Auf den neuen Autobahnen fuhr die weiße Mittelklasse in die Vorstädte *(suburbs)*; in den Innenstädten blieben die Armen und die Minderheiten zurück. Doch für Gottmann, der 1941 aus Paris in die USA geflohen war, war die Megalopolis der 1950er Jahre *das* Beispiel für innovative Lebensformen. Hier war »America's Main Street« – ein Zentrum, das einzigartige Chancen für ökonomischen und sozialen Fortschritt bot.

Von einer neuen Gesellschaft in der Neuen Welt träumten auch die ersten Siedler, die in den 1620er Jahren an der Küste Neuenglands landeten. Die Pilgrims, eine Gruppe von gut 100 englischen Separatisten, überdauerten den ersten Winter auf ihrem Schiff, der »Mayflower«, dann ließen sie sich am Plymouth Rock nieder. Wenige Jahre später folgten die ersten tausend Puritaner mit John Winthrop an der Spitze. Ihre Massachusetts Bay Colony war mehr als nur Sitz einer Handelsgesellschaft. Boston,

Winthrops »Stadt auf dem Hügel«, sollte nicht weniger sein als eine verwirklichte Utopie – das leuchtende Beispiel einer heiligen Gemeinschaft, in der Religion und Regierung eine Einheit bildeten. Hier war Gottes Wort Gesetz, Gottesdienst war Pflicht, und Sünden waren Verbrechen, die bestraft werden mussten.

Dem ebenfalls aus England eingewanderten Pastor Roger Williams war das zu viel des Guten. Er wehrte sich gegen den totalitären Anspruch der Puritaner und gründete nach seiner Verbannung aus Massachusetts mit Gleichgesinnten in Providence, im späteren Rhode Island, 1639 die erste Baptistenkirche. Hier herrschten Religions- und Glaubensfreiheit, und in der Verfassung von Providence verankerte Williams zum ersten Mal die Trennung von Kirche und Staat. Erst gut 40 Jahre später gründete der Quäker William Penn am Delaware River weiter südlich mit Pennsylvania eine weitere Kolonie, die ihren Bewohnern Religionsfreiheit zusicherte.

Die ersten Siedler in Neuengland hatten einen schweren Start. Sie waren auf die schwülheißen Sommer an Amerikas Ostküste nicht vorbereitet und für die harten Winter nicht ausgerüstet. Wie man klimataugliche Häuser baut, welche Getreidesorten hier wachsen: Alles musste neu gelernt werden. Erfahrungen aus Europa nutzten wenig. Die Siedler lernten von heimischen Indianerstämmen, führten aber bald hauptsächlich Krieg gegen alle *Native Americans,* die sich gegen die Ausbreitung der Weißen zur Wehr setzten. Auch die Konflikte mit der englischen Krone häuften sich, je unabhängiger und selbstbewusster die Kolonisten wurden. Zur gleichen Zeit rangen die Puritaner auch miteinander um die richtige Regierung und Lebensweise. Die Furcht, ihre von außen ständig bedrohte Gemeinschaft könnte auch von innen zerrieben werden, ließ Dissidenten als Teufel und Hexen erscheinen, die man mit aller Macht bekämpfen musste. Missernten und schlechte Geschäfte galten als Zeichen für Gottes Zorn; wirtschaftlicher Erfolg und Reichtum hingegen als Zeichen für Gottes Gnade.

Mit ihrer dynamischen Mischung aus religiösem Eifer und politischem Gestaltungswillen haben die Puritaner die amerikanische Nation in ihrer Entstehungsphase entscheidend geformt. Umstritten war und ist aber, ob das puritanische Erbe für die USA eher Segen oder Last sei. So hatte Alexis de Tocqueville im 19. Jahrhundert einen ausgesprochen positiven Eindruck vom Einfluss der Puritaner auf die junge Republik: Ihr Fleiß und ihre egalitären Überzeugungen hätten stabile Fundamente für die Demokratie in Amerika gelegt. Und bis heute mangelt es bei keiner Konjunkturkrise an Mahnungen, dass nur die Besinnung auf die puritanische Arbeitsethik, auf die uramerikanischen Werte von Sparsamkeit und Fleiß, die Wirtschaft wieder auf ein gesundes Fundament stellen könne.

Der amerikanische Schriftsteller Nathaniel Hawthorne, selbst Spross einer alten Puritanerfamilie aus Salem, Massachusetts, und ein Zeitgenosse Tocquevilles, sah seine Vorfahren hingegen als »bitter persecuters«, als erbarmungslose Verfolger im Bann ihres religiösen Wahns. Seine Geschichten und Romane spielten häufig in den puritanischen Gemeinden des 17. Jahrhunderts, in einer düsteren Welt voll Sünde und Schuld. Hawthornes 1850 erschienener Roman *Der scharlachrote Buchstabe* war schon zu seinen Lebzeiten ein Bestseller und steht noch heute auf den Leselisten amerikanischer College-Studenten.

Ein Ururgroßvater Hawthornes war Richter bei den berüchtigten Hexenprozessen von Salem gewesen. 1692 hatte man dort nach einer Massenhysterie mehrere hundert Menschen wegen angeblicher Hexerei angeklagt. 20 Männer und Frauen wurden hingerichtet. Anders als in Europa blieben Hexenverfolgungen in den amerikanischen Kolonien zwar Einzelfälle. Womöglich sind die Prozesse von Salem aber gerade deshalb als Inbegriff der Intoleranz im Gedächtnis geblieben – eine Intoleranz puritanischer Prägung, wohlgemerkt. Immer wieder ist der Stoff neu verarbeitet worden. Das bekannteste Beispiel ist das Theaterstück *Hexenjagd* von 1953, mit dem der Dramatiker Arthur Miller die

Kommunistenverfolgung der McCarthy-Ära anprangerte. »Moralvorstellungen definieren die Ideale dieser Nation«, schreibt der Politologe James A. Morone in seinem 2003 erschienenen Buch *Hellfire Nation*. »Moralvorstellungen sind der Auslöser für Kreuzzüge nach innen und außen – von der Amerikanischen Revolution 1776 bis zum Krieg gegen den Terror mehr als zwei Jahrhunderte danach.«

Wären die USA heute ein anderes Land, wenn weniger religiöse Utopie aus Neuengland und dafür mehr kommerziell motivierte Toleranz aus New York in den amerikanischen Gründungsmythos geflossen wäre? Immerhin war New Amsterdam, wie die Stadt bis zu ihrer Eroberung durch die Briten 1664 hieß, Teil eines globalen Wirtschaftsunternehmens und als solches von Natur aus weltoffen und multikulturell.

Der Engländer Henry Hudson entdeckte die Insel Manhattan 1609 für die Dutch East India Company. Wenig später gründeten holländische Kaufleute hier einen Handelsposten, der bald zu einem wichtigen Umschlagplatz für Pelze und andere Waren aus Amerikas Nordosten wurde. Die Dutch East India Company war als Handelsunternehmen weltweit aktiv. Sie wollte weder Glauben noch Kultur exportieren, sondern Geld verdienen. In einer Welt, wo jeder ein möglicher Handelspartner war, war Ausgrenzung wegen der »falschen« Religion oder Hautfarbe nur geschäftsschädigend. Auf Manhattan Island lebten deshalb bald Menschen verschiedenster Herkunft zusammen, die zwar nichts weiter verband als das Geschäft, die sich gerade deshalb aber auch gegenseitig in Frieden ließen.

In einem Punkt aber sind sich die Puritaner in Boston und die Kaufleute in New York immer einig gewesen: Geldverdienen ist etwas Gutes. Wer hier immer nur »typisch amerikanische Geldgier« am Werk sieht, die wie eine ansteckende Krankheit über kurz oder lang jeden befällt, der seinen Fuß auf den Kontinent setzt, vergisst etwas ganz Entscheidendes: die egalisierende Funktion, die das Geld in der amerikanischen Gesellschaft von Anfang an hatte. Anerkennung und soziale Stellung sind in Amerika in erster Linie eine Frage des Geldes – und Geld ist etwas, das jeder unabhängig von seiner Herkunft verdienen kann. Wer Geld hat, kann sich als sein eigener Herr fühlen und, mit Benjamin Franklins Worten, »gelassen vor Königen stehen«. Mochten sich die WASPs, die *White Anglo-Saxon Protestants* aus Neuengland, wie sie von katholischen Einwanderern später genannt wurden, auch als Geldaristokratie und als herrschende Klasse etablieren, die zunehmend Kritik auf sich zog: Die Kritik richtete sich in aller Regel nur gegen Vertreter dieser Klasse, denen man Korruption oder Übertreibung vorwarf, und nur selten gegen das System, das sie geschaffen hatte. Das Grundvertrauen in die Durchlässigkeit der amerikanischen Gesellschaft und ihre Aufstiegschancen blieb ebenso erhalten wie eine grundsätzliche Abneigung gegen *politics of envy* – eine durch Neid motivierte Umverteilungspolitik nach dem Muster europäischer Wohlfahrtsstaaten. Man muss sich also nicht allzu sehr wundern, wenn Lloyd Blankfein, Chef der Investmentbank Goldman Sachs, die Tätigkeit der Banken noch heute als »Gottes Werk« bezeichnet: Ohne Kapital funktioniert der Kapitalismus, in dem es jeder zu Reichtum und Ansehen bringen kann, nun einmal nicht.

So verdiente man also Geld in Amerika, vor allem in Amerikas Nordosten – bis zum exzessiven Höhepunkt des *Gilded Age* in der zweiten Hälfte des 19. Jahrhunderts. Auch hier brachte es nicht nur ein Bankierssohn aus Neuengland wie John Pierpont (J. P.) Morgan zu einem beispiellosen Vermögen und einem opulenten Lebensstil. Andrew Carnegie, Sohn eines Webers aus Schottland, wurde in Pennsylvania zum Stahlmagnaten und Multimillionär. Der Öl-Tycoon John D. Rockefeller, der als reichster Mann nicht nur seiner Zeit, sondern aller Zeiten gilt, war Sprössling einer deutschen Einwandererfamilie. Er stammte ebenso aus bescheidenen Verhältnissen wie der Eisenbahnmagnat Cornelius Vanderbilt. Auf der einen Seite zogen diese Männer als »Räuberbarone« und Monopolisten Zorn auf sich. Auf der anderen

Seite waren sie immer auch Beweis und Ansporn, dass man es in Amerika tatsächlich »from rags to riches« (oder eben, in der deutschen Variante dieser Redensart, »vom Tellerwäscher zum Millionär«) bringen konnte.

Das Goldene Zeitalter war der Höhepunkt des Wachstums im Nordosten. Einwanderer- und Einwohnerzahlen stiegen wie nie zuvor. Um 1850 lebten in New York rund 500 000 Menschen, 50 Jahre später waren es bereits 3,4 Millionen. Boston blieb deutlich kleiner, zählte aber um 1900 immerhin rund 600 000 Einwohner. Ende des 19. Jahrhunderts entstanden die ersten *suburbs*. Die Megalopolis wuchs zusammen.

Doch nachdem eine Börsenpanik das *Gilded Age* 1893 beendet hatte, konnte die Wirtschaft mit dem Bevölkerungswachstum immer weniger Schritt halten. Bis zum Beginn der Großen Depression der 1930er Jahre verdoppelte sich die Einwohnerzahl New Yorks nochmals auf knapp sieben Millionen; nach dem Zweiten Weltkrieg waren es bereits knapp acht Millionen. Spätestens in den 1960er Jahren war offensichtlich, dass der Nordosten nicht nur mit Konjunkturkrisen, sondern mit einer schweren Strukturkrise kämpfte. Die Schwerindustrie, das ökonomische Rückgrat der Region, schrumpfte im Rekordtempo.

Besonders hart trafen die Massenentlassungen die schwarze Großstadtbevölkerung. Die wirtschaftliche Not verschärfte die Spannungen, die zwischen Afroamerikanern und Weißen ohnehin bestanden: Fast sieben Millionen Nachkommen freigelassener Sklaven hatten seit Beginn des 20. Jahrhunderts den Süden verlassen, doch für die meisten hatten sich die Hoffnungen auf ein besseres Leben im Norden nicht erfüllt. In den Städten lebten sie auf engstem Raum mit Einwanderern zusammen, die sich ebenfalls eine Existenz aufbauen mussten und mit kommerziell motivierter Toleranz wenig im Sinn hatten. Zwar gab es keine Gesetze zur Rassentrennung wie im Süden, aber de facto war die Rassentrennung im Norden nicht weniger ausgeprägt – ob es um das Wahlrecht und andere Bürgerrechte ging, um Polizeigewalt oder um Wohnraum.

In seinem Buch *How East New York Became a Ghetto* (2003) schildert der Stadtplaner Walter Thabit, wie Banken und Immobilienfirmen in den 1960er Jahren durch das sogenannte *redlining*, die Markierung bestimmter Stadtbezirke mit Rotstift, eine höchst lukrative Bevölkerungspolitik betrieben: Aus den markierten Bezirken wurden weiße Familien teils durch Kaufangebote und günstige Hypothekenkredite für neue Häuser in den *suburbs* weggelockt, teils durch Panikmache vertrieben. Makler verteilten Hetzschriften; sie führten schwarze Familien auf den Straßen auf und ab, um das Umkippen des Viertels zu signalisieren und die Weißen zu Panikverkäufen zu bewegen. Die frei gewordenen Häuser wurden zu überhöhten Preisen an farbige Familien weiterverkauft oder vermietet. Mit der weißen Mittelklasse verließen auch Geschäfte, Institutionen und Arbeitsplätze die betroffenen Bezirke. Städtische Dienstleistungen – Schulen, Straßenbau, Müllabfuhr – wurden nach und nach reduziert. Die Abwärtsspirale hatte begonnen.

In New Jerseys größter Stadt Newark zum Beispiel war Mitte der 1960er Jahre bereits jeder dritte 16- bis 19-jährige Afroamerikaner arbeitslos. In Ghettos wie dem Central Ward kassierten *slumlords* die Miete, ohne sich um den Erhalt der Gebäude zu kümmern. Die verfallenden Häuser gingen nicht selten in Flammen auf – so konnten ihre Besitzer noch die Versicherungssumme einstreichen. Zur gleichen Zeit plante die Stadtverwaltung von Newark neue Highways mitten durch das Ghetto. Ganze Häuserblocks sollten einem Klinik-Neubau weichen, obwohl es für die Bewohner nirgends neuen Wohnraum gab. Unter diesen Umständen radikalisierte sich die Bürgerrechtsbewegung der Stadt. Sie prangerte die als *urban renewal* ausgewiesene Innenstadtsanierung als »Negro removal« an, als gezielte Vertreibung der schwarzen Bevölkerung.

Welch eine Ironie der Geschichte! Ausgerechnet im Norden, wo man den Kampf gegen die Sklaverei 100 Jahre zuvor zum Anlass für einen Krieg gegen die Südstaaten genommen hatte, begehrten Afro-Amerikaner nun gewaltsam gegen Not und Diskriminierung auf. In den Großstadt-Ghettos fand der Baptist Martin Luther King mit seinem Traum von einer friedlichen Integration und seiner Strategie gewaltloser Proteste wenig Resonanz. Stattdessen drängte Malcolm X als Sprecher der Emanzipationsbewegung Nation of Islam die Afro-Amerikaner zur Selbstverteidigung gegen die »weißen Teufel«. Nach seiner Ermordung 1964 wurden die radikalen Black Panther in den Städten aktiv.

In Newark entluden sich die Spannungen im Juli 1967, nachdem weiße Polizisten einen schwarzen Autofahrer wegen einer Lappalie verhaftet und misshandelt hatten. Geschäfte wurden geplündert, Häuser in Brand gesteckt. Sechs Tage dauerten die *Newark riots,* bis sie von New Jerseys Staatspolizei und der Nationalgarde niedergeschlagen wurden; 26 Menschen starben. Es war nicht der einzige Aufstand dieser Art, den das Land in dieser Zeit erlebte. Vor allem nach dem Mord an Martin Luther King im April 1968 wurden auch in Washington, Baltimore, Philadelphia, New York und anderen Städten, bis hinauf nach Detroit und Minneapolis im Mittleren Westen, ganze Viertel verwüstet. Armut, Gewalt und Verfall breiteten sich danach noch schneller aus. Wer es sich irgend leisten konnte, wanderte aus den Stadtzentren ab.

1975 stand die Stadt New York vor der Pleite. In den 1980er Jahren wurde aus dem Welthandelsplatz ein Umschlagplatz für Crack und andere harte Drogen. Washington, D.C. verlor zwischen 1950 und 1980 ein Viertel seiner Bevölkerung. Steigende Tendenz hatten nur die Verbrechensraten. In den 1980er und frühen 1990er Jahren galt Washington als *murder capital,* als Mordhauptstadt der USA. 1990 wurde der Bürgermeister der US-Hauptstadt, Marion Barry, wegen Drogendelikten verhaftet und musste für sechs Monate hinter Gitter. Die Bahnfahrt durch den sogenannten Nordost-Korridor, für Gottmann noch eine Augenweide mit viel freiem Land zur Entwicklung, wurde in dieser Zeit über weite Strecken zur Geisterfahrt vorbei an halb verfallenen, graffiti-besprühten Fabrikgebäuden und Lagerhäusern. Der prosperierende *Sun Belt* im Süden schien auf dem besten Weg, den Nordosten und seine *shrinking cities* als führende Region zu überholen.

Das Blatt wendete sich Mitte der 1990er Jahre. In New York setzte der republikanische Bürgermeister Rudolph Giuliani mit seiner Null-Toleranz-Politik ein Signal für die bürgerliche Rückeroberung der Stadt. Schon Kleinkriminaliät wurde nun mit aller Härte geahndet. Kein Graffito, keine zerschlagene Fensterscheibe sollte mehr den Eindruck vermitteln, Recht und Ordnung hätten in New York keine Geltung. Kurz darauf ging die Kriminalität spürbar zurück. Hatte Giulianis Politik Wunder gewirkt? Oder war es eher der allgemeine Wirtschaftsaufschwung in Verbindung mit dem Ende der Crack-Welle, der die Wende brachte? Das war und ist bis heute umstritten. Jedenfalls registrierte die New Yorker Polizei zwischen 1990 und 2005 einen Rückgang der Gewaltverbrechen um mehr als drei Viertel. Und der Trend hält an: 2017 ist die Zahl der Morde in der Stadt auf ein neues Rekordtief von weniger als 300 gesunken – und das, obwohl die Polizei unter dem demokratischen Bürgermeister Bill de Blasio deutlich defensiver auftritt als zuvor.

Nach New Yorker Vorbild wurde die Gentrifizierung, die gezielte Aufwertung verwahrloster Stadtgebiete, seit den 1990er Jahren auch in Washington und anderen Städten politisches Programm. Für den wirtschaftlichen Aufschwung sorgten in dieser Zeit die Finanzindustrie, die Telekommunikation und die neue Internetwirtschaft. Weniger spektakulär, dafür aber auch weniger krisenanfällig, etablierte sich der Gesundheitssektor als Wachstumsbranche. Pharmakonzerne, Hersteller von Medizintechnik und Gesundheitsdienstleister siedelten sich vor allem in New Jersey an und schufen zehntausende Arbeitsplätze. Von einer »medical megalopolis« schwärmte die *New York Times* Ende 2002. In New York ist der Gesundheitssektor inzwischen sogar der größte Arbeitgeber, mit weitem Abstand vor der Finanzindustrie. Und auch wenn durch die Technologiebranche in der Stadt längst nicht in demselben rasanten Tempo Arbeitsplätze entstanden wie in vielen Metropolen des Sonnengürtels, hat sich New York seit der Jahrtausendwende nach den Worten ihres Ex-Bürgermeisters Michael Bloomberg durchaus zu einer *digital city* gemausert. Den Verlust von Millionen Industriearbeitsplätzen konnten die neuen Boombranchen allerdings nicht aufwiegen. Einige Städte, darunter Newark, haben sich von ihrer Existenzkrise bis heute nicht erholt.

Unter dem Strich hat der Nordosten keine mit den 1950er Jahren vergleichbare Dominanz mehr erlangt. Dennoch bleibt er im Vergleich zu den anderen US-Regionen ein ökonomisches und politisches Schwergewicht. Dafür sorgt schon das dichte Netz von Institutionen, die hier ihren Sitz haben, zum Beispiel Vereinte Nationen, Weltbank und Internationaler Währungsfonds, nicht zu vergessen die Bundesregierung der Vereinigten Staaten. Auf kleinstem Raum wetteifern hier außerdem acht *Ivy-League*-Universitäten und viele andere Spitzenhochschulen wie das Massachusetts Institute of Technology (MIT) in Boston miteinander. Und selbst nach den Terroranschlägen vom 11. September 2001 arbeitete noch mehr als die Hälfte aller Beschäftigten der gesamten amerikanischen Finanz- und Versicherungswirtschaft an der Wall Street und anderen Orten des Nordostens. Auch von der Finanzkrise des Jahres 2008 und der folgenden Rezession hat sich die Region mittlerweile erholt. In New York und Massachusetts zählten die Statistiker 2016 unter dem Strich sogar jeweils gut acht Prozent mehr Jobs als unmittelbar vor der Krise.

2005 griffen Wissenschaftler der Virginia Polytechnic Institute and State University, kurz Virginia Tech, Gottmanns Konzept von der Megalopolis für einen aktuellen Lagebericht noch einmal auf. Unter dem Titel *Beyond Megalopolis* definierten sie eine »Megapolitan Area Northeast«, die sich mittlerweile von Portland, Maine, im Norden bis nach Richmond, Virginia, im Süden ausdehnt. Auf diesem Bruchteil Amerikas, etwas über zwei Prozent des US-Staatsgebiets, drängen sich heute fast 50 Millionen Menschen. Das sind immer noch gut 17 Prozent der Gesamtbevölkerung, die außerdem ein Fünftel der nationalen Wirtschaftsleistung stemmen. Bis 2050 sollen nach Prognosen der Zensusbehörde weitere 18 Millionen Menschen dazukommen.

Auch heute ist die Megalopolis natürlich nicht wirklich flächendeckend. Größere ländliche Gebiete sind im Norden und Westen der Region durchaus noch zu finden. So wird in keinem anderen Staat der USA mehr Kohl angebaut als in New York; zugleich ist der *Empire State* der drittgrößte Weinproduzent nach Kalifornien und dem Bundesstaat Washington. Aus Pennsylvania stammt ein stattlicher Teil der amerikanischen Christbäume und Legehennen, und vor allem in Neuengland sind Öko-Farmen so zahlreich geworden, dass die Northeast Organic Farming Association inzwischen mehr als 5000 Mitglieder hat.

Für alle diese Gebiete aber gilt, dass sie einen wachsenden Teil ihres Einkommens mit Zweitwohnsitzen und Tourismus bestreiten. Neuengland mit seinen malerischen Küsten von Cape Cod bis hinauf nach Bar Harbor, seinen grünen Hügeln und mehr als 1200 Seen deckt schon seit Jahrhunderten den Bedarf der Großstädter nach Sommerfrische. Wer es sich leisten kann, verbringt den wärmeren Teil des Jahres im Neuengland-Sommerhaus, genießt die Farbenpracht des *Indian Summer* und kehrt dann für den Winter in die Stadtwohnung zurück.

Doch auch die Suche nach einem dauerhaft naturnahen Leben hat hier Tradition. In Massachusetts führt unweit des Städtchens Concord ein Waldweg zu einer Holzhütte am Walden-See. Es ist der Nachbau jenes Blockhauses, das sich Henry David Thoreau 1845 für 15 Dollar gebaut hat, um dem »Narrenleben« in der Stadt zu entfliehen. Vor der Hütte steht der Naturphilosoph heute als knorzige Bronzefigur mit wildem Kinnbart. Sein Experiment hat er in seinem berühmten Buch *Walden oder Leben in den Wäldern* zusammengefasst: »Ich wollte tief leben, alles Mark des Lebens aussaugen, so hart und spartanisch leben, dass alles, was nicht

Leben war, in die Flucht geschlagen wurde.« Das Buch wurde später zur Bibel für Selbstversorger und Selbstverwirklicher gleichermaßen. Dass Thoreau zuvor bei dem Versuch, sich wie die Indianer von selbst gefangenen und am offenen Feuer gebratenen Fischen zu ernähren, gut 120 Hektar Wald niedergebrannt hatte, hat er darin wohlweislich verschwiegen. In der Gegend wurde er deshalb noch jahrelang »the woods burner« genannt.

Wer nach Thoreaus Vorbild heute in die Wälder Neuenglands zieht, um der Konsumgesellschaft zu entfliehen, muss deutlich weiter nach Norden und Westen ausweichen – vorzugsweise in das dünn besiedelte Vermont. Thoreau selbst hat nur zwei Jahre, zwei Monate und zwei Tage in seiner Blockhütte am Walden-See gelebt. Später schloss er sich dem Transzendentalisten Ralph Waldo Emerson an, der von Thoreaus Heimatstadt Concord aus für ein freiheitliches und selbstverantwortliches Leben in der Natur warb. Das Städtchen im Norden Bostons war schon damals ein historisch bedeutender Ort, weil hier 1775 einer der ersten bewaffneten Kämpfe zwischen Briten und Kolonisten den Unabhängigkeitskrieg ausgelöst hatte. Später wurde Concord als *genius cluster,* als eine Hochburg des intellektuellen und literarischen Lebens bekannt. Für den Schriftsteller Henry James war Concord »the biggest little place in America«; Nathaniel Hawthorne nannte den Ort schlicht »Eden«.

Mittlerweile sind die Übergänge zwischen Großstadthölle und Kleinstadtparadies fließend geworden. Beide sind heute Bestandteil der Megalopolis, auch wenn Concord immer noch als Kontrapunkt dazu gilt: mit seinen (geschützten) bukolischen Landschaften, seinem historischen Stadtkern und seiner Geschichte von Freiheitskampf und kanonischer Literatur. Auf der anderen Seite aber ist diese Stadt heute auch ein reicher Vorort von Boston in Middlesex County, dem am dichtesten besiedelten Landkreis von Massachusetts.

»Concord ist die ideale amerikanische Stadt«, schreibt der Literaturwissenschaftler Robert E. Burkholder. »Es ist echter als

Colonial Williamsburg, wo die Vergangenheit in historischen Kostümen nachgespielt wird, oder als Disneys Main Street, USA. Aber es lebt von derselben Art Nostalgie: einer Sehnsucht nach dem Kleinstadtleben vergangener Zeiten und nach der malerischen Eigenart des ländlichen Amerika.«

### *Heartland:* Der Mittlere Westen

»I'm from the Midwest. We like to know who our neighbors are.« (Jami Attenberg, Schriftstellerin aus Buffalo Grove in Illinois, über ihre Heimat)

Vor einigen Jahren verbrachten wir die Wintermonate in Iowa City, Iowa – mitten im Mittleren Westen der USA. Ein Schweizer Kollege meines Mannes lud uns dort am ersten Abend zum Essen ein. Beim Abschied gab er uns eine gewaltige Daunendecke: »Ihr werdet sie brauchen.« Etwas kurios fanden wir das schon. Doch im Nachhinein waren wir selten jemandem so dankbar. Bei Temperaturen von minus 20 Grad Celsius, im *wind chill* auch deutlich darunter, mochte man morgens gar nicht mehr unter der Decke hervorkriechen. In unserem kaum isolierten Holzhaus kam die Heißluft-Gebläseheizung gegen die Kälte nicht mehr an. Aber im Mittleren Westen sind Kälte, Schnee und Eis Routinesache. Während an vielen Ostküsten-Orten schon bei wenigen Zentimetern Schnee die Schulen schließen, ist zum Beispiel in Bismarck, North Dakota, auch bei Extremtemperaturen und Tiefschnee Unterricht. Einziges Zugeständnis an die Elemente: Ab minus 25 Grad wird die Pause vom Schulhof ins Gebäude verlegt.

Für dieses und andere Wetterextreme in Amerikas Mittlerem Westen sorgt seine geographische Lage: Während die Appalachen im Osten und die Rocky Mountains im Westen die Region vom milderen Klima der Küsten abtrennen, bremst im Norden kein Gebirgszug die winterlichen Kaltfronten aus Kanada, die über die Großen Seen hereinziehen. Von Süden her wiederum hat feuchtwarme Luft aus dem Golf von Mexiko ebenso freie Bahn wie die Ausläufer tropischer Stürme aus der Karibik. Deshalb ziehen vor allem im Frühjahr verheerende Windhosen durch die *Tornado Alley,* die vom nördlichen Texas bis hinauf nach South Dakota reicht. Zusätzlich suchen Starkregen und Überschwemmungen die Region regelmäßig heim. So erlebte zum Beispiel Missouri in den vergangenen Jahren eine Rekordflut nach der anderen.

Nicht weniger überwältigend als das Klima finden Besucher aus Mitteleuropa die schiere Größe des Mittleren Westens, vor allem aber die enorme Weite seiner Landschaften. Einen Eindruck davon bekommt man in der Fernsehserie *Fargo,* die in North Dakota spielt. Allein in die Dakotas würde ganz Deutschland hineinpassen, aber in beiden Staaten zusammen leben nicht mehr als 1,5 Millionen Menschen. Die Landschaften dort zu durchqueren, hat etwas von einer visuellen Endlosschleife: Hügel mit spärlicher Vegetation. Eine Farm mit rundköpfigen Silos. Felder, so weit das Auge reicht. Eine Tankstelle. *Repeat.* Oder, wie die Romanautorin Willa Cather einmal eine Reise durch den südlichen Nachbarstaat der Dakotas beschrieben hat: »Das einzig wirklich Bemerkenswerte an Nebraska war, dass es immer noch, den ganzen Tag lang, Nebraska war.«

Die europäische Besiedlung der Region begann im 17. Jahrhundert im Bereich der Großen Seen und im Ohio-Gebiet südlich des Erie-Sees. Nach dem Sieg der Amerikaner im Unabhängigkeitskrieg wurde Ende des 18. Jahrhunderts das sogenannte Nordwest-Territorium geschaffen, aus dem später die Staaten Ohio, Indiana, Illinois, Michigan, Wisconsin und ein Teil Minnesotas hervorgingen. Damals lebten dort 45 000 *Native Americans,* aber nur rund 4000 Europäer, zumeist Pelzhändler.

Innerhalb weniger Jahrzehnte entwickelte sich im Nordwesten nicht nur eine Holz- und Landwirtschaft von gigantischen Ausmaßen. Es entstand auch ein Zentrum der Industrialisierung mit Städten wie Chicago, Detroit, Milwaukee und Cincinnati. Zuerst wurde die Region mit ihren Kohle- und Erzvorkommen zum Hauptlieferanten der Schwerindustrie in den Mittelatlantikstaaten. Doch schon bald wuchsen an den großen Seen und am Ohio River selbst Stahlwerke und Fabriken in die Höhe. 1825 schuf man mit dem Erie-Kanal eine Verbindung vom Erie-See zum Hudson River und damit eine durchgängige Wasserstraße bis nach New York City. Dieser Transportweg machte die Stadt so reich, dass sie zuerst Boston und dann auch Philadelphia überflügelte. Stolz sprachen die New Yorker vom Nordwesten als ihrem *inland empire,* einer Art Kolonialreich im eigenen Hinterland. Noch heute führt der Staat New York deshalb den Beinamen *Empire State.*

Die Indianer wehrten sich vergeblich gegen die Landgier der weißen Amerikaner. Sie verloren ihr Land durch fragwürdige Verträge oder Niederlagen in einem ungleichen Kampf, wie im Fall des Shawnee-Häuptlings Tecumseh, der aus den Indianervölkern der Region eine Allianz gegen die Weißen geschmiedet hatte. Die besiegten Stämme wurden in Reservate gezwungen oder weiter nach Westen verdrängt. Im Verlauf des 19. Jahrhunderts strömten nicht nur von Amerikas Ostküste, sondern zunehmend auch direkt aus Europa immer mehr Menschen in das Gebiet. Zwischen 1840 und 1850 verzehnfachte sich die Bevölkerung Detroits auf gut 21 000 Menschen, im selben Zeitraum wuchs Chicago von weniger als 4000 auf fast 30 000 Einwohner. 1890 war die *Windy City* am Lake Michigan bereits eine Millionenstadt.

Als industrielle Boomregion mit massiver Einwanderung aus Deutschland, Irland und den skandinavischen Ländern war der Nordwesten ein Hort der politischen Reformbewegungen. Die Abolitionisten waren hier besonders aktiv. Viele von ihnen unterstützten die *Underground Railroad,* ein Netzwerk von Helfern, das bis zur Niederlage der Konföderierten im Bürgerkrieg Tausenden Sklaven zur Flucht aus den Südstaaten und weiter nach Kanada verhalf. Der Ohio River war zu dieser Zeit die Grenze zwischen

Sklaverei und Freiheit: Im Nordwest-Territorium wurde der Besitz von Sklaven nie zugelassen. Nach dem Bürgerkrieg zogen viele befreite Sklaven im Vertrauen auf mehr Gleichberechtigung und bessere Arbeitschancen in den Mittleren Westen, insbesondere in die Industriestädte rund um die Großen Seen.

Hier entstanden auch die Hochburgen der amerikanischen Gewerkschaftsbewegung und der politischen Linken. Bahnarbeiter in Chicago schlossen sich 1893 unter der Leitung des Heizers Eugene V. Debs in der American Railway Union zusammen; als Chef der Sozialistischen Partei kandidierte Debs später bei fünf Präsidentschaftswahlen. Samuel Gompers gründete 1886 in Columbus, Ohio, die American Federation of Labor (AFL), einen der ersten Dachverbände für Facharbeitergewerkschaften. Deren Nachfolgeorganisation AFL-CIO ist bis heute der größte Gewerkschaftsverband der USA.

Vom Reformeifer der Region im 19. Jahrhundert zeugt auch ein Schema, das man am besten aus der Luft erkennt. Wenn Sie von der Ostküste nach Westen fliegen, können Sie bei gutem Wetter ein extrem regelmäßiges Straßengitter sehen, das vom Ohio River bis zum Platte River in Nebraska reicht. Fährt man auf einer dieser Straßen, so ist es von einer Kreuzung bis zur nächsten immer genau eine Meile. Geplant und gebaut wurden damals aber nicht nur die Straßen. Wo immer sich Menschen angesiedelt hatten, wurden auch Schulen gebaut, und zwar an jeder zweiten Kreuzung eine. Kein Kind sollte weiter als anderthalb Meilen laufen müssen, um lesen, schreiben und rechnen zu lernen. Ganz so dicht ist das Netz der Schulen im Zeitalter des Automobils natürlich nicht mehr. Doch das Bildungsideal, das sich in diesen Infrastrukturplänen ausdrückt, lebt weiter. Das merkt man nicht zuletzt daran, dass die ausgezeichneten öffentlichen Hochschulen im Mittleren Westen mit demselben Stolz betrachtet werden wie die – privaten – *Ivy-League*-Universitäten an der Ostküste.

An die alte Bezeichnung Nordwesten erinnern heute nur noch die Namen einiger Institutionen, zum Beispiel die Northwestern

University in Chicago. Mit dem Vorrücken der *Frontier*, der Siedlungsgrenze, nach Westen kam nach und nach der Begriff des *Midwest* in Gebrauch, um die Region vom *Far West* der Rocky Mountains und der Pazifikküste zu unterscheiden.

Zu diesem Mittleren Westen zählte man schließlich auch die *Great Plains States* (Iowa, Kansas, Missouri, Oklahoma, Nebraska, North Dakota und South Dakota). Sie entstanden im Verlauf des 19. Jahrhunderts zum größten Teil aus der ehemaligen französischen Kolonie Louisiana – einem Gebiet von mehr als zwei Millionen Quadratkilometern westlich des Mississippi, das US-Präsident Jefferson der französischen Regierung 1803 abgekauft hatte. Der *Louisiana Purchase*, mit dem sich das Staatsgebiet der USA auf einen Schlag mehr als verdoppelte, gilt als größtes Grundstücksgeschäft der Geschichte. Für diese Region traf das Bild vom landwirtschaftlich geprägten Mittleren Westen noch mehr zu als für die Staaten des alten Nordwestens. Hier lagen die größeren Teile des *Corn Belt* und des *Grain Belt* mit Mais-, Weizen- und Sojabohnenfeldern, so weit das Auge reichte; hier war Amerikas *breadbasket*, die Kornkammer der Nation. Im späten 19. und frühen 20. Jahrhundert brachte die extensive Bewirtschaftung der Großen Ebenen hier Rekordernten ein. Wer neues Farmland brauchte, pflügte einfach die Prärie um.

In den 1930er Jahren rächten sich die Monokulturen mit der *dust bowl*, einer der größten von Menschen mit verschuldeten Umweltkatastrophen der US-Geschichte: Weil kein heimisches Präriegras mehr die Krume festhielt, verwandelte eine anhaltende Dürre den fruchtbaren Boden der *Great Plains* in Staub. Gewaltige Staubstürme zogen über das Land und machten große Teile der Region unbewohnbar. In seinem Bericht über einen der schlimmsten Stürme in Oklahoma am Palmsonntag des Jahres 1935 prägte Robert Geiger, ein Reporter der Nachrichtenagentur Associated Press, den Begriff von der *dust bowl*, der Staubschüssel. In ihr gingen Tausende Familienfarmen unter. Bis 1940 verließen 2,5 Millionen Menschen die Region zumeist Richtung

Westen, wo sich viele ehemalige Farmer als Wanderarbeiter verdingten. Die Flüchtlinge stammten aus verschiedenen Staaten der *Great Plains,* wurden aber allesamt als »Okies« bezeichnet, weil besonders viele von ihnen von Oklahoma aus über die Route 66 nach Kalifornien zogen. Der Schriftsteller John Steinbeck hat ihnen 1939 mit seinem Roman *Früchte des Zorns* ein literarisches Denkmal gesetzt.

Im Norden, an den Großen Seen, waren es die industriellen Monokulturen, die im Verlauf des 20. Jahrhunderts eine schleichende Katastrophe auslösten. Aus dem *Manufacturing Belt* (Industriegürtel), wie man die Region von Minnesota bis zu den Mittelatlantikstaaten zuvor stolz genannt hatte, wurde der *Rust Belt* (Rostgürtel). Von Duluth, Minnesota, bis Cleveland, Ohio, verfielen Eisenhütten und Stahlwerke. Wie im Nordosten machte sich auch in den Industriezentren des Mittleren Westens die Wut der afroamerikanischen Bevölkerung über Armut und Diskriminierung in Aufständen Luft. Die Autostadt Detroit, in den 1950er Jahren ein ökonomischer Kraftprotz mit fast zwei Millionen Einwohnern, geriet in den Sog des Niedergangs von Chrysler, Ford und General Motors. Die Stadtregierung nahm Kredite für den Abriss ganzer Viertel auf, die zu Geisterstädten geworden waren.

Anders als bei Wetter und Wirtschaftsklima denkt man bei den Bewohnern des Mittleren Westens eher nicht an Extreme. Ganz im Gegenteil sagt man ihnen nach, fleißig und bodenständig zu sein, gesunden Menschenverstand zu haben und sonntags in die Kirche zu gehen – kurz: für ein eigentliches Amerika zu stehen. *Heartland* wird die Region nicht in erster Linie deshalb genannt, weil hier die geographische Mitte der USA liegt (je nach Deutung ist das entweder Lebanon in Kansas als Mittelpunkt der zusammenhängenden Festlandsstaaten ohne Alaska und Hawaii, oder Belle Fourche in South Dakota als Mittelpunkt aller 50 Staaten). Vielmehr galt der Mittlere Westen als Herz der Nation, als der gute Kern, aus dem das amerikanische Volk immer wieder die richtige Kraft schöpft. Fast jeder Amerikaner hat eine Anekdote parat, die von der sprichwörtlichen Freundlichkeit der *Midwesterners* zeugt. So berichtete ein New Yorker Vater, wie sein kleiner Sohn Bryce einmal an die Süßwarenfirma Mars schreiben wollte, um das Rezept für seinen Lieblingsschokoriegel zu erfragen; die Adresse hatte der Erstklässler gegoogelt. Wenige Wochen später sei ein großes Paket von der W. P. & R. S. Mars Company zurückgekommen, darin mehrere extragroße Twix-Riegel und eine handgeschriebene Notiz: »Lieber Bryce, vielen Dank für deinen Brief. Leider sind wir nicht die Süßwarenfirma Mars. Wir sind ein Maschinenbauunternehmen im Mittleren Westen. Deshalb können wir dir das Rezept für Twix leider nicht verraten. Aber wir können dir ein paar schicken – hoffentlich schaffen sie es heil nach New York.«

Das *Heartland* mit seinen ganz einfachen und zugleich ganz besonderen Menschen ist ein immer wiederkehrendes Motiv in Filmen, Liedern und Romanen, in denen Amerika von sich selbst erzählt. Ein besonders schönes Beispiel ist der Film *The Straight Story – Eine wahre Geschichte* aus dem Jahr 1999. Regisseur David Lynch hat darin eine wahre Begebenheit verarbeitet: die erstaunliche Reise des Weltkriegsveteranen Alvin Straight. Der 73-Jährige fuhr 1993 von der Kleinstadt Laurens in Iowa aus mehr als 500 Kilometer quer durch den Mittleren Westen nach Mount Zion, Wisconsin – auf einem Rasenmäher, weil er keinen Pkw-Führerschein hatte. Es war die letzte Reise eines Mannes, bei dem sogar der Name für Geradlinigkeit und Rechtschaffenheit steht. Er wollte seinen todkranken Bruder besuchen, mit dem er zuvor zehn Jahre lang kein Wort gesprochen hatte, und die Dinge wieder zurechtrücken. Denn, wie Alvin sagte: Eine Familie ist wie ein Bündel Zweige, das man längst nicht so leicht zerbricht wie einen einzelnen Stock. Lynch hat aus diesem Stoff ein Roadmovie gemacht, einen Film über viele Begegnungen auf einer langsamen Reise. »Alvin Straight traf wirklich freundliche Leute, die ihn unterstützten«, sagte der Regisseur später in einem Interview. »Das liegt an der Gegend. Sie ist das Herz Amerikas.«

Das Herz, der Motor, die Mitte Amerikas – solche Topoi definierten die Region schon seit dem 19. Jahrhundert. Abraham Lincoln, der in Kentucky und Indiana aufwuchs, nannte den Mittleren Westen 1862 den »starken Rumpf der Republik«, von dem alle anderen Teile der USA abhingen. Der Historiker Frederick Jackson Turner, Erfinder des *Frontier*-Mythos vom Pionierwesen als Quelle einer einzigartigen amerikanischen Identität, verortete hier die Mitte einer neuen Gesellschaft, wo sich die kapitalistische Ordnung des Ostens mit der radikalen Demokratie des Westens versöhnte.

Für die Soziologen Robert und Helen Lynd war es Anfang der 1920er Jahre deshalb keine Frage, wo sie ihr ehrgeiziges Forschungsprojekt ansiedeln mussten. Sie wollten Amerikas soziale und ökonomische Mitte finden – *die* amerikanische Stadt, repräsentativ für die ganze Nation. Ihre Bewohner wollten sie mit den Methoden der Ethnologie beobachten wie ein exotisches Inselvolk. 1923 entschieden sich die Lynds für Muncie im Bundesstaat Indiana, einen Ort mit damals 38 000 Einwohnern. Für ihre Studie verwendeten sie alle verfügbaren Daten der Zensusbehörden, werteten Fragebögen aus und führten Hunderte von Interviews mit den *Munconiern*. Auf langen Listen stellten sie zusammen, was in den Anfängen der Konsumgesellschaft zu einem typisch amerikanischen Haushalt gehörte oder zumindest auf dessen Wunschliste stand: Radio, Telefon, eine Waschmaschine, ein Auto – und die feste Überzeugung, Amerika sei das großartigste Land der Welt.

1929 veröffentlichte das Ehepaar seine Studienergebnisse unter dem Titel *Middletown: A Study in Modern American Culture*. Das Buch wurde sofort ein Bestseller. Mit seinen umfangreichen Datensätzen traf es einen Nerv der Zeit: die Vorliebe der Amerikaner für Messwerte, Umfragen und Statistiken. Als 1937 mit *Middletown in Transition* eine Folgestudie über die Zeit der Großen Depression erschien, war Muncie bereits als Fenster zur amerikanischen Seele etabliert. An der örtlichen Ball State University wurde das Center for Middletown Studies eingerichtet, um das Werk der Lynds fortzuführen.

*Middletown* hat mit dazu beigetragen, dass sich das »normale«, das »eigentliche« Amerika nicht nur als ein kleinstädtisches, sondern auch als ein weißes Amerika im kollektiven Gedächtnis der USA verankerte. Die Lynds wollten die sozialen Folgen der Industrialisierung untersuchen. Dafür brauchten sie eine ehemals landwirtschaftlich geprägte Gemeinde, in der Massengüter gefertigt und zugleich für alle verfügbar wurden. Damit die Studie überschaubar blieb, durfte der Ort nicht zu groß sein. Als progressive Sozialwissenschaftler wollten sich die Lunds aber ganz auf die Klassenfrage konzentrieren. Schon aus methodischen Gründen wählten sie deshalb bewusst eine Kleinstadt mit »homogener, in Amerika geborener« Bevölkerung, sprich: mit möglichst wenigen Afro-Amerikanern und Einwanderern. Sie wollten nicht zwei große Variablen – soziale Klasse *und* Rasse oder Ethnie – auf einmal berücksichtigen müssen.

So wurde Middletown, die Mitte Amerikas, als ein Ort geschaffen, in dem es die knapp 2000 schwarzen Bewohner von Muncie und auch die wenigen zugewanderten Arbeiter einfach nicht gab. Entsprechend lebten auch die Peanuts, die ikonischen Kleinstadt-Kids des Cartoonisten (und Midwesterners) Charles M. Schulz, fast zwei Jahrzehnte lang in einer rein weißen Welt, bis Schulz 1968 mit Franklin die erste schwarze Figur einführte. Und erst 2004 hat das Center for Middletown Studies erstmals Muncies afro-amerikanische Minderheit erforscht, die mit einem Bevölkerungsanteil von 12 Prozent heute tatsächlich nahe am nationalen Durchschnitt (13 Prozent) liegt.

Für die Entwicklung der Region vom Industriegürtel zum Rostgürtel ist Muncie alias Middletown dennoch typisch. Bis in die 1960er Jahre hinein boomte die Stadt. Sie wurde ein Zentrum der Glas- und Autozulieferindustrie mit mehreren großen Werken, selbstbewussten Arbeitern und starken Gewerkschaften. Im Stadtarchiv zeigt ein PR-Foto aus den 1950er Jahren einen Vater und seine neun Söhne – alle mit Brotbüchsen in der Hand, alle mit festen Jobs bei einem einzigen Konzern.

Der industrielle Niedergang begann mit den Rezessionen der 1970er und 1980er Jahre. Binnen einer Generation verlor die Stadt 10 000 Arbeitsplätze. Im Frühjahr 2009 machte mit dem Automobilzulieferer BorgWarner der letzte der großen Industriekonzerne sein Werk in Muncie dicht. Die Stadt mit ihren mittlerweile 70 000 Einwohnern musste umsatteln. Inzwischen sind Dienstleister wie die Handelskette Walmart, das Bar Memorial Hospital und die Ball State University die größten Arbeitgeber. Der frühere Industriearbeiter Robert Reynolds etwa, dessen Vater sich noch mit einer guten Rente von BorgWarner zur Ruhe setzen konnte, kommt mit Jobs in Videotheken und mit Nachtschichten in Warenlagern über die Runden, seit BorgWarner ihn entlassen hat. Er verdient heute aber acht Dollar weniger pro Stunde als vor 21 Jahren. In den ehemals schmucken Arbeitervierteln im Süden Muncies stehen hunderte Häuser leer; manche sind für immer unbewohnbar, weil Drogenhändler dort giftige Chemikalien zu Crystal Meth verarbeitet haben.

Anfang 2010 produzierte der Dokumentarsender American RadioWorks in Muncie eine Serie mit dem Titel *Schwere Zeiten in Middletown*. Statt die starke Mitte der Nation zu repräsentieren, stand Middletown nun für die Krise der amerikanischen Mittelschicht. Das wirtschaftliche Herz Amerikas hatte sich geteilt, es pulsierte jetzt an seinen beiden Küsten. Dazwischen lag »flyover country« – ein Land, über das die Gewinner einer neuen, globalisierten Wirtschaft auf dem Flug von Küste zu Küste nur noch hinwegdüsten. Politiker aus Washington kamen allenfalls im Wahlkampf kurz vorbei.

Bei den Präsidentschaftswahlen seit 2000 stimmten die Bürger in Muncie und im umliegenden Wahlkreis Delaware County zweimal für George W. Bush und danach zweimal für Barack Obama. 2016 stimmten sie bei den Vorwahlen, mit denen die großen Parteien ihre Kandidaten küren, in beiden Lagern gegen das Partei-Establishment: Bei den Demokraten machte der für amerikanische Verhältnisse linksradikale Bernie Sanders das Rennen, bei den Republikanern triumphierte der radikale Außenseiter Donald Trump. Am Ende gewann Trump im gesamten Mittleren Westen.

Seitdem reisen wieder Sozialforscher, Journalisten und Abgesandte politischer Denkfabriken nach Muncie alias Middletown, um das »fremde Volk« im eigenen Land zu erforschen. Und in den Küstenmetropolen liest man fasziniert J.D. Vances 2016 erschienenen Bestseller *Hillbilly-Elegie,* die Memoiren eines erfolgreichen Investors, der aus den Appalachen stammt. Sein Heimatort in Ohio heißt tatsächlich Middletown, und die prekären Verhältnisse dort beschreibt Vance unter anderem als das Resultat einer Regionalkultur armer Weißer, die von der Liebe zu Heimat und Familie, aber auch von einem Hang zu Drogen und Gewalt geprägt ist. Für viele Politikanalysten stand dann auch schnell fest, wer für Trumps politischen Sieg in erster Linie verantwortlich war: *angry white males,* die verarmten, zornigen weißen Männer aus Amerikas Rostgürtel.

Ganz so einfach ließen sich die Wahlergebnisse dann aber doch nicht über einen Kamm scheren. In Muncies Wahlkreis stimmte zum Beispiel auch die Mehrheit der Latino- und der afro-amerikanischen Wähler für Trump, außerdem die Mehrheit der Frauen und der Wähler mit College-Abschluss. Das wohl wichtigste Ergebnis aber: Fast die Hälfte der Bürger war erst gar nicht zu den Urnen gegangen; die Wahlbeteiligung lag unter 51 Prozent. Vor allem potentiell demokratische Wähler hatten Hillary Clinton ihre Stimme verweigert. Radikalisiert hatte sich also nicht nur die Rechte, sondern auch die Linke.

Im Lager der gemäßigten Linken um Clinton saß der Schock noch tiefer als bei den Konservativen. Was war im Mittleren Westen los? Das galt es herauszufinden. Wenn man den Menschen dort nur wieder zuhörte, würde man schon erfahren, wie man das *Heartland* für die politische Mitte zurückgewinnen konnte.

60

Mit diesem Ziel schickte zum Beispiel die liberale Denkfabrik Third Way Ende 2017 ein Forscherteam nach Wisconsin. Die Gruppe besuchte einen Wahlbezirk, in dem es eine selbsternannte Hauptstadt des Hüttenkäses gibt und auf dessen Stimmen die demokratische Partei mehr als zwanzig Jahre lang verlässlich zählen konnte – bevor Trump auch dort triumphierte. Sie sprach mit konservativen Kleinbauern und mit Hippies in einer Landkommune, mit Gewerkschaftern und Geschäftsleuten, mit Arbeitern und Akademikern.

Doch die Third-Way-Forscher waren nicht als neutrale Beobachter gekommen, wie die Journalistin Molly Ball feststellte, die das Team für das Magazin *The Atlantic* begleitete: »Sie wollten unvoreingenommen sein, ihre Herzen öffnen und einfach zuhören. Aber sie waren ganz sicher, dass sie auf diese Weise finden würden, woran sie ohnehin glaubten: einen Trupp vernünftiger, fürsorglicher und patriotischer Amerikaner. Eine Nation, in der die Menschen wirklich miteinander auskommen wollten.« Entsprechend fiel am Ende der Bericht der Gruppe aus: beruhigend. Amerika war gar nicht so gespalten, wie es nach der Wahl aussah. Man würde sie zurückgewinnen können, die gute Mitte der Nation.

Molly Ball hatte hingegen beim Zuhören etwas Anderes erfahren: Dass viele ihrer Gesprächspartner gar nicht kompromissbereit waren, sondern äußerst streitbar. Dass sie gern Andere für die eigene Misere verantwortlich machten. Dass sie lieber keine Nachbarn mit anderer Hautfarbe, Ethnie oder Religion hätten. Dass sie Mitbürger mit anderen Werten als Gegner betrachteten und nicht als mögliche Partner. Dass sie sich selbst moralisch im Recht glaubten und den politischen Gegner im Unrecht, und dass deshalb ein Kompromiss nicht in Frage kam. Einig waren sich die meisten nur in einem Punkt: Dass sie von den herrschenden politischen Eliten, sei es auf nationaler oder auf lokaler Ebene, keine Lösungen mehr erwarten konnten – auch und gerade für die sehr unterschiedlichen wirtschaftlichen Probleme nicht, mit denen viele Bewohner des Mittleren Westens kämpfen.

*Middletown* war und ist nicht die typische amerikanische Stadt. Und der Mittlere Westen war nie ein homogener Kern der Nation, wie es der *Heartland*-Mythos bisweilen suggeriert. Ohio war schon immer sehr weit weg von Wisconsin oder Nebraska: »Für uns lag Ohio immer da hinten im Osten«, sagt meine Freundin Sally, die in Wisconsin aufgewachsen ist. Zwischen einem Farmflecken in Iowa und den Twin Cities, der Metropolregion um Minnesotas Großstädte Minneapolis und St. Paul, liegen Welten. Und in der liberalen Universitätsstadt Ann Arbor in Michigan lebt man anders als in der Kleinstadt Williston in North Dakota, deren Existenz komplett von der Ölförderung durch Fracking abhängt.

Typisch für Amerika ist die Region mittlerweile allenfalls darin, dass sich hier eine wachsende Zahl sozialer Identitäten Gehör verschafft, und dass sich auch hier die Gesellschaft polarisiert. Ohne *Heartland*-Mythos bleibt der Mittlere Westen damit schlicht ein – relativ großer – Teil jener USA, die der Fernsehsender PBS im Januar 2017 »The Divided States of America« taufte.

### *Frontiers:* Der Westen

»If Hell lay to the West, they would cross Heaven to reach it.« (William A. Baillie-Grohman, *Camps in the Rockies,* 1882)

Im November 2010 wurde in Colorado der Demokrat John Hickenlooper zum Gouverneur gewählt. Dass hier ein Kandidat der Demokratischen Partei gewinnt, ist nichts Besonderes. Colorado ist ein *swing state,* in dem keine der beiden großen Parteien auf verlässliche Mehrheiten zählen kann, der aber seit einiger Zeit eher zu den Demokraten tendiert. Was Hickenloopers Wahl bemerkenswert macht, ist nicht sein Parteibuch, sondern seine Herkunft: Er stammt aus einem Vorort von Philadelphia – also aus dem Osten der USA.

Colorados Hauptstadt Denver konkurriert mit St. Louis, Missouri, um den Status des Tors zum Westen. Offiziell ist dieser Westen nur eine von vier Großregionen der USA, und zu dieser Region zählen laut US-Zensusbehörde heute die Pazifikstaaten (Alaska, Hawaii, Kalifornien, Oregon und Washington) sowie die Gebirgsstaaten (Arizona, Colorado, Idaho, Montana, Nevada, New Mexico, Utah und Wyoming). Andere Definitionen schließen auch Texas und den westlichen Teil des Mittleren Westens mit ein. Doch wo auch immer man die geographischen Grenzen zieht: Auf der kulturellen Landkarte Amerikas ist der Westen ein ganz besonderer Ort. Hier mischen sich die alten Mythen des Wilden Westens mit den neuen Legenden um die Garagenfirmen im Silicon Valley; hier treffen Wyatt Earp und Buffalo Bill auf Ronald Reagan und Bill Gates.

Der Westen ist zuerst und vor allem ein anderer Ort als »der Osten«. Politiker von dort sagen besonders häufig »we out here«, um ihre Distanz zum Ostküsten-Establishment herauszustreichen. Und sie setzen in alter Wildwest-Tradition gern auf das Image des *maverick,* des rebellischen Einzelgängers im Kampf gegen den politischen Mainstream in Washington – zum Beispiel Senator John McCain aus Arizona, der republikanische Präsidentschaftskandidat des Jahres 2008.

Wie bringt es da ein Ostküstler wie Hickenlooper zum Gouverneur von Colorado? Ganz einfach: Wer hier etwas werden will, muss nicht im Westen geboren sein. Entscheidend ist vielmehr, dass man hier geformt wurde. Und das gilt für Hickenlooper ganz eindeutig, wie Denvers Stadtmagazin *5280* notierte: Er ist, wie so viele tollkühne Pioniere vor ihm, nach Westen gezogen und hat seinen Claim abgesteckt.

Schon als junger Mann war der studierte Geologe nach Colorado gekommen, um sein Glück im Ölgeschäft zu machen. Das ging schief. Aber Hickenlooper rappelte sich wieder auf und versuchte etwas Neues. Mit drei Partnern gründete er 1988 in Denver eine Mikrobrauerei. Damit wurde er reich. Ein Werbefoto für die Brauerei zeigte ihn an der Theke, bekleidet nur mit Stiefeln, Halstuch und einem gut platzierten Cowboyhut auf dem Schoß. Ein Ostküsten-Akademiker hatte auf Cowboy umgesattelt.

Den Wählern in Colorado gefiel Hickenloopers Lebenslauf. Das galt nicht zuletzt für all jene, die in den vorausgegangenen Jahrzehnten selbst von der Ostküste hierher – nach Westen – gezogen waren. 2003 wählten ihn die Bürger aus dem Stand zum Bürgermeister von Denver. Den Job machte er so gut, dass ihn das *Time Magazine* zwei Jahre später als einen der fünf besten Bürgermeister der USA auszeichnete. Mit 88 Prozent der Stimmen wurde er 2007 wiedergewählt; drei Jahre später wechselte er dann von der Spitze der Hauptstadt an die Spitze des Staates.

»Westerner« kann man also werden – mit der richtigen Mischung aus Mut, Widerstandskraft und Schlitzohrigkeit. Mit einer solchen Persona hat auch Hickenlooper in Denver gepunktet: unabhängig, manchmal ungehobelt; einer, der sich nicht immer an die Regeln hält, aber am Ende doch stets das Richtige tut und damit über alle Parteigrenzen hinweg Respekt erwirbt. Eben das genaue Gegenteil eines Karrierepolitikers aus dem Osten.

Ein regelrechter Klassiker des politischen Ost-West-Antagonismus ist der Streit um den Naturschutz. Nicht, dass man im Westen per se etwas gegen Naturschutz hätte. Doch für die Einrichtung von Nationalparks und anderen Schutzgebieten ist der Bund zuständig, also Washington, sprich der Osten, und deshalb ist man erst mal unbedingt dagegen. So benannte sich die Stadt Boulder in Utah 1969 offiziell in Johnson's Folly (zu Deutsch: Johnsons Eselei) um, als US-Präsident Lyndon B. Johnson dort dem Arches- und dem Capitol-Reef-Naturdenkmal mehrere tausend Hektar Land zugeschlagen hatte (beide wurden später per Kongressbeschluss zu Nationalparks erklärt). Anders als von den Lokalpolitikern vorausgesagt, hat Johnson die Stadt mit seinem »Gewaltakt« allerdings nicht in den Ruin getrieben. Ebensowenig wie Bill Clinton, der 1996 per Erlass und ohne jede Vorwarnung gleich nebenan ein weiteres großflächiges Nationaldenkmal schuf. Heute heißt die Stadt wieder Boulder, und der örtliche Wirtschaftsverband besingt sie auf seiner Website als »gateway to the Grand-Staircase-Escalante National Monument«.

Inzwischen bläst aber Präsident Trump beim Naturschutz wieder zum Rückzug, vorgeblich um die Rechte der Einzelstaaten zu stärken. Auf einen Streich verlor Grand-Staircase-Escalante Ende 2017 fast die Hälfte seines Gebiets. Das benachbarte Bear-Ears-Nationaldenkmal, das Trumps Vorgänger Barack Obama erst ein Jahr zuvor geschaffen hatte, soll auf ein Sechstel seiner ursprünglichen Fläche schrumpfen. Dagegen zogen nicht nur Naturschützer vor Gericht, sondern auch Vertreter der Navaho-Nation und anderer Indianervölker, deren Heiligtümer in Bear Ears liegen. Diese *Native Americans* hatte Trump wohl nicht im Sinn, als er von den »Familien und Gemeinden in Utah« sprach, denen er das Land »zurückgeben« wolle – weil sie es »am besten kennen, am meisten lieben, und auch am besten wissen, wie man mit dem Reichtum seiner Natur umgeht«.

Nicht selten geht es bei diesem Streit in Wirklichkeit um Bauspekulation oder um Bodenschätze, häufig aber auch um die Nutzung westlicher Prärien als Weideland. Noch heute pochen radikale Rancher auf das Recht, wie in alten Zeiten ihr Vieh auf öffentlichem Land frei und gratis grasen zu lassen – insbesondere in Staaten wie Oregon, Utah oder Nevada, deren Territorium fast komplett dem Bund gehört. Das hat historische Gründe: Bei der Expansion der USA nach Westen war es stets die Regierung in Washington, die das Land kaufte, eroberte oder einfach in Besitz nahm. Östlich des Mississippi hat sie es dann im Laufe der Zeit an Farmer, Eisenbahngesellschaften und andere vergeben; dort sind derzeit nur noch vier Prozent des Territoriums im Bundesbesitz. Ganz anders als westlich des Mississippi: Hier gehört das Land noch heute fast zur Hälfte dem Bund, denn viele Regionen waren für größere Ansiedlungen wie auch für den Ackerbau einfach zu unwirtlich. Deshalb hatte man in Washington auch lange nichts dagegen, dass Rinderherden die Prärie abgrasten – bis die Viehzucht Anfang des 20. Jahrhunderts zum Spekulationsobjekt wurde. Die rasante Vermehrung der Herden ließ dem Bund keine andere Wahl, als seinen Landbesitz aktiv zu verwalten und die *free range* drastisch einzuschränken. Etwa zur gleichen Zeit wurde auch der Naturschutz zum Politikum. Neben neuen Nationalparks und Naturdenkmälern blieb zwar reichlich Platz für hungrige Rinder, doch mussten deren Besitzer dem Bund nunmehr Pacht zahlen.

Mit schöner Regelmäßigkeit berichten die amerikanischen Medien seitdem über Zusammenstöße zwischen Bundesrangern und militanten Ranchern, die ihr Vieh auf öffentlichem Grasland weiden lassen, ohne sich um Pachtverträge oder Umweltauflagen zu scheren. In den Leserkommentaren regen sich Ostküstenstädter dann über »solche Wildwestmethoden« auf und finden, dass niemand sich einfach nehmen dürfe, was allen Amerikanern gehöre. Aus dem Westen schallt es zurück, man möge sich aus Dingen heraushalten, von denen man nichts verstehe – oder, in den Worten einer »Mountain Lily« aus Bozeman: »Wollt ihr etwa von uns aus Montana hören, wie man die U-Bahn in New York City managen soll?«

Der Westen ist auch und ganz besonders der Ort der *Frontier*. Von der Kolonialzeit bis zum Ende des 19. Jahrhunderts war das die Grenze zwischen Zivilisation und Wildnis, zwischen besiedeltem und freiem Land – wobei man die dort heimischen Indianer eben nicht als Zivilisation betrachtete, sondern eher als natürliches Hindernis für die eigene Expansion. Da zwischen beiden Küsten mehr als 4000 Kilometer liegen und, abgesehen von den indigenen Völkern, noch andere Staaten wie England und Mexiko Teile des Kontinents für sich beanspruchten, dauerte die Eroberung des Westens ein ganzes Jahrhundert. Erst 1890 konnte die US-Zensusbehörde keine klare Grenze mehr zwischen besiedeltem und unbesiedeltem Gebiet erkennen. Zugleich stellten die Volkszähler fest, dass die indianische Bevölkerung im Land binnen vier Jahrzehnten von über 400 000 auf weniger als 250 000 Menschen geschrumpft war.

Diese Zahlen sind schlimm genug. Aber sie erfassen nur einen Bruchteil der Katastrophe, die mit den europäischen Entdeckern über die Ureinwohner des Doppelkontinents hereinbrach. Wer vom Untergang amerikanischer Kulturvölker hört, denkt erst einmal an Cortés und Pizarro, an das Schicksal der Azteken, Inka und Maya in Mittel- und Südamerika. Doch anders als man es in Wildwestromanen und selbst in der US-Geschichtsschreibung lange wahrhaben wollte, war auch Nordamerika um 1500 wohl kein nahezu unberührtes Land, das bestenfalls eine Handvoll nomadisierender Indianerstämme beherbergte und deshalb zur Besiedelung geradezu einlud. Auch wenn die genauen Zahlen umstritten sind: Viele Wissenschaftler gehen heute davon aus, dass in Nordamerika bei Kolumbus' Ankunft zehn bis 20 Millionen Menschen in teils hoch entwickelten agrarischen Gesellschaften lebten. Bereits 100 Jahre später war diese Bevölkerung zu 90 Prozent ausgelöscht. Und nicht moderne Waffen oder Whisky waren dafür in erster Linie verantwortlich, sondern ein anderer, besonders verheerender Import aus Europa: Epidemien.

Hier geht es nicht um geplanten Völkermord. Bei aller Rücksichtslosigkeit, mit der die Neuankömmlinge gegen die verbliebenen Indianervölker vorgingen, und auch wenn es dabei durchaus einzelne Versuche gab, bakterienverseuchte Decken und andere primitive Bio-Waffen einzusetzen: Dieses Massensterben durch Masern, Pocken, Cholera, Gelbsucht, Grippe und andere Seuchen aus der Alten Welt geschah nahezu unbemerkt von den Europäern, schreibt der Evolutionsbiologe Jared Diamond in seinem 1997 erschienenen Buch *Guns, Germs, and Steel: The Fates of Human Societies* (deutsch: *Arm und Reich*). Während es die Spanier und Portugiesen im Süden des Doppelkontinents gar nicht fassen konnten, wie schnell ihnen die indianischen »Arbeitskräfte« wegstarben, waren im Norden einfach noch keine Weißen da, um über die vielen Toten zu staunen und den Untergang ganzer Kulturen zu dokumentieren. Vielleicht als erster, sicher aber als einer der letzten Europäer bekam der spanische Eroberer Hernando de Soto die Erdpyramiden und die befestigten Städte der Mississippi-Kultur zu sehen. Begleitet von einer rund 600 Mann starken Truppe und zwei Dutzend Priestern durchstreifte de Soto Mitte des 16. Jahrhunderts mit Pferden und Kampfhunden den Südosten der heutigen USA. Doch seine Expedition stieß auch auf Städte und Dörfer, die bereits durch Seuchen entvölkert waren: Den Europäern waren ihre Viren und Bakterien vorausgeeilt.

Dass die weitreichende Entvölkerung Nordamerikas ohne Vorsatz geschah und dennoch eine wesentliche Voraussetzung für die spätere Eroberung dieses Teils der Neuen Welt schuf, ist die bittere Ironie dieser Geschichte. Schon die *Pilgrims* in Neuengland überstanden ihren ersten Winter auf der »Mayflower« wohl nur, weil sie die Gräber und Maisvorräte verlassener Indianerdörfer plünderten. Französische Schiffbrüchige hatten die Bewohner der Patuxet-Dörfer am Cape Cod wenige Jahre zuvor wahrscheinlich mit einem Hepatitis-Virus angesteckt. William Bradford, der spätere Gouverneur der Plymouth-Kolonie, hatte zwar ein schlechtes Gewissen wegen der Grabräuberei. Die vielen Seuchenopfer deutete er dennoch als Beweis für die »gute Hilfe Gottes«: Der habe einen großen Teil der Ureinwohner schlicht »hinweggefegt«, um für die Siedler aus England Platz zu schaffen. Und tatsächlich machte ja später nicht nur die (waffen-)technische Überlegenheit der Weißen, sondern vor allem ihre immense Überzahl die Indianer zu Verlierern.

Welche Strategie die verschiedenen Völker auch wählten, ob Krieg oder friedliche Koexistenz, Abschottung oder Anpassung: Nichts half gegen die Landgier der Neu-Amerikaner. So versuchten etwa die sogenannten *Five Civilized Tribes* des Südostens – die Cherokee, Chickasaw, Choktaw, Muskogee-Creek und Seminolen –, sich weitgehend an die Lebensweise der Weißen anzupassen. Sie lernten schreiben; manche trugen westliche Kleidung und wurden zu Christen. Anfang des 19. Jahrhunderts richteten die Indianer ein Parlament mit Senat und Repräsentantenhaus ein wie in Washington; einige hielten sogar schwarze Sklaven wie die weißen Plantagenbesitzer. Genutzt hat es ihnen wenig. Im Mai 1830 unterschrieb US-Präsident Andrew Jackson den vom Kongress mit knapper Mehrheit verabschiedeten *Indian Removal Act*. Das Gesetz sah die Deportation aller *Native Americans* aus den Gebieten östlich des Mississippi vor. Weiter im Westen, im heutigen Oklahoma, sollte ihnen neues Territorium zugewiesen werden. Ein Stamm nach dem anderen wurde zwangsumgesiedelt, zuletzt 1838 die Cherokee aus Georgia. Dort hatte sich die Bevölkerung seit 1790 versechsfacht, und das fruchtbare Land der Indianer war begehrt. Rund 15 000 Cherokee trieb die US-Armee auf dem »Pfad der Tränen«, wie ihn die Indianer nannten, in langen Märschen nach Westen. 4000 kamen dabei um. Erst 1987 hat der US-Kongress zum Gedenken an die Opfer der Zwangsumsiedlungen die Einrichtung eines historischen Nationalparks rund um den *Trail of Tears* beschlossen.

Letzter unrühmlicher Höhepunkt der Indianerpolitik in den Vereinigten Staaten des 19. Jahrhunderts war das sogenannte Massaker von Wounded Knee. Hier, in einem Lakota-Sioux-Reservat in South Dakota, hatten Soldaten des 7. US-Kavallerieregiments am 29. Dezember 1890 mehrere hundert Männer, Frauen und Kinder zusammengetrieben. Die Indianer sollten ihre Waffen abgeben. Als sich während der Entwaffnung ein Schuss löste, eröffneten die Soldaten das Feuer. Mindestens 150 Lakota wurden getötet und anschließend in einem Massengrab verscharrt. Nach diesem Massaker war auch bei den Stämmen der Prärie die Kraft zum Widerstand endgültig gebrochen.

Längst nicht alle weißen Amerikaner waren mit einer Vertreibungspolitik einverstanden, die eine weitgehende Vernichtung ganzer Indianervölker zumindest in Kauf nahm. Manche haben sogar dagegen angekämpft. Davy Crockett zum Beispiel, der später den Texanern bei ihrer Revolution gegen Mexiko zu Hilfe eilte und in der legendären Schlacht um die Festung Alamo zum Volkshelden wurde: Als Vertreter Tennessees im US-Repräsentantenhaus setzte er sich um 1830 für ein friedliches Zusammenleben mit den *Native Americans* ein. Doch typischer für die Mentalität der *Frontier* war wohl ein Leitartikel, den der Herausgeber des *Aberdeen Saturday Pioneer* in South Dakota unmittelbar nach dem Massaker von Wounded Knee verfasste: »Der Pioneer hat schon mehrfach die Ansicht vertreten, dass unsere Sicherheit nur durch die völlige Ausrottung der Indianer zu erreichen ist. Nachdem wir ihnen jahrhundertelang Unrecht angetan haben, sollten wir nun, um unsere Zivilisation zu schützen, auch konsequent sein und noch ein weiteres Unrecht hinzufügen, nämlich die wilden, unzähmbaren Kreaturen endgültig vom Angesicht der Erde hinwegzufegen.«

Zur selben Zeit, als man die Eroberung des Westens offiziell für abgeschlossen erklärte, blühte die *Frontier*-Romantik als Nostalgie erst richtig auf: zuerst in den Groschenromanen über Calamity Jane, Billy the Kid und andere halb authentische, halb fiktionale Figuren; seit den 1880er Jahren auch in *Buffalo Bill's Wild West*. Mit dieser spektakulären Show baute William Frederick Cody, ein Büffeljäger und Militärkundschafter aus Iowa, seinen Beinamen zur internationalen Marke aus. Zweimal ging er mit seinen Büffeln und Pferden, Lasso werfenden Cowboys und Tomahawk schwingenden Indianern sogar auf Europa-Tournee. Um die Jahrhundertwende war Buffalo Bill die weltweit prominenteste Persönlichkeit der Popkultur.

Es folgten die Hollywood-Western, später auch Wildwest-Serien im Fernsehen und die Werbung mit dem *Marlboro Man*. Auch sie exportierten den Wilden Westen in die ganze Welt. *Bonanza,* die TV-Familiensaga über Ben Cartwright und seine drei Söhne auf der Ponderosa-Ranch, lief ab 1959 mit 430 Folgen über beinahe anderthalb Jahrzehnte. Der *Marlboro Man* machte sogar fast 50 Jahre lang Reklame für den Tabakkonzern Philip Morris. Erst 1999 stellte man die Kampagne ein – weil Zigaretten und

Tabakwerbung generell geächtet wurden, nicht weil der Westen seinen Reiz verloren hätte.

Auf der Weltausstellung in Chicago trug der Historiker Frederick Jackson Turner 1893 die These seines Essays »The Significance of the Frontier in American History« vor. Das Leben an der Grenze zwischen Zivilisation und Wildnis erklärte er zu *der* prägenden Erfahrung der Amerikaner. Die Pioniere hatten in der Wildnis überlebt und sie zugleich bezwungen. Hier zählen Tatkraft, Individualität und eine robuste Konstitution. Erst durch die *Frontier* war laut Turner in Amerika ein freiheitliches und demokratisches Gemeinwesen entstanden, das sich von den Gesellschaften Europas grundsätzlich unterschied.

Mögen die Wildwest-Legenden auch mehr Fantasie als Fakten enthalten, und mag Turners These auch ein Produkt des imperialistischen Zeitgeists sein: Die Erfindung des Westens als der Ort in Amerika, an dem individuelle Freiheit, Selbstverantwortung und Innovationskraft mehr zählen als anderswo, hat sich als haltbar erwiesen. Auch moderne Varianten der *Frontier* sind hier zu beobachten: So erlebt der Südwesten seit Beginn des 21. Jahrhunderts von allen US-Regionen den radikalsten demographischen Wandel durch Zuwanderung. Städte wie Houston, Phoenix und Las Vegas werden als *urban frontier* im Zeitalter der Globalisierung betrachtet. Die erfolgreichsten Produkte der amerikanischen Wirtschaft stammen heute zu einem großen Teil ebenfalls aus dem Westen. Längst haben Technologiegiganten wie Microsoft, Apple, Google, Amazon und Facebook die klassischen Industrieunternehmen des Nordostens und des Mittleren Westens als Konjunkturmotoren abgehängt. Was ökonomische Macht und politischen Einfluss angeht, konkurrieren sie mit den Schwergewichten der US-Finanzwirtschaft.

Der ständige Wandel, die schnelle Abfolge von *boom and bust,* machte schon während der Eroberung des Kontinents die besondere Dynamik des amerikanischen Westens aus. Das Epizentrum dieser immerwährenden Auf- und Umbrüche war und ist

Kalifornien. Seit sich dort die frühen Computer- und Netzwerk-experimente mit der Gegenkultur der Hippies vermischt haben, ist in der Wahlheimat von Technologie-Pionieren aus aller Welt auch der Glaube zu Hause, dass technologische Innovation und sozialer Fortschritt ein und dasselbe sind. »Kalifornier glauben einfach, dass die Zukunft noch erfunden werden muss«, sagt der deutsche Unternehmer Andreas von Bechtolsheim, der seit 40 Jahren im Silicon Valley ein Start-up nach dem anderen gründet, »und vor allem, dass sie hier erfunden wird.«

Als die Vereinigten Staaten von Amerika 1776 ihre Unabhängigkeit erklärten, begann der Westen noch gleich hinter den Appalachen. Der Gebirgszug im Rücken der atlantischen Küstenebenen begrenzte die besiedelten Ostküstengebiete; Trapper und Pelzhändler waren zunächst die einzigen Weißen, die jenseits der Berge ihr Glück versuchten. Das änderte sich nach dem Sieg der Amerikaner im Unabhängigkeitskrieg: Um 1800 war die *Frontier* bereits bis zum Mississippi River vorgerückt.

Europäische Besucher waren zu dieser Zeit meist entsetzt über den rohen und verschwenderischen Umgang mit der Natur: Die amerikanischen Pioniere rodeten ein Stück Land, ließen die gefällten Bäume liegen, verkauften es mit Gewinn an nachrückende Siedler und zogen weiter. Farmer suchten sich einfach neues Land weiter im Westen, sobald der alte Boden ausgelaugt war. Doch diese Kombination von Mobilität und Verschwendung funktionierte, weil die Dinge in Amerika eben anders lagen. Im Gegensatz zu den Verhältnissen in Europa waren Land und andere natürliche Ressourcen im Überfluss vorhanden, Arbeitskräfte hingegen Mangelware. Für englische oder deutsche Einwanderer, die nach alter Gewohnheit ihr Land zunächst ordentlich herrichten ließen, hatten erfahrene amerikanische *frontiersmen* deshalb nur Spott übrig – ging denen doch meist das Geld aus, bevor sie noch die ersten Felder bestellen konnten. An der *Frontier* zählte Adaption, nicht Tradition.

War die Dynamik der *Frontier* zunächst eine Frage der Ökonomie, so wurde sie bald zur Gewohnheit, ja sogar zur Passion. Echte Pioniere waren immer in Bewegung, stets überzeugt davon, dass hinter dem Horizont das Gras noch grüner und die Bodenschätze noch reicher waren. Die Jagd nach immer neuen Herausforderungen wurde zu »einer Art Glücksspiel«, wie Alexis de Tocqueville in den 1830er Jahren feststellte: ein Spiel, bei dem der Reiz des Risikos ebenso wichtig war wie die Aussicht auf einen Gewinn.

Einer der ersten und erfolgreichsten Spieler dieser Art war der deutschstämmige Pelzhändler John (Johann) Jacob Astor. Der Metzgersohn aus Walldorf gründete 1811 an der Mündung des Columbia River im heutigen Oregon die erste amerikanische Siedlung der Pazifikküste, Fort Astoria. Um den Handelsposten zu bauen, ließ Astor per Schiff Arbeiter von den Hawaii-Inseln holen. Bereits im Krieg von 1812 verlor er seinen Stützpunkt an die Briten. Astor verlegte den Schwerpunkt seines Pelzhandels an die Großen Seen und ins Mississippi-Tal und machte dort mit seiner American Fur Company ein Vermögen. Zu Amerikas erstem Multimillionär wurde er allerdings mit Grundstücksgeschäften in New York. Astor kaufte vor allem auf Manhattan Island billiges Land jenseits der Stadtgrenzen. Er erkannte das Potential der Stadt als Einwanderungsmagnet und sah den Immobilienboom voraus, der daraus folgen musste. Heute gilt Astor, der 1848 mit 84 Jahren starb, als viertreichster Amerikaner aller Zeiten.

Eine Überlandexpedition seines Unternehmens von St. Louis nach Fort Astoria war es auch, die als erste den South Pass entdeckte, den einfachsten Weg über die Rocky Mountains. Über diesen Pass verliefen Mitte des 19. Jahrhunderts der *Oregon Trail* und der *California Trail,* die wichtigsten Wege in den Westen vor dem Bau der transkontinentalen Eisenbahn. Innerhalb von 30 Jahren zogen auf diesen Routen rund 500 000 Siedler entweder in den pazifischen Nordwesten oder nach Kalifornien; ein Abzweig, der *Mormon Trail,* führte zu den Mormonensiedlungen im Tal des Großen Salzsees. Die von Missouri aus rund 3500 Kilometer lange Fahrt im Planwagen dauerte vier bis sechs Monate. Sie war auch ohne die vielen Indianer-Attacken, die Hollywood später dazugedichtet hat, eine gefährliche und extrem strapaziöse Reise. Ideologischer Überbau der Wanderung nach Westen war die Doktrin der *Manifest Destiny* – die Behauptung, die Amerikaner seien durch Gottes Willen zur Eroberung des gesamten Kontinents bestimmt.

Viele Migranten lockte in diesen Jahren aber weder ein göttlicher Auftrag noch das unberührte Land. Sie folgten dem Ruf des Goldes. Anfang 1848 hatte ein Arbeiter im Sacramento-Tal das erste Nugget gefunden. Die Nachricht von dem Fund im nördlichen Kalifornien löste ein Goldfieber aus. Farmerfamilien ließen Land und Ernte im Stich. Aus Sägewerken setzten sich ganze Belegschaften ab. Nachdem man die Funde Ende 1848 offiziell bestätigt hatte, strömten die Goldsucher aus allen Teilen der USA, aus Europa, aus Asien und Südamerika nach Kalifornien. In weniger als zwei Jahren wurde aus dem verschlafenen 1000-Seelen-Ort San Francisco eine Stadt mit 25 000 Einwohnern. In ihrer Bucht ankerten Dutzende Schiffe – alle verlassen, weil ihre Mannschaften zu den Goldfeldern gezogen waren. Kaliforniens Bevölkerung wuchs so schnell, dass man das gerade erst von Mexiko eroberte Territorium ohne die sonst übliche Übergangsfrist schon 1850 als Vollmitglied in die Union aufnahm.

Ein halbes Jahrhundert später sollte das Goldfieber das Land erneut erfassen: Mitten in der Wirtschaftskrise der 1890er Jahre wurde am Klondike River Gold gefunden, im Grenzgebiet zwischen Alaska und dem britischen Kanada. Innerhalb weniger Monate strömten an die 40 000 Menschen in das dünn besiedelte Gebiet um Dawson City. Die Bilder vom endlosen Treck der Goldsucher durch die eisige Berghölle gingen um die Welt. Sie inspirierten Charlie Chaplin 1925 zu seinem Stummfilm *The Gold Rush*. Sein Held, der Vagabund, fror und hungerte am Klondike so sehr, dass er einen seiner Stiefel verspeiste. Diese berühmte Filmszene hatte bei aller Komik durchaus reale Vorbilder.

Mit dem *California Gold Rush* bekam die Dynamik des Westens noch eine neue Dimension. Hier ging es nicht mehr um den alten amerikanischen Traum der Puritaner, sich mit Fleiß und Sparsamkeit nach und nach ein Vermögen zu erarbeiten. Hier konnte man mit der richtigen Mischung aus Kühnheit, harter Arbeit und Glück über Nacht reich werden. Nur die Wenigsten schafften das tatsächlich. Wer die erste Boomphase eines Goldrausches verpasst hatte, dem brachten die knochenharte Goldwäsche und das Leben in den überfüllten *mining towns* eher Krankheiten als Nuggets ein. Profit machten dann nur noch professionelle Bergbauunternehmen – und die Betreiber von Bordellen, Saloons oder Spielhöllen. Der Traum vom schlagartigen Reichtum aber fragt nicht nach den vielen Gescheiterten. Er nährt sich von den Geschichten der wenigen Glücklichen.

Seit den Zeiten des Goldfiebers sind der Westen im Allgemeinen und Kalifornien im Besonderen magische Orte für alle, die an das Glück des Tüchtigen glauben. Zugespitzt könnte man sagen, dass auch der Boom der Technologie-Start-ups im Silicon Valley im Grunde nichts anderes ist als eine moderne Variante des Goldrauschs. Der Rohstoff, der reich macht, ist hier ein neues Gerät, ein Programm oder auch nur eine Geschäftsidee – immer vorausgesetzt, man hat den richtigen Riecher. Ob *geek* (genialer IT-Tüftler mit Bart und Birkenstocks) oder *suit* (Venturekapitalist im feinen Anzug): Das alte Spiel der *Frontier* um unternehmerischen Wagemut, Risiko und Glück geht weiter.

Vergleichbare Folgen wie der Goldrausch hat der Technologie-Boom auch für die Stadt San Francisco. Von dort aus ist das Silicon Valley in weniger als einer Stunde mit dem Auto zu erreichen. Zum Symbol für den jüngsten Umbruch, den die Stadt und die umliegende Bay Area erleben, wurden die sogenannten Google-Busse: ganze Flotten unternehmenseigener Buslinien, mit denen die Technologiekonzerne die vielen Pendler unter ihren Angestellten täglich zu ihrem jeweiligen Firmencampus im Valley transportieren. Die gut bezahlten *tech workers* treiben die

Immobilienpreise in die Höhe und vertreiben viele Menschen aus einer Stadt, die immer stolz auf ihren bunten Bevölkerungsmix war. Seit Jahren sind die schicken, strahlend weißen Firmenbusse deshalb Ziel von Protesten gegen die aggressive Gentrifizierung des Mission District und anderer beliebter Stadtviertel. Mit einer Durchschnittsmiete von mehr als 3500 Dollar pro Monat war San Francisco zuletzt die teuerste Stadt der USA, und das trotz Preiskontrollen.

Doch nicht alle, die es nach Westen zieht, spekulieren auf materiellen Gewinn. Die Region mit ihren grandiosen Naturdenkmälern und Nationalparks hat auch Tradition als Zufluchtsort für alle, die der Natur näher sein wollen. Hier vor allem entstanden seit den 1960er Jahren Hippie-Kommunen, in denen man ein alternatives Leben auf dem Land ausprobierte. Im pazifischen Nordwesten bleibt die spektakuläre Landschaft mit ihren Wäldern, Wasserfällen und Vulkanen selbst in den Großstädten immer präsent. Gemeinsam mit Teilen Kaliforniens sind Washington State und vor allem Oregon heute Hochburgen der amerikanischen Umweltbewegung; als *green frontier* locken sie Gleichgesinnte aus allen Teilen des Landes an. Strenge Fächennutzungs- und Baugesetze haben dafür gesorgt, dass die Städte im Nordwesten nicht ähnlich unkontrolliert in die Breite wachsen konnten wie etwa in Südkalifornien. »Ist die alternative Bewegung im Nordwesten noch aktiv?«, wurde einmal in einem Online-Forum gefragt. »Gibt es noch Kommunen in Washington oder Oregon?« – »Man nennt sie Seattle und Portland«, hieß die Antwort.

Das Image des pazifischen Nordwestens als Mekka für Outdoor-Aktivisten und Nachhaltigkeitsgurus bezieht sich allerdings fast ausschließlich auf die Küstenregionen westlich des Kaskadengebirges. Östlich davon sieht man häufiger Traktoren und Pickup-Trucks als Mountainbikes oder Autos mit Hybridmotor. Während Umweltaktivisten an der Küste für den Erhalt der letzten Primärwälder mit ihren uralten Baumriesen kämpfen, fürchten im Osten Oregons ehemals stolze *lumber towns* um ihre Existenz, weil die Holzindustrie seit 1980 um drei Viertel geschrumpft ist. Wenn hier Aktivisten Schlagzeilen machen, dann sind das Rancher und die Besitzer kleiner Farmen bei ihrem Kampf gegen die Verwaltung des Landes durch den Bund. Dessen Odnungspolitik, die den Schutz bedrohter Tierarten, Wälder und Landschaften nicht selten über wirtschaftliche Interessen stellt, verstehen sie als Angriff auf ihre Lebensgrundlagen. Hier, in Burns im östlichen Oregon, verschanzten sich im Winter 2016 militante Rancher mit der US-weit bekannten Bundy-Familie aus Nevada an der Spitze mehr als einen Monat lang im Verwaltungsgebäude eines staatlichen Naturschutzgebiets, nachdem der Bund dort die Schließung eines lokalen Bergbauunternehmens angeordnet hatte. Bei einer Schießerei mit FBI-Agenten kamen damals zwei der Rancher ums Leben. »Das hier ist der Westen, der richtige Westen«, erklärte eine Aktivistin der Graswurzel-Organisation Central Oregon Patriots einem Reporter der *New York Times.* »In den Städten und Vororten haben die Leute einfach keine Ahnung.«

Die Kaskadenkette ist nicht nur eine Wetterscheide, sie trennt auch zwei wirtschaftlich, sozial und politisch sehr gegensätzliche Gebiete. An der Küste lässt man es im Allgemeinen etwas ruhiger und gelassener angehen – trotz oder vielleicht gerade wegen des sprichwörtlichen Dauerregens, für den die Einheimischen eine Riesenauswahl von Wetterwitzen parat haben (»Wie nennt man zwei Tage Regen in Oregon? –Wochenende!«). Technologie und Innovation werden auch hier großgeschrieben, aber Kalifornien ist nicht das Vorbild. Kerniger muss es sein und einen eigenen Dreh haben, so wie einst der aus Seattle stammende Grunge-Sound von Nirvana und Pearl Jam. Oder so wie die neuere amerikanische Kaffeekultur, die ebenfalls im Nordwesten beheimatet ist – auch wenn Starbucks, was sein weltweites Filialnetz angeht, mit knapp 27 000 Cafés mittlerweile in derselben Liga wie McDonald's spielt.

Gelassen blieb man im Nordwesten bislang auch im Sozialen.

Jeder nach seiner Fasson, heißt es – solange man niemandem damit auf die Nerven geht. »Sie sind religiös? Ist in Ordnung, aber behalten Sie es für sich. Sie sind reich? Ist in Ordnung, aber behalten Sie es für sich«, rät ein Kolumnist der Seattle Times, dessen Familie seit fünf Generationen im Nordwesten lebt, allen transplants, sprich: neu Zugezogenen. »Unverschämt reich wird man nur, um für gute Zwecke zu spenden«, fügt er dann noch hinzu und verweist auf das gute Beispiel des in Seattle geborenen Microsoft-Gründers, Milliardärs und Philanthropen Bill Gates.

Doch schon 1971 hat Oregons damaliger Gouverneur Tom McCall vorausgesehen, dass die Attraktivität des Nordwestens einen Preis fordern würde. »Dies ist ein Staat, für den man sich begeistert, und als Besucher seid ihr uns alle willkommen, immer wieder«, sagte er in einem Fernsehinterview. »Aber kommt um Himmels willen nicht her, um hier zu leben!« Sein Stoßgebet wurde nicht erhört. Die Bevölkerung von Oregon hat sich in den letzten 50 Jahren verdoppelt, nicht zuletzt durch Zuwanderer aus Kalifornien, denen es dort zu voll und zu teuer wurde. Dasselbe gilt für den Staat Washington. Dessen größte Stadt Seattle steht vor einem ähnlichen Problem wie San Francisco, seit sich mit Amazon bereits der zweite Technologieriese nach Microsoft in der Gegend breitmacht und Mitarbeiter aus der ganzen Welt anwirbt. Zwischen 2010 und 2016 kamen in Seattle jede Woche 1100 neue Einwohner dazu; am Ende kostete ein Haus dort im Schnitt doppelt so viel wie zuvor. Zudem hat der Online-Versandhändler seinen ausgedehnten Firmencampus mitten ins Stadtzentrum gesetzt. Seattle sei heute die größte company town der USA – eine Stadt, deren Existenz komplett von einem einzigen Unternehmen abhängt, hieß es in einem Zeitungsartikel: »Wir Ortsansässigen werden zahlenmäßig überholt, überboten und überstimmt.« Die Lebensweise des Nordwestens, so scheint es, lässt sich nicht beliebig hochskalieren.

Ganz anders geht es in Amerikas Südwesten zu. Auch diese Region hat unvergleichliche Landschaften und Naturdenkmäler. Doch hier ist der *urban sprawl,* die Zersiedelung, die Regel. Los Angeles war dafür der Prototyp und bleibt die Norm. Hier hatte der klassische Versuch europäischer Besucher, eine Stadt zu Fuß zu erkunden, schon immer etwas von einer Don Quijoterie. Meine Variante war der Plan, auf dem Sunset Boulevard bis zum Pazifikstrand zu wandern. Schon während der ersten halben Stunde hielten drei Autofahrer an. Ob ich eine Panne gehabt hätte und Hilfe bräuchte. Einem Polizisten im Streifenwagen musste ich zuletzt versprechen, den nächsten Bus zu nehmen. Es wäre aber ohnehin zu weit gewesen: Von Downtown L. A. bis nach Pacific Palisades ist der Sunset Boulevard 35 Kilometer lang.

Los Angeles entstand im Zeitalter des Automobils für die Autofahrer-Gesellschaft. Ohnehin schien es in einem Erdbebengebiet sinnvoller, in die Fläche statt in die Höhe zu bauen. Heute wälzen sich täglich bis zu 20 Millionen Fahrzeuge durch das Stadtgebiet. Fast ebensoviele Einwohner zählt man in Greater Los Angeles, das neben Vororten wie Santa Monica auch umliegende Städte wie Anaheim, Long Beach und San Bernardino einschließt. Das sind fast doppelt so viele Menschen, wie in Oregon und Washington State zusammen leben. An keinem anderen Ort Amerikas verbringt man so viel Zeit im Stau wie in Los Angeles. Im Nordwesten nennt man die Südkalifornier deshalb spöttisch *left lane campers* – Leute, deren Autos im Dauerstau auf der Überholspur zu Wohnwagen mutiert sind. *The Capital of Entertainment,* wie sich die Stadt mit dem weißen Hollywood-Schriftzug in ihren Hügeln gern nennt, ist auch die Hauptstadt des Verkehrsinfarkts.

Nach ähnlichem Muster sind im Südwesten andere Orte entstanden, die ästhetisch und ökologisch erst einmal abschrecken: ausgedehnte Wüstenstädte mitten im Nirgendwo, ohne Zentrum oder Kontur. Doch gerade diese Regionen hatten zuletzt die größte Anziehungskraft: Im *Valley of the Sun* um Phoenix, Arizona, hat sich die Bevölkerung seit 1990 auf rund 4,5 Millionen verdoppelt. Im selben Zeitraum wuchs der Großraum Las Vegas in Nevada um das Zweieinhalbfache auf gut zwei

Millionen Einwohner. Nevada und Arizona sind zu Beginn des 21. Jahrhunderts demographisch schneller gewachsen als alle anderen US-Staaten. Viele Gründe sind dafür genannt worden, zum Beispiel das warme, trockene Klima, die geographische Lage der Region und ihre historische Nähe zu Mexiko. Aber auch der dynamische Geist der *Frontier* scheint hier noch lebendiger als im Nordwesten. *Business* hat Vorrang: Man vertraut auf private Initiative statt auf staatliche Regulierung. Man hält Ausschau nach Wachstumschancen, statt sich um Ökosysteme und Lebenswelten zu sorgen. »Der Südwesten steht für das Gegenteil von Kontinuität«, sagt der Historiker Roger Lotchin. »Er hat eine kurze, aber ereignisreiche Geschichte. Er ist ein Ort der Umbrüche und des schnellen Wandels – und mit dieser Kombination ist er am besten von allen Regionen Amerikas auf die Zukunft eingestellt.« Vorausgesetzt, dass den wuchernden Metropolen im dürregeplagten Südwesten nicht ausgeht, was im regenreichen Nordwesten so überreichlich vorhanden ist: das Wasser.

# *Diversity:*
# Einwanderung und Zusammenleben

»I'm proud to be an American/Where at least I know I'm free.«
(Refrainzeile des Songs »God Bless the USA« von Lee Green-
wood, 1984; 20 Jahre später auch gesungen von Beyoncé Knowles)

Die Einreise in die Vereinigten Staaten ist kein Vergnügen. Das
weiß fast jeder Tourist. Seit den Terroranschlägen vom 11. September 2001 sind die Prozeduren noch aufwendiger geworden.
Wer sich für längere Zeit hier aufhalten oder gar arbeiten will, hat
lange vor der Ankunft bereits Dutzende Seiten Formulare ausge-
füllt, Heirats- und Geburtsurkunden, Gesundheitszeugnisse und
andere Dokumente beschafft, vor dem US-Konsulat in seiner
Heimat Schlange gestanden und vieles mehr.

Für die meisten Neuankömmlinge sind die Kontrollschalter in
den US-Flughäfen das letzte Nadelöhr, bevor sie amerikanischen
Boden betreten dürfen. Im Flughafen Newark bei New York sind
die Ankunftshallen, groß wie Fußballfelder, an einem typischen
Nachmittag überfüllt mit *non-residents* aus aller Welt – Immigranten, Touristen, Geschäftsreisenden. Während Banker im
Dreiteiler am Mobiltelefon ihre ersten *meetings* verabreden, tauschen Shopper aus England Tipps über die besten Designerläden
Manhattans aus. Eine fünfköpfige Flüchtlingsfamilie aus Burma
sortiert Pässe und Einreiseformulare. Das Gewimmel ordnet sich
allerdings schnell, wenn Sicherheitsbeamte mit kurzen Anwei-
sungen alle Neuankömmlinge durch markierte Wege in eine ordentliche Schlange schleusen und auf die mehr als 40 Schalter der
*Immigration* verteilen.

Hier werden Pässe und Visa geprüft, Fingerabdrücke genommen und meist noch Fragen gestellt. Keinesfalls darf man ver-

früht die gelbe Linie überschreiten, die das Niemandsland vom US-Territorium trennt. Es ist die Grenze zum Imperium, an der sich alle Völker drängen und Einlass begehren; sie wird streng bewacht. »Wo sind Ihre Kinder?«, wollte ein Grenzbeamter wissen, als ich einmal allein von einer Deutschlandreise zurückkehrte (die Kinder sind in meinem Reisepass eingetragen). »Die halten zu Hause ihren Vater auf Trab«, versuchte ich einen Scherz. Der Beamte verzog keine Miene, schaute mich nur noch skeptischer an als zuvor. Schließlich knallte er aber doch seinen Stempel in den Pass und entließ mich mit den Worten: »You have a good day, then.«

Das kleine Gefühl der Erleichterung, wenn man (wieder einmal) durchgekommen ist, bleibt jedem Einwanderer erhalten, bis er – meist erst nach einigen Jahren – eine *Green Card* erwerben kann. Wer sie besitzt, wird Einwohner der Vereinigten Staaten, hat ein unbegrenztes Aufenthaltsrecht und eine Arbeitserlaubnis. Ohne einen engagierten Arbeitgeber, die Hilfe teurer Anwälte und viel Geduld ist sie kaum zu bekommen – es sei denn, man hat Glück in der Lotterie, mit der die USA jedes Jahr weltweit rund 50 000 *Green Cards* verlosen. Die Chancen schwanken von Jahr zu Jahr, weil die Karten nach einem komplizierten Quotensystem vergeben werden – und leider kann man seinem Glück nicht mittels Servicegebühr nachhelfen, auch wenn zahlreiche Anbieter im Internet das Gegenteil behaupten. So zogen 2017 nur 886 Deutsche das *Green-Card*-Los; ein Jahr zuvor waren es sogar nur 532. Ob es das Programm noch lange geben wird, ist ohnehin ungewiss. Donald Trump hat es auf seine Abschussliste gesetzt, und der Terroranschlag vom Oktober 2017, als ein 29-jähriger Usbeke mit seinem Pickup-Truck auf einen Radweg in New York raste und acht Menschen tötete, hat ihn darin noch bestärkt. Der Attentäter war nur ins Land gekommen, weil er in der *Green-Card*-Lotterie gewonnen hatte.

Doch die Inspektoren der Immigration verstehen schon seit *Nine Eleven* absolut keinen Spaß mehr. Beim geringsten Verdacht und ohne jede Begründung können sie jeden, der einreisen will, mit dem nächsten Flieger wieder zurückschicken. Und ein einziger blöder Witz (»Vorsicht mit meinem Rucksack, da ist 'ne Bombe drin!«) kann reichen, um sich eine mehrjährige Gefängnisstrafe einzuhandeln – nicht immer leicht einzusehen für Europäer, die den freien Reiseverkehr innerhalb der Europäischen Union gewohnt sind. Ich kenne einige Personen, die ohne erkennbaren Grund schon einmal für mehrere Stunden bei der Einwanderungsbehörde festgehalten wurden, keinen Kontakt zur Außenwelt aufnehmen durften und schließlich kommentarlos doch noch auf amerikanisches Staatsgebiet entlassen wurden.

Vom Schicksal jener Immigranten oder Asylbewerber, die weniger Glück haben und in Abschiebehaft landen, liest man regelmäßig in den Zeitungen. Ihre Geschichten mögen furchterregend klingen, und doch lassen sich Hunderttausende davon so wenig abschrecken wie von der Aussicht, lange Zeit von der Familie getrennt leben zu müssen. Koreanische Mütter ziehen allein mit ihren Kindern in die USA, um sie dort zur Schule und später vielleicht auf eine Eliteuniversität zu schicken. Eltern aus Lateinamerika suchen sich Arbeit und lassen ihre Kinder bei Verwandten in der Heimat zurück, bis sie selbst genug verdienen, um die Kinder nachzuholen. »An dem Tag, als unsere Mutter zu unserem Vater flog, wollten mein Bruder und ich nicht aufstehen«, schrieb Jaylin, eine damals achtjährige Klassenkameradin meines Sohnes aus Guatemala, in ihrem Beitrag zum Autorenwettbewerb der Schule. »Wir dachten, dass wir nie wieder aufstehen wollten.« Erst zwei Jahre später konnten die Geschwister ihren Eltern nachreisen.

Einem jungen Mädchen aus Irland mit einer ähnlichen Geschichte hat man sogar ein Denkmal gesetzt, wenn auch aus einem anderen Grund: Die 17-jährige Annie Moore war die erste Immigrantin, die 1892 auf Ellis Island, der neuen, zentralen Sammelstelle für Einwanderer im Hafen von New York, registriert wurde. Auch sie war allein mit ihren beiden Brüdern nach Amerika gekommen, wo sich ihre Eltern zuvor eine Existenz geschaffen hatten. Vor der Überfahrt hatte sie, wohl um Geld für die Schiffspassage zu sparen, ihr Alter mit 14 Jahren angegeben. Annie Moores Bronzestatue mit Hut und verbeulter Reisetasche steht heute im Museum auf Ellis Island. Zwischen den Geschichten von Annie und Jaylin liegen über 100 Jahre – und ungezählte ähnliche Fälle. Sie haben viele Parallelen – und stehen eben doch für zwei verschiedene Zeitalter der Migration. Die USA waren immer *das* große Einwanderungsland. Aber im Zeitalter der Globalisierung bedeutet das etwas anderes als noch vor wenigen Jahrzehnten.

## Lockruf: *The American Dream*

»… that dream of a land in which life should be better and richer and fuller for everyone, with opportunity for each according to ability or achievement.«
(James Truslow Adams, *The Epic of America*, 1931)

Eines hat sich im Grunde nicht geändert, seit die ersten Einwanderer auf ihrer wochenlangen Fahrt über den Atlantik Seekrankheit, Skorbut und Schiffbruch riskierten: Seit die Unabhängigkeitserklärung allen Amerikanern Freiheit, Gleichheit und das ungehinderte Streben nach Glück verspricht, seit erfolgreiche Auswanderer den Daheimgebliebenen von Reichtum und politischer Gleichberechtigung berichten, wirkt der amerikanische Traum als Magnet. Er lockt mit dem Versprechen auf einen Neuanfang ohne sozialen Vorbehalt. Und auch wenn die Sozialstatistiken seit einiger Zeit Zweifel geweckt haben, ob dieser Traum überhaupt (noch) wahr werden kann: Bis heute finden sich ausreichend Beispiele geradezu märchenhafter Karrieren, um ihn lebendig zu halten – denken Sie nur an Arnold Schwarzenegger, an den Google-Mitgründer Sergej Brin oder an die in Ungarn geborene »Blogger-Königin« Arianna Huffington, die mit ihrer Onlinezeitung *Huffington Post* berühmt – und reich – geworden ist.

Wo die Fakten nicht für den *American Dream* sprechen, werden Mythen gesponnen. Die Geschichte von Annie Moore ist so ein Fall. Aus »Immigrant Number One« auf Ellis Island wurde eine Ikone für *Irish-Americans,* die mit der echten Annie wenig gemein hat. In der Presse stand damals die Story von einem irischen Mädel mit rosigen Wangen, das am 2. Januar 1892 als Erste über die Gangway der »SS Nevada« stürmte und angeblich just an diesem Tag seinen 15. Geburtstag feierte. Ein Regierungsvertreter aus Washington hieß Annie willkommen. Der neue Direktor von Ellis Island überreichte ihr feierlich eine goldene Liberty-Münze, die sie laut *New York Times* als Erinnerungsstück für immer zu behalten versprach.

Wahrscheinlicher ist die in Annies Familie überlieferte Variante, wonach ihr Vater, ein Hafenarbeiter, die zehn Dollar – eine ganze Monatsmiete – in den Kneipen unter der Brooklyn Bridge versoffen hat. Und während Annie dem Mythos zufolge als Pionierfrau weiter nach Westen zog und reich wurde, hat sie tatsächlich New Yorks berüchtigten *Fourth Ward,* eines der ärmsten Einwandererviertel New Yorks zu dieser Zeit, nie wieder verlassen. Sie heiratete den Sohn eines deutsch-amerikanischen Bäckers, bekam jedes Jahr ein Baby und musste mindestens fünf ihrer Kinder begraben. Als sie starb, war sie 50 Jahre alt und hatte extremes Übergewicht. Damit ist sie immerhin drei Jahre älter geworden als der durchschnittliche weiße Amerikaner zu dieser Zeit. Annies Leben erzählt eine sehr typische Einwanderergeschichte. Aber es ist eben nicht der Stoff, aus dem Träume sind.

Die großen Einwanderungswellen in die USA setzten im 19. Jahrhundert ein. Allein zwischen 1820 und 1880 kamen unter anderem drei Millionen Deutsche und fast ebenso viele Iren, zwei Millionen Briten, eine Million Menschen aus Österreich-Ungarn sowie fast eine Viertelmillion Chinesen hierher. Als die Dampf-schifffahrt im späten 19. Jahrhundert die Überfahrt dramatisch verkürzte, war der Ansturm im Hafen von New York, dem Ziel der großen Dampferlinien, kaum noch zu bewältigen. Auch Skandinavier, Süd- und Osteuropäer machten sich nun in großer Zahl auf den Weg. Auf Ellis Island wurde deshalb jenes zentrale Sammellager eingerichtet, das fortan alle Passagiere der Dritten Klasse durchlaufen mussten. Passagieren der Ersten und Zweiten Klasse blieb Ellis Island in der Regel erspart. Sie wurden bereits auf dem Schiff kurz überprüft und konnten dann gleich an Land gehen. Wer sich eine solch teure Passage leisten konnte, so das Kalkül, würde wohl auch in den USA nicht der Allgemeinheit auf der Tasche liegen.

Bevor das Lager 1954 endgültig geschlossen wurde, war es für mehr als zwölf Millionen Einwanderer die erste Berührung mit der Neuen Welt. Fast jeder zweite Amerikaner, so heißt es, hat mindestens einen Vorfahren, der über Ellis Island ins Land gekommen ist. Und anders als es der Beiname »Träneninsel« suggeriert, wurden hier nur wenige abgewiesen: 98 von 100 Ein-wanderungswilligen durften nach einer medizinischen Untersu-chung und einer Rechtsprüfung die Tür mit der Aufschrift »Push: To New York« tatsächlich aufstoßen. Ganz andere Erfahrungen machten zu dieser Zeit Neuankömmlinge an der Pazifikküste der USA. Vor allem in Kalifornien formierte sich derart massiver Widerstand gegen asiatische Einwanderer, dass die Vereinigten Staaten 1882 ein Immigrationsverbot für Chinesen verhängten.

Die Abwehr unerwünschter »Fremdlinge« gehört von Beginn an ebenso zur amerikanischen Geschichte wie die freundliche Aufnahme und Integration von Immigranten. »Warum sollte das von Engländern gegründete Pennsylvania eine Kolonie von Fremden werden, die schon in Kürze so zahlreich sein werden, dass sie uns germanisieren statt dass wir sie anglisieren; und die unsere Sprache und unsere Sitten so wenig annehmen können wie unser Aussehen?«, schrieb Benjamin Franklin 1751 in seinem

Essay »America as a Land of Opportunity«. Ganz ähnlich wie englische Siedler zu Kolonialzeiten ihre Gesellschaftsordnung durch eine massenhafte deutsche Zuwanderung gefährdet wähnten, fürchteten weiße Arbeiter im Kalifornien des 19. Jahrhunderts die Konkurrenz chinesischer Kulis. An der Ostküste wuchs zur selben Zeit das Ressentiment gegen eine »Überfremdung« durch katholische und jüdische Einwanderer aus Süd- und Osteuropa. In den 1920er Jahren reagierte der Kongress mit einem Quotensystem, das die »alte Einwanderung« aus west- und nordeuropäischen Ländern favorisierte.

Erst der Zweite Weltkrieg, der Kalte Krieg und schließlich die Bürgerrechtsbewegung im eigenen Land ließen die US-Bürger umdenken. 1965 verabschiedete eine demokratische Mehrheit im Kongress ein Einwanderungs- und Einbürgerungsgesetz, das ein neues bevölkerungspolitisches Zeitalter einläutete. Das Quotensystem zugunsten der West- und Nordeuropäer wurde aufgegeben; fortan sollten Auswanderer und Flüchtlinge aus allen Kontinenten die Chance erhalten. Millionen Menschen nutzten sie. Allein die Zahl der Einwanderer aus Asien vervierfachte sich binnen fünf Jahren. Viele Flüchtlinge kamen aus den Konfliktzonen des Kalten Krieges – Koreaner, Vietnamesen, Kubaner. Auch holten die USA nun bevorzugt gut ausgebildete Fachkräfte und Wissenschaftler unabhängig von ihrer Herkunft ins Land. Der Begriff vom *Brain Drain* begann zu kursieren, weil Amerika gerade aus ärmeren Ländern die akademischen Eliten und den besten Nachwuchs abwarb. Die mit Abstand größte Gruppe aber kam aus dem Nachbarland im Süden: 4,3 Millionen Mexikaner wanderten zwischen 1965 und 2000 in die USA ein. Zur Jahrtausendwende stammten nur noch 15 Prozent der im Ausland geborenen US-Bevölkerung aus Europa.

Nicht mehr New York war nun die Hauptanlaufstelle. Die meisten Immigranten nahmen, sei es aus Süden oder Westen, den Weg nach Kalifornien. Und so ist es wohl kein Zufall, dass dort von 2003 bis 2011 ein Mann regierte, der ebenfalls als

Fremder ins Land kam – und heute wie kaum ein anderer für die gelungene Verbindung von Einwanderung und *American Dream* steht: Arnold Schwarzenegger. Er verkörpert den amerikanischen Selfmademan buchstäblich mit seinem ganz aus eigener Kraft geschafften Aufstieg vom schmächtigen, mittellosen Teenager in Österreich zuerst zum Mister Universum, dann zum Hollywood-Star und schließlich zum Gouverneur. Wie seinen Körper gestaltete der Bodybuilder aus der Steiermark auch seine Lebensgeschichte. 1986 heiratete er die Kennedy-Nichte Maria Shriver – so ziemlich das Vergleichbarste zu einer echten Prinzessin, was Amerika zu bieten hatte.

Die Botschaft, für die Schwarzeneggers Lebensgeschichte steht und die er selbst unzählige Male verkündet hat, lautet: Amerika macht dich nicht automatisch (erfolg)reich. Aber Amerika gibt dir die Chance, Reichtum und Anerkennung zu erwerben, wenn du klug bist, hart arbeitest und an dich selbst glaubst – auch wenn es am Anfang niemand sonst tut. Er musste sich selbst als Action-Held verkaufen, wie Schwarzenegger einmal der Zeitung *USA Today* erzählte, »als jeder noch zu mir sagte, ›Hey, du heißt Schwarzenschnitzel oder so ähnlich, du hast einen schrecklichen Akzent, und du hast diesen abnorm aufgepumpten Körper. Mit so einer Mischung kann niemand Erfolg haben.‹ Aber ich habe es geschafft.«

Derselben Botschaft folgte schon der Chinese Tun Funn Hom, als er 1936 als Teenager mit gefälschten Papieren und ohne Schulabschluss nach New York kam, um seinem Vater mit dessen Wäscherei in der Bronx zu helfen. Heute ist Hom stolz auf seine drei Kinder, die alle auf dem College waren und Ärzte oder Designer geworden sind – und auf sechs multi-ethnische Enkel. Seine Lebensgeschichte erzählt er auf einem Video, das im New Yorker Museum of Chinese in America zu sehen ist.

Annie Moore, Arnold Schwarzenegger und Tun Funn Hom stehen für eine Variante der Einwanderung, wie sie noch bis vor kurzem typisch war: Wer nach Amerika kam, der blieb. Das gibt es natürlich auch weiterhin. Man wird *Irish-American, German-American* oder *Chinese-American.* Spätestens wenn man Kinder hat, wird Englisch zur Familiensprache. Die erste Generation baut eine Existenz auf, aus der die nachfolgenden mit besseren Bildungs- und Berufschancen hervorgehen. Doch dieses Modell des amerikanischen Traums hat im Zeitalter der Globalisierung Konkurrenz bekommen.

### *Crossing Cultures:* Expats und andere Migranten

»The America of the near future will look nothing like the America of the recent past.« (*The Next America,* Forschungsbericht des Pew Research Center, 2016)

Als unser ältester Sohn in die städtische Community-Park-Grundschule in Princeton kam, waren 16 Kinder in seiner Klasse. Sie stammten aus neun Nationen. Nur vier von ihnen waren Amerikaner mit bereits in den USA geborenen Eltern. Einige waren in Amerika geboren, andere erst mit ihren Eltern eingewandert. Bei manchen stand bereits fest, dass sie mit ihren Familien das Land in einem oder zwei Jahren wieder verlassen würden. In der Eingangshalle hing ein von Erstklässlern gemaltes Plakat mit der Aufschrift »Guten Morgen« in einem Dutzend verschiedener Sprachen. Die erste gemeinsame Schulpflicht jeden Morgen bestand darin, vor dem Sternenbanner der Vereinigten Staaten den Fahneneid zu leisten.

Da wir gerade erst in die USA gezogen waren, konnte unser Sohn kaum Englisch. Er nahm sofort am normalen Unterricht teil, hatte aber gemeinsam mit drei anderen Neuankömmlingen jeden Tag zusätzlich eine halbe ESL-Stunde – kurz für »Englisch als Zweitsprache«. Nach wenigen Wochen konnte er in der Schule mitreden. Nach drei Monaten fing er an, unsere Aussprache zu korrigieren. Vom ersten Tag an stand aber für ihn wie für alle anderen Kinder noch eine zweite Sprache auf dem Lehrplan: Spanisch. Auch Informationsbroschüren und Einladungen zum Schulpicknick sind zweisprachig verfasst – Englisch auf der einen, Spanisch auf der anderen Seite.

Die jahrhundertealte Erfahrung der USA mit Einwanderern aus aller Welt zeigt sich zuerst an den Schulen. Sie sind auf dem Gebiet der Integration besonders gefordert. Heute müssen sie mit zwei Trends zurechtkommen, die auch die Gesellschaft insgesamt vor große Herausforderungen stellen: Das ist erstens die Einwanderung auf Zeit, denn für einen großen Teil der Neuankömmlinge sind die USA nur noch *eine* Station ihrer Lebensplanung. Zweitens verweigert zum ersten Mal eine Zuwanderergruppe in relevanter Größenordnung ihre Assimilation durch das Englische: Die USA werden zweisprachig.

Auch in der Community-Park-Schule treffen diese Einwanderergruppen aufeinander, die in sehr unterschiedlichen Welten leben. Auf der einen Seite sind da die Familien von Wissenschaftlern, Managern und Facharbeitern, die von Universitäten und Kliniken angeworben oder von Unternehmen entsandt worden sind. Sie kommen meist aus Industrie- oder Schwellenländern und haben gute Sprachkenntnisse, aber keine besondere Bindung an die USA. Johannas Vater arbeitet für einen internationalen Pharmakonzern, ihre Mutter für die amerikanische Tochterfirma einer deutschen Versicherung. Sobald es der Beruf erfordert, werden sie mit ihren Kindern wieder nach Deutschland oder auch in ein ganz anderes Land ziehen. Rimas Vater hatte als Biologe einen Postdoc-Vertrag an der Universität, der zwei Jahre nach Rimas Einschulung auslief. Die Familie ist inzwischen nach Tokio zurückgekehrt; Rimas Mutter, die in den USA nicht arbeiten durfte, hat wieder eine Stelle als Lehrerin. Solche *Expatriates,* kurz *Expats,* sind im Grunde nur auf der Durchreise. Sie fügen sich ein, soweit das erforderlich und angenehm ist, haben aber wenig Interesse an der US-Staatsbürgerschaft oder einer weitreichenden

Integration in die amerikanische Gesellschaft. Auf der anderen Seite findet man die Migranten aus weniger privilegierten Verhältnissen: Flüchtlinge aus Burma oder Eritrea, denen die USA Zuflucht bieten. Menschen aus allen Krisengebieten der Welt, die sich im Zweifelsfall selbst von einer illegalen Existenz in Amerika mehr Sicherheit erhoffen als vom Leben in ihrer Heimat. Männer und Frauen vor allem aus Mexiko, El Salvador, Guatemala und anderen lateinamerikanischen Ländern, die einen besseren Lebensstandard für sich und ihre Familien anstreben.

Zwischen dieser Migrantengruppe und der weißen Mittelklasse sind private Kontakte seltener als Arbeitsverhältnisse. Gärtner aus Guatemala mähen in den *suburbs* den Rasen, *maids* aus Mexiko putzen dort die Häuser. *Nannies* aus Lateinamerika, aus Jamaika oder von den Philippinen hüten die Kinder der weißen Doppelverdiener. Das sind Stereotype, aber auch ökonomische Realitäten. So wird in dem von Barbara Ehrenreich 2002 herausgegebenen Reportageband *Global Woman: Nannies, Maids, and Sex Workers in the New Economy* geschildert, in welchem Ausmaß gerade in den USA die Berufskarriere bürgerlicher weißer Frauen heute von der Lohnarbeit (nicht selten auch Schwarzarbeit) solcher Migranten abhängt. Auch in meinem Bekanntenkreis gibt es kaum eine Familie, die ganz ohne Haushaltshilfe auskommt – egal, ob es sich um Amerikaner oder um *Expats* handelt. Rachel und Ryan, zwei selbstständige Anwälte, haben für ihre drei Söhne gezielt eine Kinderfrau aus Guatemala eingestellt, die kaum Englisch spricht: Die Jungen sollen zweisprachig aufwachsen.

Wie viele *Expats* und wie viele sogenannte Wirtschaftsmigranten in den USA leben, wird nicht getrennt erfasst. Doch zusammen machen die »internationalen Migranten« inzwischen laut Statistik 13,5 Prozent der US-Bevölkerung aus. Zählt man deren minderjährige Kinder mit, die hier geboren und damit US-Bürger sind, dann ist einer von fünf Amerikanern heute Einwanderer. Zusätzlich haben die Vereinigten Staaten seit 1980 etwa drei Millionen Flüchtlinge aufgenommen. Das ist im historischen

Vergleich nicht einmal besonders viel. Dennoch ist die Einwanderung heute wieder heftig umstritten. Dabei geht es nur am Rande um Immigranten und Flüchtlinge aus den Krisengebieten des Nahen Ostens oder Afrikas. Zwar wird auch in Amerika nach jedem islamistischen Terrorakt die Forderung laut, die Einwanderung aus muslimischen Ländern einzuschränken, und in diesen Kontext gehört auch das Einreiseverbot für Bürger des Iran, Somalias und einiger anderer Länder, mit dem Donald Trump bereits kurz nach seinem Amtsantritt 2017 Schlagzeilen machte. Doch obwohl die Zahl muslimischer Flüchtlinge und Migranten seit 2010 deutlich angestiegen ist, lebten 2016 nicht viel mehr als drei Millionen Muslime in den USA – das ist nicht mal ein Prozent der Gesamtbevölkerung. Nach wie vor dreht sich die Diskussion deshalb in erster Linie um die Einwanderung aus Lateinamerika.

Das liegt vorrangig an den *Hispanic communities,* Parallelgesellschaften mit eigener Sprache und Kultur, so dass weder Neueinwanderer noch die zweite Generation der Migranten die englische Sprache lernen müssen. Mobilfunk und Internet machen es den Ausgewanderten von heute zudem viel leichter, auch im Alltag mit Angehörigen in der alten Heimat und mit ihrer Kultur verbunden zu bleiben.

Die Sonderstellung der spanischen Sprache und Abstammung ist auch historisch legitimiert: Die spanische Besiedlung späteren US-Territoriums begann deutlich früher als die englische. St. Augustine in Florida besteht seit 1565 und ist damit die älteste von Europäern gegründete Stadt Nordamerikas. Auch im Südwesten der heutigen USA entstanden schon im 16. Jahrhundert spanische Siedlungen. Seitdem hat es dort immer spanischsprachige Orte gegeben. In den Vereinigten Staaten existieren deshalb zwei offizielle ethnische Identitäten, zwischen denen Amerikaner aller Hautfarben wählen können: Man ist entweder *Non-Hispanic* oder *Hispanic* beziehungsweise – mit dem im Westen der USA gebräuchlicheren Terminus – *Latino.* Staat und Privatwirtschaft haben sich der neuen Realität längst angepasst: Wenn Sie eine

Behörde oder Ihren Stromversorger anrufen, werden Sie im Telefonmenü als erstes aufgefordert, die Sprache zu wählen: »To continue in English, press one. Para Español, marque dos.« Nicht wenige Angloamerikaner hegen deshalb ähnliche Befürchtungen, wie sie Benjamin Franklin im 18. Jahrhundert mit Blick auf die deutschen Einwanderer formulierte.

Problematisch wird die Einwanderung aus Lateinamerika aber vor allem dadurch, dass sie zu einem besonders hohen Anteil illegal ist. In Kalifornien arbeiten neun, im benachbarten Nevada sogar zehn von hundert Erwerbstätigen ohne Papiere, heißt es beim Pew Hispanic Center in Washington, D.C. Nach der »großen Rezession« von 2008/09 ist die illegale Neueinwanderung vor allem aus Mexiko vorübergehend gesunken, doch insgesamt hat sich dadurch wenig geändert. Die mehr als 3000 Kilometer lange Landgrenze zwischen den USA und Mexiko wird zwar zunehmend scharf bewacht und mit Sperrzäunen gesichert, ist aber dennoch durchlässig. Die höchsten Zuwachsraten hatten zuletzt Einzelstaaten wie Arizona, Nevada und Idaho, wo zuvor kaum Ausländer lebten. Entsprechend hat die illegale Einwanderung an manchen Orten ein Ausmaß erreicht, das die Schulen und das Gesundheitssystem ebenso überfordert wie die Toleranz der angestammten Bevölkerung.

Mag den USA auch ein soziales Netz europäischer Prägung fremd sein: Viele städtische Krankenhäuser übernehmen die medizinische Versorgung von Einwanderern, selbst wenn diese weder Visum noch Geld haben. Das Hennepin County Medical Center zum Beispiel, eine Klinik im Stadtzentrum von Minneapolis, gibt jedes Jahr allein drei Millionen Dollar für Dolmetscher aus, um sich mit seinen Patienten verschiedenster Herkunft verständigen zu können. Gefragt wird aber nur nach medizinischen Problemen und nicht nach den Einwanderungspapieren. Die staatlichen Schulen sind verpflichtet, alle Kinder mit Wohnsitz in ihren Bezirken aufzunehmen. Das gilt unabhängig davon, ob deren Familien dort legal oder illegal leben.

Wie man das Problem der illegalen Einwanderung lösen könnte, wird seit Jahrzehnten diskutiert. Die einen setzen auf Amnestie, um eine Integration möglich zu machen. Die anderen sehen darin geradezu eine Einladung für neue »Illegale« und fordern stattdessen mehr Kontrollen und Abschiebungen. Amnestien hat es bereits mehrfach gegeben, die bislang größte 1986, als ein Reformgesetz fast drei Millionen *illegals* zu rechtmäßigen Einwohnern beförderte. Gleichzeitig stellte es erstmals die Beschäftigung illegaler Einwanderer unter Strafe. Doch wem man die Amnestie verweigerte, der verließ die USA in der Regel trotzdem nicht, und auch die erhoffte Abschreckung nach außen blieb aus. Zuletzt zählte man jedes Jahr mehr als eine Million legale Neueinwanderer, aber mindestens weitere 350 000 kommen ohne Papiere ins Land. Insgesamt leben laut Pew Hispanic Center gut elf Millionen Menschen illegal in den USA; die Hälfte von ihnen stammt aus Mexiko. Noch komplizierter wird die Situation dadurch, dass mittlerweile rund drei Viertel aller Kinder illegaler Einwanderer in den USA geboren wurden und damit US-Staatsbürger sind.

Eine Reform der Einwanderungsgesetze steht fast schon routinemäßig auf der *To-do*-Liste neu gewählter Präsidenten. Getreu seinem politischen Schlachtruf »America first« hat sich Donald Trump in diesem Bereich besonders viel vorgenommen: weniger Visa für ausländische Arbeitskräfte, die konsequente Abschiebung illegaler Einwanderer und ein halbiertes Flüchtlingskontingent – nicht zu vergessen eine Mauer entlang der Grenze zwischen den USA und Mexiko. Doch nichts davon kann ein Präsident im Alleingang durchsetzen, und ob sich das Parlament in dieser parteiübergreifend heiklen Frage einigen kann, gilt als fraglich. Auch die Regierung Obama hatte hier zuletzt nicht viel erreicht. Sie setzte zunächst die Arbeitgeber unter Druck, um wenigstens die Beschäftigung illegaler Einwanderer einzudämmen: Unternehmen sollten Arbeiter ohne gültige Papiere aufspüren und fristlos entlassen. Als aber die Bekleidungsfirma American

Apparel in Los Angeles im September 2009 daraufhin 1800 illegale Näher und Bürokräfte feuerte, kritisierte Bürgermeister Antonio Villaraigosa diese Strategie als »verheerend«. Denn dass die Entlassenen in ihre Heimat zurückkehren würden, glaubte in der Stadt niemand. Nur müssten sie – statt einer gut bezahlten Stelle und einer Krankenversicherung bei einem guten Arbeitgeber – nun wohl einen schlecht bezahlten Job in einem jener Betriebe annehmen, die weniger Skrupel hätten als American Apparel.

Und davon gibt es viele, nicht nur im produzierenden Gewerbe. Man geht zum Beispiel davon aus, dass rund jeder vierte Saisonarbeiter in der Landwirtschaft und mindestens jeder zehnte Bauarbeiter in den USA illegal eingewandert ist. Auch Amerikas Fleischfabriken sind dafür berüchtigt, dass sie vor allem nächtliche Reinigungsarbeiten gern an Firmen mit illegal Beschäftigten outsourcen. Erstens sind es dann die Reinigungsfirmen, die das Gesetz brechen, und zweitens sind Kontrollen der Einwanderungsbehörden nachts selten. Dass die ungelernten Arbeiter besonders häufig bei Arbeitsunfällen schwer verletzt oder sogar zu Krüppeln werden, nimmt die Industrie in Kauf. Dabei geht es »einzig und allein um Profit«, wie ein Unternehmensberater aus der Branche in der *Bloomberg Businessweek* erläuterte: »Es kostet einfach weniger Geld, jemanden ohne Papiere anzuheuern, der von seinen Arbeitsrechten keine Ahnung hat.«

Emotional besonders aufgeladen ist der Streit um die sogenannten *Dreamers*. Das sind Einwanderer, die als Kinder von ihren Eltern illegal in die USA gebracht wurden. Sie sind hier aufgewachsen und zur Schule gegangen, haben Jobs und Studienplätze gefunden – und träumen von einer rechtlich abgesicherten Existenz. Vielen Amerikanern scheint eine Amnestie für sie auch sinnvoll, da sie ja erstens nicht aus eigenem Antrieb illegal eingewandert und zweitens meist gut integriert sind. Ihnen sollte ein sogenanntes DREAM-Gesetz (kurz für »Development, Relief, and Education of Alien Minors«; daher auch die Bezeichnung *Dreamers*) bereits 2001 die Chance auf ein dauerhaftes Aufenthaltsrecht geben, wenn sie in den USA studierten oder Militärdienst leisteten. Doch der gemeinsame Gesetzentwurf eines demokratischen und eines republikanischen Senators ist schon mehrfach im Kongress gescheitert. Zu den schärfsten Gegnern einer solchen Amnestie zählen übrigens Einwanderer, die auf dem rechtlich vorgeschriebenen Weg in die USA gekommen sind, dafür langwierige und teure Verfahren auf sich genommen haben und es nun nicht einsehen, dass anderen das Aufenthaltsrecht quasi geschenkt wird. Barack Obama hat gegen Ende seiner zweiten Amtszeit das Problem zumindest übergangsweise per Verfügung zu lösen versucht; dagegen zogen aber unter anderem 26 der 50 Einzelstaaten vor Gericht. Inzwischen hat die Regierung Trump Obamas Abschiebungsschutz wieder gestrichen und drängt während einer Übergangsfrist auf eine Reform, die das Problem der illegalen Einwanderung insgesamt lösen soll, nicht nur einen Teil davon. Schnelle Ergebnisse sind weiterhin nicht zu erwarten.

Während der Bund zaudert, nehmen einzelne Staaten die Sache selbst in die Hand. So trat 1994 in Kalifornien nach Volksentscheid ein Gesetz in Kraft, das illegale Einwanderer von öffentlichen Schulen und weiteren staatlichen Leistungen ausschloss. *Proposition 187* wurde zwar wenig später vor Gericht gekippt, doch verstärkte US-Präsident Clinton daraufhin den Grenzschutz in Südkalifornien (deshalb gibt es bei San Diego schon heute eine gut 30 Kilometer lange Grenzmauer, sozusagen einen Prototyp für Trumps Mauerprojekt). Das Problem des illegalen Grenzverkehrs hatte man damit allerdings nicht gelöst, sondern nach Osten abgedrängt, so dass sich nunmehr vorrangig Arizona damit herumschlagen musste. Dort unterschrieb die republikanische Gouverneurin Jan Brewer im April 2010 ein besonders hartes Gesetz gegen illegale Einwanderung. Es gibt der Polizei das Recht, bei Verkehrs- und anderen Polizeikontrollen nach der Aufenthaltsgenehmigung zu fragen, sobald ein »begründeter Verdacht« auf illegale Einwanderung besteht. Wer keine Papiere bei sich trägt, kann verhaftet und abgeschoben werden. Kritiker warfen den Gesetzgebern in Phoenix vor, damit einer rassistischen Rasterfahndung Vorschub zu leisten. Befürworter der verschärften Regelung verwiesen auf die zunehmende Gewalt im Grenzgebiet infolge der Drogenkriege in Mexiko – und auf Schätzungen, wonach in Arizona mit seinen insgesamt nur 6,6 Millionen Einwohnern damals rund 450 000 illegale Einwanderer lebten. Mittlerweile ist deren Zahl um mehr als ein Viertel gesunken, doch wie weit das tatsächlich auf das Konto des verschärften Gesetzes geht, ist schwer zu sagen. Neueren Statistiken zufolge war es wohl in erster Linie die Rezession von 2009, die Zehntausende in ihre Heimatländer zurückkehren ließ.

Doch ob legal oder illegal: Seit der Jahrtausendwende hat sich die Einwanderung in die USA insgesamt so schnell und gründlich gewandelt, dass die Amerikaner gut damit zu tun haben, die neue Lage überhaupt erst zu erfassen. Noch bis 1990 siedelten sich drei von vier Immigranten in einem der sechs klassischen Einwanderungsstaaten Kalifornien, Florida, Illinois, New York, New Jersey oder Texas an. Seitdem haben sie sich viel gleichmäßiger über das Land verteilt. Außerdem lassen sie sich jetzt nicht mehr vorrangig in Großstädten, sondern in Vororten oder in ländlichen Gegenden nieder. Das gilt insbesondere für den Südosten und den Nordwesten. North Carolina hat heute sechsmal so viele im Ausland geborene Einwohner wie 1990, Colorado gut dreimal so viele. Selbst im Mittleren Westen haben Einwanderer den langjährigen Trend zum Bevölkerungsschwund an einigen Orten gestoppt oder wenigstens gebremst. Und während der Löwenanteil der Neueinwanderung weiterhin auf Asiaten und Latinos entfällt, suchen sich auch viele andere, kleinere Gruppen ihr je eigenes Stück Amerika. So kommt es, dass in Maine, dem »weißesten« Bundesstaat der USA, die Stadt Lewiston mit ihren gerade einmal 35 000 Einwohnern plötzlich ein »Little Mogadischu« im Zentrum hat. Und zum ersten Mal in der Stadtgeschichte hat die Lewiston Highschool im November 2015 die Staatsmeisterschaften im Fußball gewonnen – mit einer Mannschaft, in der fast ausschließlich die Kinder fußballbegeisterter Flüchtlinge aus Somalia, Kenia und Kongo spielten.

Die Diskussion über die richtige Einwanderungspolitik wird den USA erhalten bleiben. Denn auf welchen Teilaspekt sich Tagespolitik und Medien auch jeweils konzentrieren mögen: Der Grundkonflikt war und ist immer derselbe. Auf der einen Seite stehen Protektionisten, die Einwanderer in erster Linie als verheerende Konkurrenz auf dem Arbeitsmarkt betrachten. Auf der anderen Seite steht eine seltsame Allianz aus Progressiven, für die die Aufnahme von Einwanderern und Flüchtlingen eine Frage der Menschenrechte ist, und einer Wirtschaft mit schier unersättlichem Bedarf an billigen Arbeitskräften, wo die Menschenrechte nicht selten mit Füßen getreten werden. Aber auch eine hochmoderne Industrie wie die Technologiebranche will nicht auf Facharbeiter aus Indien und anderen Ländern verzichten, deren Lohnniveau deutlich unter dem der USA liegt. Den Löwenanteil der – limitierten – Arbeitsvisa für gut ausgebildete Fachkräfte stellen die US-Behörden jedes Jahr für die IT-Unternehmen des Silicon Valley aus. Deshalb ist eine Zukunft ohne Einwanderer hier kaum denkbar. 2060 wird fast jeder fünfte Einwohner der USA im Ausland geboren sein. Und schon jetzt steht das Land an einem Wendepunkt. Drei Jahrhunderte lang hatte es eine weiße Mehrheit, dazu eine große und viele kleine farbige Minderheiten. In wenigen Jahren aber dreht sich das Verhältnis um: Amerika wird *minority majority*.

## *Minority Majority:* Amerikas Demographie

»Will a post-white America be less racially divided – or more so?« (Der Kulturwissenschaftler Hua Hsu in seinem Essay »The End of White America?«, 2009)

Kurz nachdem Donald Trump zum Präsidenten gewählt worden war, diskutierten an der Universität Princeton einige Journalisten und Wissenschaftler über das Thema *fake news.* Die meisten waren sich in ihrer Prognose einig: Unter einem Präsidenten, den nichts weniger schert als sein Getwitter von gestern, werden Falschmeldungen zur Regel. Ein postfaktisches Zeitalter bricht an. Doch der Historiker Keith Wailoo riet zur Vorsicht. Er erinnerte an eine ähnlich geartete, wenn auch deutlich optimistischere Voraussage direkt nach der ersten Wahl Barack Obamas: Damals hatte man mit dem Beginn eines *postracial age* gerechnet – einer Epoche, in der die Hautfarbe und vor allem der Rassismus in der US-Gesellschaft endlich keine Rolle mehr spielen würden. »Aus heutiger Sicht würde ich nicht sagen, dass diese Prognose zutreffend war«, fügte Wailoo lakonisch hinzu.

Tatsächlich hätte man zehn Jahre zuvor zumindest in Teilen der USA annehmen können, das Land sei dem Ziel einer toleranten oder gar »farbenblinden« Gesellschaft gleichberechtigter Bürger ein großes Stück nähergekommen. Es ist kaum zu überschätzen, was für einen Meilenstein die Wahl Barack Obamas zum ersten schwarzen US-Präsidenten damals gesetzt hat. Wollte sich ein Autor einen Romanhelden ausdenken, der ein solches »neues Amerika« repräsentiert – er hätte ihn nicht besser erfinden können. Obama ist Schwarzer, aber kein Afro-Amerikaner. Wie er in seiner Autobiographie *Ein amerikanischer Traum* schrieb, ist er der Sohn eines Kenianers »schwarz wie Pech« und einer Amerikanerin »weiß wie Milch« aus Kansas, dem Herzen der USA. Aufgewachsen ist er in Indonesien und auf Hawaii, dem einzigen US-Staat mit asiatischer Bevölkerungsmehrheit. Sein Vater war Moslem – und ein *Expat,* der mit Stipendium in den USA studierte und später in seine Heimat zurückkehrte. Barack Obamas Frau Michelle ist Afroamerikanerin. Sie ist in Chicagos South-Side-Ghetto aufgewachsen, und ihre Familie hat Wurzeln im amerikanischen Süden. Zwei ihrer Vorfahren waren schwarze Sklaven. Ein anderer war ein weißer Sklavenhalter. Zum ersten Mal hatte Amerika eine *First Family* mit Wurzeln in Afrika, Amerika, Asien und Europa. Wie eine UNO-Generalversammlung sehe seine Verwandtschaft aus, schrieb Obama. Seine Lebensgeschichte ließ sich als ein Dokument der schwierigen Suche nach seiner Stellung als Schwarzer in der amerikanischen Gesellschaft lesen, aber eben auch als nahezu märchenhafte Erfolgsstory.

Schon zu Beginn des neuen Jahrtausends schienen viele Zeichen auf ein *postracial age* hinzudeuten. »Die neue, wahre amerikanische Identität ist rassenübergreifend«, behauptete zum Beispiel Leon E. Wynter, ehemaliger Kolumnist des *Wall Street Journal,* in seinem 2002 erschienenen Buch *American Skin: Pop Culture, Big Business and the End of White America.* »Sie wird durch gemeinsame Kultur- und Konsumgewohnheiten geprägt und nicht durch Hautfarbe oder Ethnie.« Aus seiner Sicht war diese neue kollektive Identität das Resultat eines »amerikanischen Urinstinkts«: des Strebens nach Profit. Wynter hörte den Schmelztiegel, in dem sich schon so viele europäische Identitäten aufgelöst hatten, wieder blubbern – befeuert von *big business* und der grenzenlosen Konsumfreude der US-Verbraucher.

Tatsächlich schien vor allem die amerikanische Jugend, die Diskriminierung per Gesetz nur noch aus Geschichtsbüchern kannte und deren Erstwählerstimmen auch Obama zum Sieg verhalfen, Wynters Prognose zu bestätigen. Die afroamerikanische Schriftstellerin und Professorin Toni Morrison fand ihre Studenten »gelangweilt, wenn es ums Thema Rassismus geht«. Es gehörte einfach nicht mehr zur Lebenswelt dieser jungen Leute, sagte die Literaturnobelpreisträgerin 2009 in einem Interview.

»Die traditionelle Weise, darüber zu denken, hat sich erledigt. Schwarz, weiß, asiatisch, japanisch – für sie ist das kein Problem, für sie ist das cool.«

Knapp ein Jahrzehnt später fragt man sich, ob all das womöglich nur ein Wunschtraum war. Denn kaum etwas erregt die Amerikaner derzeit mehr als das Thema *race* und Rassismus. Die Bewegung Black Lives Matter marschiert, weil vor allem junge afro-amerikanische Männer in den USA gefährlich leben. Studenten asiatischer Abstammung ziehen vor Gericht, weil sie sich bei der Vergabe von Studienplätzen an Amerikas Eliteuniversitäten benachteiligt sehen. Weiße Suprematisten feiern Donald Trump, weil er ihnen im Wettstreit der Identitäten wieder eine Stimme gegeben hat. Idealistische *liberals* kasteien sich selbst als Träger eines anmaßenden »weißen Privilegs« und bejubeln ein neues Zeitalter, in dem Weiß-Sein endlich nicht mehr das Maß aller Dinge ist. Auch vor der Geschichte machen die hitzigen Debatten nicht halt: An den Universitäten stoßen Aktivisten amerikanische Nationalhelden von Thomas Jefferson bis Woodrow Wilson vom Sockel, weil sie das waren, was man heute Rassisten nennt.

Statt rasseübergreifender Gemeinsamkeit bewegen Kulturkämpfe die amerikanische Gesellschaft. Und so wie Barack Obama die Vision eines *postracial* Amerika verkörperte, steht nun Donald Trump für die Dystopie einer fragmentierten Gesellschaft, in der sich die einzelnen Gruppen wie verfeindete Stämme einen Existenzkampf um knappe Ressourcen liefern. »The First White President« nannte ihn der afroamerikanische Schriftsteller Ta-Nehisi Coates Anfang 2017 im *Atlantic* in einer provokanten Wendung der historischen Rolle Obamas.

Diese beiden Vorstellungswelten, so gegensätzlich sie auch sein mögen, haben einen gemeinsamen Nenner: die Demographie. Im August 2008 veröffentlichte das US-Zensusbüro einen Bericht, der im Grunde nur statistisch auf den Punkt brachte, was seit langem abzusehen war: Die Tage der weißen Amerikaner als numerische Mehrheit sind gezählt. Überraschend kam aber, wie nahe dieser symbolisch hoch aufgeladene Wechsel bereits gerückt war. Damals gehörte erst gut ein Drittel der Amerikaner einer Minderheit an, also einer jener Gruppen, die nicht zur Kategorie der »single-race, non-Hispanic whites« zählen. Doch spätestens 2044 werde das laut Prognose für mehr als die Hälfte gelten. Dafür sorgt nicht nur die im Vergleich zu anderen Gruppen niedrige Geburtenrate der Weißen, sondern auch und vor allem die stark angestiegene Einwanderung aus Lateinamerika und Asien.

Bis 2050 wird allein die schon heute größte Minderheitengruppe der *Hispanics* knapp 30 Prozent der Bevölkerung stellen. Noch schneller – wenn auch von niedrigerem Ausgangsniveau – wächst die asiatische Minderheit. Ihr Anteil soll sich auf gut neun Prozent verdoppeln. Der Anteil der Afroamerikaner wird leicht von 13 auf 14 Prozent ansteigen, der Anteil der nicht-hispanischen Weißen von knapp 62 auf 44 Prozent schrumpfen. Die ebenfalls offiziell als Minderheiten gezählten Ureinwohner Nordamerikas und der Pazifischen Inseln stellen zusammen nur gut ein Prozent der US-Bevölkerung; in der Diskussion um die Folgen der demographischen Entwicklung spielen sie kaum eine Rolle.

Im Südwesten ist »The End of White America« schon eine Tatsache: Als erster Festlandsstaat der USA wurde Kalifornien 1999 *minority majority* – also ein Staat, in dem der Bevölkerungsanteil der nicht-hispanischen Weißen auf weniger als die Hälfte abgesunken ist. Zuvor hatte dies nur für zwei Sonderfälle, die Hawaii-Inseln und den District of Columbia um die Hauptstadt Washington, gegolten. Mittlerweile sind auch Texas, New Mexiko und Nevada ohne weiße Mehrheit. In Maryland und sieben weiteren Staaten steht der Wechsel kurz bevor.

So weit die Zahlen. Was sie bedeuten, war und ist weniger leicht zu sagen. Was heißt überhaupt »Mehrheit der Minderheiten«? Dass in der amerikanischen Demokratie künftig die (größte) weiße Minderheit stets von einer geschlossenen Front der übrigen Minderheiten überstimmt wird? Wohl kaum. Dafür sind die Unterschiede zwischen den einzelnen Minderheiten viel zu groß.

Ein paar Kilometer östlich von Princeton liegt ein Ort namens Plainsboro. »Unser Little India«, sagt Ben, ein Arzt am hiesigen Krankenhaus. Viele seiner Kollegen sind *Indian-Americans* und wohnen dort. Von einem wohlhabenden weißen *suburb* ist der Ort nicht zu unterscheiden – bis hin zum penibel gemähten Rasen im Vorgarten und den SUVs vor den Garagen. An einem alten Farmhaus, einem Relikt aus Plainsboros ländlicher Vergangenheit, prangt ein Schild in Pastelltönen: »The Tooth Fairy – Family Dentist«; die Zahnärzte sind zwei Einwanderer aus Indien und Iran. Fast 30 Prozent der 23 000 Einwohner von Plainsboro gaben bei der letzten Volkszählung an, indischer Abstammung zu sein. Weitere 16 Prozent stammen aus anderen asiatischen Ländern. Das durchschnittliche Haushaltseinkommen liegt mit 87 000 Dollar pro Jahr weit über dem nationalen Durchschnitt.

Mögen die Amerikaner asiatischer Abstammung insgesamt eine noch relativ kleine Minderheit bilden: An den Hochschulen, in Forschungslabors und Kliniken oder in der Hightech-Industrie könnte man das Gegenteil glauben. In puncto Bildung und Verdienst haben sie inzwischen alle anderen überflügelt, auch die weiße Mehrheit. Jeder zweite *Asian-American* über 25 hat einen College-Abschluss. Bei den *non-Hispanic whites* ist es nicht einmal jeder dritte. Auch das Durchschnittseinkommen der asiatischen Haushalte lag 2016 mit 81 000 Dollar deutlich über dem der Weißen (65 000 Dollar). Bei Bewerbungen für Amerikas Eliteuniversitäten sind asiatische Studenten dermaßen erfolgreich, dass ihnen der Status einer förderungswürdigen Minderheit nicht mehr zugestanden wird. Eher denkt man stillschweigend über Mittel und Wege nach, ihren Anteil nicht noch größer werden zu lassen.

Schon in den Grundschulen schreiben asiatische Kinder die besseren Noten. Die Zensurenskala in den USA reicht von A (sehr gut) bis F (ungenügend); einer Redensart zufolge ist ein *A minus* ein »asiatisches F«. In ihrem 2013 erschienenen Bestseller *Battle Hymn of the Tiger Mother* (deutsch: *Die Mutter des Erfolgs*) beschrieb Amy Chua, im Hauptberuf Juraprofessorin an der Universität Yale, die Höchstleistungen asiatischer Schüler und Studenten als Resultat einer strengen Erziehung und eines Bildungsethos, das die »verweichlichten« weißen Amerikaner aufgegeben hätten. Die Tochter chinesischer Einwanderer löste damit im ganzen Land eine hitzige Diskussion aus. Doch für Chua sind fleißige und ehrgeizige *Asian-Americans* schlicht die besseren Amerikaner: »Hart arbeiten, nicht aufgeben, Verantwortung zeigen und selbstständig sein – für mich sind das alles uramerikanische Werte«, sagte sie dem *Wall Street Journal.*

Keine 15 Kilometer südlich von Plainsboro liegt Trenton, die Hauptstadt New Jerseys. An die Schlacht von Trenton, in der George Washington den ersten Sieg gegen die englische Kolonialmacht errang, erinnert das Old Barracks Museum, an Trentons Geschichte als Industriestadt nur noch die Aufschrift auf einer Brücke, die über den Delaware River nach Pennsylvania führt: »Trenton Makes, the World Takes«. In den meisten Innenstadtvierteln ist von dieser stolzen Vergangenheit nichts mehr zu spüren. Von den ärmlichen Häusern blättert die Farbe. Auf den Stufen und Veranden davor sitzen junge Männer mit Kapuzenjacken und offenen Sneakers und rauchen gelangweilt. Die Läden an den Straßenecken haben engmaschig vergitterte Fenster.

Am Muttertag des Jahres 2008 verbrannte hier die zehnjährige Qua'Daishia Hopkins, als ein Molotow-Cocktail in ihr Elternhaus geworfen wurde. Ihre Mutter hatte vorher gegen ein führendes Mitglied der Bloods-Gang ausgesagt, das nebenan ein Crack-Haus betrieb. Zwar hat die Kriminalität rivalisierender Gangs in den letzten Jahren nachgelassen, doch werden inzwischen auch persönliche Streits häufiger mit der Schusswaffe ausgetragen. Deshalb zählt die Polizeistatistik heute fast ebenso viele Tote und Verletzte wie zur Zeit der Bandenkriege. Die Weißen sind längst aus der Innenstadt in die Vororte geflüchtet. Knapp die Hälfte der 85 000 Trentonians sind Schwarze, gut ein Drittel sind *Hispanics.* Jeder Vierte lebt hier unterhalb der Armutsgrenze.

»Was Amerika von Europa deutlich unterscheidet, ist die Existenz einer ethnisch deutlich abgegrenzten Unterschicht«, schrieb Peter Baldwin, Historiker an der Universität von Kalifornien in Los Angeles, im Juni 2009 auf *Spiegel Online.* »Während andere Neuankömmlinge oder Außenseiter erfolgreich assimiliert wurden, hallt das Echo der Sklaverei bis heute in den Ghettos der schwarzen Bevölkerung wider.« Durch die massive Einwanderung ist das Problem eher noch größer geworden. Schon 1999, nach einer Reihe von Konflikten zwischen Afroamerikanern und Einwanderern aus Asien oder Lateinamerika in mehreren US-Großstädten, wurde im *Civil Rights Journal* die Befürchtung laut, »dass in einem Amerika der vielen Rassen die Schwarzen einfach immer weiter nach unten gedrückt werden«. Doch Sozialwissenschaftler beobachten seit langem gerade bei illegalen Einwanderern auch eine Tendenz zur Anpassung nach unten, an die Normalität der sozialen Randexistenz in Amerikas Innenstädten. »Amerikanisierung kann die Gesundheit gefährden«, formulierte es ein Forscher der University of California, nachdem er zehn Jahre lang die Entwicklung jugendlicher Immigranten in den Großstadtregionen Kaliforniens und Floridas beobachtet hatte.

Die tiefste Kluft bleibt die zwischen dem schwarzen und dem weißen Amerika. Sie tut sich an vielen Stellen auf. Die Säuglingssterblichkeitsrate liegt bei Schwarzen mehr als doppelt so hoch wie bei Weißen. Afroamerikaner sind im Schnitt häufiger krank und übergewichtig. Sie sterben früher als Weiße. Schwarze Haushalte haben nicht einmal zwei Drittel des Jahreseinkommens, das durchschnittlichen weißen Haushalten zur Verfügung steht. Und statistisch gesehen hat ein afroamerikanischer männlicher Jugendlicher noch immer eine größere Chance, im Gefängnis zu landen, als einen Bachelor-Abschluss zu machen. Darüber hinaus belastet offener oder versteckter Rassismus das Verhältnis zwischen schwarzen und weißen Amerikanern, sei es in der Politik, in der Arbeitswelt oder im Alltag.

Besonders sichtbar wurde diese Kluft zuletzt durch die landesweiten Proteste gegen weiße Polizeigewalt und eine als rassistisch bewertete Justiz, aus denen die neue Bürgerrechtsbewegung Black Lives Matter hervorging. Die Proteste begannen 2013 nach dem Freispruch des privaten Wachmanns George Zimmerman, der im Jahr zuvor in Florida den unbewaffneten Teenager Trayvon Martin erschossen hatte. Der Tod des Afro-Amerikaners Eric Garner bei der handgreiflichen Verhaftung in New York löste im Juli 2014 eine zweite Protestwelle aus; nur einen Monat später kam es in Ferguson, Missouri, zu schweren Unruhen, nachdem dort der weiße Polizist Darren Wilson den 18-jährigen Michael Brown erschossen hatte. Weil gegen den Todesschützen keine Anklage erhoben wurde, flammten die Unruhen im November wieder auf. Fälle wie diese gehören, so hart das klingt, in Amerika zum Alltag. Allein im Jahr 2015 hat die Polizei laut *Washington Post* 986 Menschen erschossen. Die meisten trugen Waffen, die Hälfte war weiß, und in der Regel handelten die Beamten in Notwehr. Doch 40 Prozent aller unbewaffneten Opfer waren junge schwarze Männer – und deren Anteil an der Gesamtbevölkerung ist nicht größer als sechs Prozent.

Amerikas Antwort auf die Herausforderungen einer Demokratie ohne dominante Mehrheit ist die Zivilreligion der *diversity*. Das Ideal ist nicht mehr der Schmelztiegel wie vor hundert Jahren, als der ehemalige US-Präsident Theodore Roosevelt in Basta-Manier alle »Bindestrich-Amerikaner« zur Assimilation aufforderte (»Die einzigen Menschen, die gute Amerikaner sein können, sind die, die Amerikaner sind und sonst nichts.«). Der Schwerpunkt ist auch ein anderer als bei der Bürgerrechtsbewegung der 1960er und 1970er Jahre, die das Prinzip der Gleichheit aller Bürger vor dem Gesetz betonte. Heute geht es um das Ziel einer toleranten Gesellschaft, die alle in ihr vertretenen Gruppen in ihrer Verschiedenheit würdigt. Die USA sollen eine multikulturelle »Salatschüssel« werden, in der sich verschiedene Zutaten zu einem großen Ganzen mischen, ohne dabei zum Einheitsbrei verrührt zu werden.

Auf dieses Ziel arbeiten inzwischen die meisten Institutionen hin. Schon in den Schulen wird *diversity* praktiziert: Man respektiert und feiert die Vielfalt der amerikanischen Bevölkerung. Systematisch werden die Kinder mit den verschiedenen Kulturen und Religionen vertraut gemacht; auf den *Black History Month* folgt eine Unterrichtseinheit über Indianer in Nordamerika, und am *St. Patrick's Day* wird der Beitrag der *Irish-Americans* gewürdigt. Auch in Universitäten, Behörden und Unternehmen ist diese Zivilreligion mittlerweile fest etabliert. Keine Firma, die etwas auf sich hält, und keine namhafte Institution, die nicht längst *diversity*-Beauftragte oder entsprechende Beiräte eingesetzt hätte. Bisher waren und sind die weißen Amerikaner an den meisten Schlüsselstellen der Gesellschaft überproportional vertreten. Ein ausdrückliches Ziel ist es deshalb, in möglichst vielen Bereichen einen ethnisch-kulturellen Mix zu schaffen, der zumindest annähernd dem der Gesamtbevölkerung entspricht.

Auch in der Warenwelt und in der Popkultur ist *diversity* bereits fest etabliert. In dem Disney-Film *Die Prinzessin und der Frosch* von 2009 stand nicht nur erstmals eine schwarze Prinzessin im Mittelpunkt, sondern auch ein Prinz mit hispanisch anmutendem Äußeren, der Stimme eines brasilianischen Schauspielers und dem indisch klingenden Namen Naveen. Im Februar 2018 brachte die Comicverfilmung *Black Panther* zum ersten Mal schwarze Marvel-Superhelden und -heldinnen auf die Leinwand – und brach im Kartenvorverkauf an Amerikas Kinokassen alle Rekorde. Auch die Oscars in Hollywood sollen in Zukunft vorrangig an Minderheiten vergeben werden. Und selbst Barbie ist nicht mehr unbedingt blond, blauäugig und langbeinig: Weil sich die weltberühmte Modepuppe (Jahrgang 1959) nicht mehr gut verkaufte, hat die Firma Mattel ihr eine ganze Palette neuer Maße, Kurven, Haartrachten und Hautfarben verpasst.

In der Werbung ist *diversity* schon lange oberstes Gebot. So hat der Autokonzern Toyota für sein neues Camry-Modell gleich vier Werbeagenturen mit der Produktion verschiedener TV-

Spots beauftragt. Jede dieser Agenturen war auf eine bestimmte ethnische Zielgruppe spezialisiert; für die Toyota-Kampagne sollten sie jeweils die 30- bis 45-jährigen Männer aus dieser Gruppe ansprechen. Als Resultat bekamen Afro-Amerikaner während ihrer bevorzugten Fernsehsendungen einen Werbespot zu sehen, in dem ein junger Schwarzer in seinem metallic-roten Camry losbraust, um Pizza zu holen – begleitet von Hip-Hop und kraftvollem Motorensound. Die bei *Asian-Americans* besonders beliebten TV-Programme zeigten dagegen einen Werbefilm, in dem ein junger asiatischer Familienvater seine Tochter mit einem Camry in klassischem Rot vom Baseball abholt; dazu läuft sanfte Popmusik. Für Latinos und weiße Amerikaner gab es je eigene Varianten.

Die Kehrseite dieser Zivilreligion ist, dass sie die gesellschaftlichen Gruppen systematisch dazu bringt, ihre Unterschiede und Gegensätze wichtiger zu nehmen als ihre Gemeinsamkeiten. Überdies gilt, was der Kulturwissenschaftler Hua Hsu 2009 in seinem viel diskutierten Essay »The End of White America?« notierte: Wo Minderheiten derart stark gemacht werden, ist ausgerechnet für die größte Gruppe, nämlich für die schrumpfende weiße Mehrheit, im Grunde keine Rolle mehr vorgesehen – außer der, das Feld zu räumen. Eine mögliche Reaktion darauf, so Hsu, war die Flucht nach vorn: Nicht zufällig zählten linksliberale weiße Akademiker und Intellektuelle zu den vehementesten Verfechtern eines Multikulturalismus, der das »weiße Privileg« als Wurzel allen Übels identifiziert.

Insbesondere unter weniger gebildeten Weißen in Amerikas Rostgürtel beobachtete Hua Hsu hingegen schon damals eine Tendenz zur trotzigen Gruppensolidarisierung. Hier hörte man keinen Hip-Hop, sondern die Musik des Countrysängers Garth Brooks aus Oklahoma, der in den USA mehr Platten verkauft hat als Elvis Presley. Hier wurden nicht die neuen, farbigen Sport-Superstars wie der Basketballer Michael Jordan oder der Golfer Tiger Woods gefeiert, sondern weiße Rennfahrer wie Tim

Richmond, das Vorbild für den fiktionalen Stock-Car-Renn-fahrer Cole Trickle, den Tom Cruise 1990 in dem Film *Tage des Donners* spielte. Und hier fanden Rechtspopulisten wie der Radiomoderator Rush Limbaugh und der mehrfache Präsident-schaftsbewerber Pat Buchanan ihr Publikum, lange bevor Donald Trump daraus einen beachtlichen Teil seiner Wähler rekrutieren konnte.

Auf dieser Basis baute auch der konservative Nachrichtensen-der Fox News auf, der 1996 als erklärtes Gegenprogramm zu dem linksliberalen *news channel* CNN an den Start ging. Bei der »Kon-struktion einer weißen Identität als zornige Minderheitenkultur« (Hsu) hatte Fox News eine Schlüsselrolle. Obwohl der Sender von New York City aus operierte, war er dort und in vielen anderen Großstädten zunächst gar nicht zu empfangen. Sein Programm richtete sich an ein Publikum in kleineren Städten und auf dem Land. Fox News kultivierte die Selbstwahrnehmung einer »ver-gessenen Mehrheit« in all jenen Teilen Amerikas, die sich sowohl wirtschaftlich als auch kulturell als Verlierer einer globalisierten Gesellschaft sahen und deshalb die Rede vom *white privilege* als blanken Zynismus empfanden. War nicht der Verlust von Mil-lionen Jobs in der produzierenden Industrie und im Bergbau, zwei ehemaligen Hauptarbeitgebern weißer Amerikaner ohne Collegeabschluss, Beweis genug für ihre prekäre Lage? Amerikas liberalen Eliten, so die Botschaft des Senders, ging es um alle an-deren Gruppen im Land, nur nicht um sie, die Fox-Zuschauer. Die Strategie ging auf: Seit mehr als 15 Jahren ist Fox News der meistgesehene Nachrichten-Kabelkanal der USA.

Muss sich Amerika also auf eine Zukunft einstellen, in der sich identitäre Bewegungen und ethno-kulturelle »Stämme« zuneh-mend voneinander abgrenzen, wenn nicht gar gegenseitig be-kämpfen? Man kann das natürlich nicht ausschließen, zumal sol-che Tendenzen heute ja auch in anderen Demokratien vorhanden sind. Nun haben die USA aber – anders als europäische Länder wie Deutschland, Frankreich oder Polen – viel Erfahrung mit einer heterogenen und zum Teil ausgesprochen streitbaren Bevölkerung. Die war auch gar nicht immer so weiß, wie es mancher nostalgische Blick zurück heute suggerieren mag. Dieses Attribut blieb lange den WASPs, den weißen angelsächsischen Protestanten, und Amerikanern nordeuropäischer Herkunft vorbehalten. Erst im frühen 20. Jahrhundert wurden zum Beispiel die (meist katholischen oder jüdischen) Einwanderer aus Süd- und Osteuropa offiziell als »weiße Amerikaner« eingestuft.

Wo Rasse ein derart flexibles Konstrukt ist, gibt es immer auch Chancen für Bewegungen oder Trends, die den Tribalismus unterlaufen. Mindestens kann man sagen, dass in der amerikanischen Gesellschaft immer beides, Abgrenzung und Annäherung, zugleich geschieht – und zwar nicht ganz, aber doch teilweise unabhängig davon, woher der politische Wind gerade weht. So mag es an vielen Highschools der USA noch (oder wieder) üblich sein, dass schwarze und weiße Schüler ihren Abschluss mit getrennten *proms* feiern. Doch auf der anderen Seite fällt es an manchen Orten schwer, die Grenzen zwischen Rassen und Ethnien überhaupt noch zu erkennen. Bei jedem Spaziergang durch die Straßen von New York oder Houston springt einem geradezu ins Auge, was der Schriftsteller Michael Lind »the beiging of America« genannt hat: die beginnende Verschmelzung der Bevölkerungsgruppen durch Mischehen und multi-ethnische Familien. 2015 wurden bereits 17 Prozent aller Ehen in den USA zwischen Partnern unterschiedlicher Rassen oder Ethnien geschlossen; 50 Jahre zuvor waren es erst drei Prozent. In den allermeisten Fällen ist einer der Ehepartner weiß. »Die Gruppen in Amerika vermischen sich stärker, als wir denken«, folgert der Soziologe Andrew Cherlin von der Johns-Hopkins-Universität in Baltimore.

Diese Realität wird inzwischen auch offiziell anerkannt. Noch bis vor wenigen Jahren wurden Kinder aus Mischehen grundsätzlich der Rasse ihres nicht-weißen Elternteils zugeordnet. Seit Kurzem können die Amerikaner selbst wählen, welcher Rasse sie, oder auch: ob sie verschiedenen Rassen angehören wollen. In der Volkszählung 2000 konnte man erstmals die Rubrik »of two or more races« ankreuzen. Das taten damals 6,8 Millionen, beim Zensus 2010 immerhin schon neun Millionen US-Bürger. Laut Prognose sind sie die Minderheit mit der größten Wachstumsrate: Ihre Zahl soll sich bis 2050 verdreifachen. Zur Auswahl standen beim jüngsten Zensus übrigens nicht weniger als 63 mögliche Rasse-Kategorien, darunter 57 verschiedene »combined races«.

Nicht anders als im Privaten gibt es im öffentlichen Bereich neben einer Tendenz zur Abgrenzung und Konfrontation, die in den Medien besonders viel Aufmerksamkeit findet, auch zahlreiche Beispiele für das Gegenteil. Oft handelt es sich um *grassroots*-Unternehmungen, um lokale Initiativen von unten. Das können Nachbarschaftsinitiativen in Los Angeles sein, wo Bürger aus verschiedenen ethnischen Gruppen mit einer Mischung aus Sport- und Nachhilfeangeboten, Gesundheitsprogrammen und Zusammenarbeit mit der Polizei die Gewalt zwischen rivalisierenden Jugendbanden erfolgreich bekämpft haben. In den 1980er und 1990er Jahren war Los Angeles eine Hochburg der *gang violence,* das Verhältnis zwischen aufgebrachten Einwohnern der betroffenen Viertel und einer als durch und durch korrupt verschrienen Polizei war zerrüttet. Heute ist die Zusammenarbeit zwischen den Nachbarschaftsinitiativen und dem Los Angeles Police Department institutionalisiert, und die Stadt gilt als Musterbeispiel für Gewaltprävention.

Ein anderes Beispiel ist ein Seminar an der Universität Princeton, dessen Studenten 2013 gemeinsam mit der Geschichtsprofessorin Martha Sandweiss und dem Universitätsarchivar Dan Linke begannen, die Zusammenhänge zwischen den Anfängen ihrer Hochschule und der Sklaverei zu erforschen. Das kleine Forschungsprojekt fand bald Unterstützung in weiten Teilen der Universität. Heute dokumentiert das *Princeton Slavery Project* in seinem Online-Archiv mit mehr als 6000 Quellen einen typischen Ausschnitt der amerikanischen Geschichte. Um die Bürger von Princeton in die Aufarbeitung der gemeinsamen Vergangenheit einzubeziehen, versorgt das Projekt die städtischen Schulen mit Lehrplänen. Man lernt zum Beispiel, dass nicht nur die ersten neun Präsidenten der Universität Sklavenhalter waren, sondern dass vor dem Bürgerkrieg auch ein großer Teil der (damals ausschließlich männlichen und weißen) Studenten aus den Südstaaten stammte. In der Stadt Princeton trafen diese Söhne von Sklavenhaltern auf eine kleine, aber selbstbewusste Gemeinschaft freier Schwarzer – und auf Abolitionisten, die zwar auf dem Universitätscampus nicht willkommen waren, dafür aber in der Stadt umso kräftiger für die Abschaffung der Sklaverei warben. Auf kleinstem Raum prallten hier die Gegensätze aufeinander, die auch Amerika als Ganzes geprägt haben. Und dadurch ging es in Princeton weit weniger harmonisch und idyllisch zu, als man es offiziell lange wahrhaben wollte. »Die Geschichte unserer Institution ist fest eingebettet in das Paradox aus Freiheit und Sklaverei, das der Entwicklung unserer Nation zu Grunde liegt«, sagt Sandweiss. »Es ist unsere Aufgabe, sich dieser Geschichte zu stellen. Darin sind wir nichts Besonderes – wir sind einfach Amerikaner.«

Ein ebenso fester Bestandteil der amerikanischen Geschichte ist es, dass das Land einen Großteil seiner Dynamik aus der Einwanderung bezogen hat. Dadurch, dass sich der ethnische Mix immer wieder neu zusammensetzte, konnten sich die jeweils zuvor bestehenden Gegensätze und Rivalitäten nicht so leicht verfestigen. Das ist auch heute nicht anders. Einwanderer sind zum Beispiel deutlich mobiler als alteingesessene Amerikaner und werden doppelt so häufig Unternehmensgründer. Sie bringen Unruhe in die Gesellschaft – wie jede größere Einwanderungswelle zuvor. Als der Harvard-Soziologe Robert Putnam vor einigen Jahren eine Studie über das soziale Vertrauen in Amerika veröffentlichte, schien das Ergebnis auf den ersten Blick entmutigend: An Orten mit hohen Zuwanderungsraten aus fremden Kulturen wurde der Zusammenhalt der Bürger zunächst schwächer. Man misstraute sich selbst innerhalb der angestammten ethnischen Gruppen gegenseitig mehr als zuvor. Die Bereitschaft zum Engagement für die Allgemeinheit ging zurück. Für Einwanderungsgegner war das Beweis genug, dass *diversity* eben einfach nicht funktioniert. Doch Putnam selbst hat diese Interpretation zurückgewiesen. Längerfristig haben Orte mit größerer ethnischer Vielfalt nämlich nicht nur ein reicheres kulturelles Leben und eine bessere Küche. Sie haben auch ein stärkeres Wirtschaftswachstum – und damit kehrt in aller Regel auch das soziale Vertrauen zurück, wie der Soziologe in einem Interview betonte: »Auf lange Sicht werden wir alle davon profitieren. Wir sollten uns nur keine Illusionen machen, dass der Integrationsprozess einfach sein wird.«

Ein bisschen einfacher wird es vielleicht dadurch, dass Einwanderer im Schnitt durchaus integrationswillig sind. Umfragen zufolge glauben 70 Prozent von ihnen an den amerikanischen Traum vom sozialen Aufstieg durch ehrliche und harte Arbeit; von den hier geborenen US-Bürgern tut das nur noch jeder zweite. Spätestens die zweite Generation bezeichnet sich in aller Regel als Amerikaner. Zwei von drei Kindern asiatischer Einwanderer definierten sich selbst in einer Umfrage des Pew-Forschungszentrums sogar als »typische Amerikaner«. Gerade in ethnisch sehr gemischten Umgebungen gilt es deshalb als ausgesprochen unhöflich, jemanden nach seinem Herkunftsland zu fragen. Das habe ich erst kürzlich auch selbst wieder erfahren. In meinem Sprachkurs an einer Musikhochschule fragte ich eine Studentin mit koreanischem Nachnamen, ob sie aus Korea komme. Christina reckte das Kinn ein bisschen höher und antwortete sehr bestimmt: »Meine Eltern kommen aus Korea. Ich bin aus New York City!«

Auf diese Haltung hat auch Barack Obama gesetzt. Sein zweites Buch, *Hoffnung wagen,* hat den Untertitel: *Gedanken über eine Rückbesinnung auf den American Dream.* »Es gibt kein liberales und kein konservatives Amerika. Es gibt kein schwarzes, kein weißes, kein Latino- und auch kein asiatisches Amerika«, hatte er als Redner auf der demokratischen Parteiversammlung des

Jahres 2004 seinen Landsleuten zugerufen: »Es gibt nur die Vereinigten Staaten von Amerika!« Talkmaster Larry King fragte ihn später, was ihn bei dieser bejubelten Rede bewegt habe. Obamas Antwort: »Die Hoffnung eines spindeldürren Kindes mit einem komischen Namen, dass Amerika auch für ihn einen Platz hat.«

### *In God We Trust:* Die Religion

»When it comes to religion, the USA is now land of the freelancers.« (*USA Today,* März 2009)

Zieht man auf der Landkarte von unserem Wohnort aus die kürzeste Linie bis zur Atlantikküste, dann landet man auf einem kleinen Ort namens Ocean Grove. Das klingt hübsch, dachten wir kurz nach unserer Ankunft in Amerika. Ocean Grove sollte deshalb unser erstes Ziel am Jersey Shore sein. Es war Sonntagmorgen, und nach einer Stunde Fahrt hatten wir das Städtchen erreicht. Idyllisch und altmodisch-sommerfrisch sah es aus, mit vielen Bäumen, viktorianischen Häuschen und gestreiften Markisen. Auch die Eisdielen und Straßencafés auf der Main Street hatten mit dem *pizza-parlour*-Einerlei anderer Badeorte nichts gemein. Es war allerdings verblüffend wenig los. Die meisten Läden hatten zu. Selbst der Strand war bis auf drei, vier Rettungsschwimmer menschenleer.

Kurz darauf wussten wir warum. An der Treppe, die vom *boardwalk,* der klassischen Holzpromenade, zum Strand hinunterführt, saß unter einem blauen Sonnenschirm ein freundlicher alter Herr im blauen T-Shirt. Er ließ uns nicht durch. »In Ocean Grove«, sagte er, »geht man am Sonntagmorgen zur Kirche.« Der Strand werde deshalb sonntags erst um 12.30 Uhr freigegeben. Und tatsächlich: Ab kurz nach zwölf trudelten die ersten Badegäste ein, ließen sich mit ihren Klappstühlen auf den Holzplanken nieder und warteten. Bald glich die Promenade einem Bahnsteig während der Rush Hour. Pünktlich um 12.30 Uhr strömte die Menge dann Richtung Meer – und im Handumdrehen sah es hier genauso aus wie an jedem anderen Strand an einem sonnigen Sonntagnachmittag.

Ocean Grove ist ein Ort der Religionsausübung. 1869 erwarben Methodisten hier ein Stück Land und gründeten ein Sommerlager der Erweckungsbewegung. Aus der gesamten Mittelatlantik-Region von New York bis Philadelphia kamen evangelikale Christen nach Ocean Grove. Sie übernachteten in Zelten, feierten Gottesdienste unter freiem Himmel und teilten ihre Bekehrungserlebnisse. 1894 wurde das Auditorium fertiggestellt, ein imposantes Holzgebäude für bis zu 10 000 Menschen. Bald kannte man den Ort als »Queen of Religious Resorts«. Und noch heute ist er im Besitz der methodistischen Ocean Grove Camp Meeting Association, die für jeweils 99 Jahre Land an private Hausbesitzer und Unternehmen verpachtet.

Gut 100 Jahre lang konnte die Stadt einen Sonderstatus mit eigenen Gesetzen und Institutionen aufrechterhalten. Sie hatte ihr eigenes Gericht und ihre eigene Polizei. Sonntags wurden die Zufahrten zu den Häusern mit Ketten abgesperrt, weil keine Autos auf den Straßen fahren durften. Dann entschied New Jerseys Oberstes Berufungsgericht: Die Gründungscharta der Gemeinde ist verfassungswidrig. »In Ocean Grove sei die Kirche der Staat, und der Staat sei die Kirche«, hieß es darin – aber laut Verfassung der USA müssen Kirche und Staat grundsätzlich getrennt sein. So steht es in der *Bill of Rights,* jenen zehn Zusatzartikeln zur Verfassung, von denen der erste seit 1791 die Freiheit der Rede, der Presse und der Religion garantiert. 1981 wurden Polizeibehörden und Gericht in Ocean Grove aufgelöst. Für die Rechtssicherheit ist seitdem die übergeordnete Nachbargemeinde Neptune zuständig. Auch das Sonntagsfahrverbot fiel. Was verboten bleibt, ist der Verkauf und Ausschank alkoholischer Getränke – und das Strandleben am Sonntagmorgen.

Religionsfreiheit bedeutet, dass jeder nach seiner – oder eben auch nach keiner! – Religion leben kann. Für große Teile der späteren USA traf das schon während der Kolonialzeit zu; deshalb haben hier seit jeher besonders viele religiöse Gemeinschaften aus anderen Teilen der Welt Zuflucht gefunden. Zuerst waren dies vor allem protestantische Gruppen, die in Europa verfolgt wurden. Von Anfang an dominierte aber nicht eine Kirche; vielmehr mussten die unterschiedlichsten Glaubensgemeinschaften miteinander oder zumindest nebeneinander leben. Seit den großen Einwanderungswellen des 19. und 20. Jahrhunderts sind in Amerika fast alle Religionen der Welt vertreten. Auch neue Kirchen sind hier entstanden, zum Beispiel die Mormonen und die *Christian Scientists,* die Christliche Wissenschaftskirche (nicht zu verwechseln mit der Scientologen-Sekte). Es gilt die Faustregel: Solange sich die Anhänger einer Kirche oder Glaubensgemeinschaft im Rahmen der säkularen Gesetze bewegen, werden sie in Ruhe gelassen. Das ging und geht selten ohne Interessenkonflikte, aber auch nie ohne ein Mindestmaß an Kompromissbereitschaft. Gerade im Alltag ist religiöse Toleranz den Amerikanern deshalb in aller Regel heilig.

Ein Resultat dieser Toleranz sind Nischenexistenzen, von denen einzelne die Jahrhunderte überdauert haben. So leben zum Beispiel die Amischen noch immer weitgehend abgeschieden von den »Englischen« in ländlichen Regionen. Es sind die rund 220 000 Nachfahren einer Glaubensgemeinschaft aus Südwestdeutschland und der Schweiz, die im 17. Jahrhundert nach Pennsylvania ausgewandert war. Sie sprechen Pennsylvania-Deutsch und fahren mit Pferdekutschen *(buggys)* statt Autos. Bei der Fahrt durch Lancaster County in Pennsylvania, wo derzeit etwa 25 000 Amische leben, fühlt man sich bisweilen wie auf einer Zeitreise in die Vergangenheit, wenn Frauen mit Hauben und langen Kleidern einen Pferdepflug über das Feld führen oder Männer mit Strohhüten in reiner Handwerksarbeit eine Scheune errichten.

Dass die Amischen moderne Technik ablehnen, stimmt aber

nur noch bedingt. Wo technischer Fortschritt der Gemeinschaft nutzt, ist er sogar willkommen. So lehnt man Telefone und Rechner zwar als Privatbesitz ab. Doch Bürocomputer und Telefonhäuschen, die sich mehrere Familien teilen, sind durchaus üblich. Auch der Kontakt der Amischen zur Außenwelt ist zuletzt intensiver geworden, denn gerade die wachsenden Gemeinschaften im Lancaster County sind auf Handel und Tourismus angewiesen. Bislang geht es aber stets um graduelle Anpassungen und nicht darum, die religiös bedingte Eigenart grundsätzlich aufzugeben.

Ein Extrem ganz anderer Art ist Flushing, ein Viertel im New Yorker Stadtbezirk Queens. Hier finden sich auf engstem Raum so viele Kirchen, Moscheen und Tempel wie vielleicht nirgends sonst in den USA. Ein Spaziergang durch Flushing führt an etwa 150 christlichen Kirchen vorbei, außerdem an 30 buddhistischen und sieben Hindu-Tempeln, sechs Synagogen, vier Moscheen, an zwei religiösen Schulstätten der Sikhs, zwei Taoisten-Tempeln und einem Zentrum der Falun-Gong-Sekte. Dass sich die Glaubensstätten hier derart ballen, hat mehrere Gründe: Als Wohngebiet mit guter Verkehrsanbindung an Manhattan lockte Flushing in der ersten Hälfte des 20. Jahrhunderts viele Einwanderer an. Zugleich war hier die Einrichtung von Gotteshäusern auch in Wohn- oder Geschäftsgebäuden zumindest nicht ausdrücklich verboten – eine Lücke im Bebauungsplan, die viele Glaubensgemeinschaften ausnutzten. Der Historiker R. Scott Hanson, der ein Buch über das Viertel geschrieben hat, nennt Flushing »das vielleicht überzeugendste Argument der Welt für religiösen und ethnischen Pluralismus«.

Im amerikanischen Alltag ist die Religion ganz selbstverständlich präsent. So schicken unsere jüdischen Nachbarn ihre Kinder am Wochenende zur *Hebrew School*, weil es an den öffentlichen Schulen keinen Religionsunterricht gibt. Wenn die Fußballmannschaft meines Sohnes an einem Sonntagmorgen ein Ligaspiel hat, fehlen immer einige Teamkameraden, weil sie mit ihren Familien sonntags zur Kirche gehen. Man macht aber keine große Sache daraus, und in geselliger Runde wird das Thema Religion eher gemieden. Auf einer Party erzählte einmal eine Bekannte, die einer evangelikalen Gemeinde angehört, sie wolle ihre Tochter künftig zu Hause unterrichten. Die Schulen, ob staatlich oder privat, vermittelten die falschen Werte, begründete sie ihren Entschluss. Auch widersprächen Teile des Lehrstoffs ihrem Glauben. Sofort entspann sich eine lebhafte Diskussion über die praktischen Vor- und Nachteile des *home schooling*. Die Glaubensfrage wurde aber von niemandem mehr erwähnt.

Diese Diskretion im Privaten heißt allerdings nicht, dass in der Öffentlichkeit nicht oft und heftig über politische Positionen gestritten würde, die religiös motiviert sind. Jeder religiöse Fanatiker darf in den USA laut und ungestraft seine Meinung sagen – solange er niemand anderen daran hindert, dasselbe zu tun. Der Staat hingegen muss in Religionsdingen streng neutral bleiben. Nichts irritiert Amerikaner deshalb mehr als der Vorwurf, ihre Politik sei zu stark von religiösen Einflüssen geprägt. Und das sagen ausgerechnet die Deutschen, deren Staat als Handlanger der großen Kirchen von seinen Bürgern Kirchensteuern kassiert?, fragen sie sich verwundert. In den Vereinigten Staaten wäre das undenkbar. Hier sind schon religiöse Symbole im öffentlichen Raum verpönt. Regelmäßig geben die Gerichte Klägern recht, die sich gegen Kreuze in Schulgebäuden oder Abschriften der Zehn Gebote an Rathauswänden wehren. Selbst mitten in der Mojave-Wüste musste auf einem Denkmal für Gefallene des Ersten Weltkriegs ein großes Kreuz zeitweilig unter einem Holzverhau verborgen werden. Der *Supreme Court* sollte klären, ob das Kreuz hier zu Recht als neutrales Symbol für Tod und Aufopferung stand, oder ob es als – unzulässiges – Emblem des christlichen Glaubens vom öffentlichen Grund und Boden entfernt werden müsse. Zu einem klaren Grundsatzurteil konnten sich die Verfassungsrichter dann aber nicht durchringen. Der US-Kongress fand schließlich eine pragmatische Lösung. Man erklärte das Kreuz samt dem Felsen, auf dem es steht, kurzerhand zum Nationaldenkmal – und arrangierte dann einen Gebietstausch mit dem Privateigentümer eines Nachbargrundstücks. Seitdem steht das Mojave Memorial Cross wieder ohne Holzverhau auf seinem – nunmehr privatisierten – Felsen.

Offizielle Statistiken zur Religionszugehörigkeit werden in den USA nicht geführt. Auch das gehört zur Zurückhaltung des Staates in Glaubensdingen. Verlässliche Zahlen sind deshalb schwer zu bekommen. In Umfragen bezeichnen sich derzeit noch sieben von zehn erwachsenen US-Bürgern als Christen. 1990 waren noch fast neun von zehn. Der Anteil der anderen Religionen hat sich dagegen leicht erhöht; er ist mit knapp sechs Prozent aber immer noch relativ klein. Darunter sind die Amerikaner jüdischen Glaubens mit knapp zwei Prozent die größte Gruppe. Der Anteil der Moslems liegt unter einem Prozent.

Zwei Faktoren haben die religiöse Landkarte zuletzt stark verändert: die Einwanderung – und ein Trend zum Religionswechsel. So hat die katholische Kirche durch Einwanderer aus Lateinamerika seit 1990 im Südwesten und in Florida Millionen Mitglieder dazugewonnen, gleichzeitig aber in anderen Regionen große Teile ihrer alten Klientel eingebüßt. Unter dem Strich verlieren alle traditionellen Konfessionen. Fast jeder zweite erwachsene Amerikaner hat im Laufe seines Lebens mindestens einmal die Religion gewechselt, oft von der Kirche seiner Eltern zu einer modernen evangelikalen Gemeinde. Ein anderer starker Trend führt ganz weg vom Glauben: 23 Prozent bezeichnen sich in Umfragen inzwischen als nicht religiös. Das sind doppelt so viele wie noch 1990. Ausgerechnet im puritanischen Neuengland geht nur noch einer von fünf Einwohnern wöchentlich zum Gottesdienst – weniger als in allen anderen Regionen. Dass die Entwicklung in den USA trotzdem nicht mit der Erosion des christlichen Glaubens in vielen europäischen Ländern zu vergleichen ist, liegt auch am Angebot: Auf dem Markt der Religionen haben die Amerikaner einfach die größere Auswahl. Und gerade in den letzten Jahrzehnten waren innovative Glaubens-Unternehmer auf diesem Markt extrem erfolgreich.

Lee McFarland zum Beispiel gab 1996 seinen gut bezahlten Managerposten beim Software-Riesen Microsoft auf, um als evangelikaler Pastor in Surprise, Arizona, eine neue Kirche aufzubauen. Das geistige Rüstzeug dafür stammte aus einem Seminar von Rick Warren, einem modernen Großmeister der evangelikalen Kirchengründung aus Kalifornien. Surprise hatte damals 15 000 Einwohner und bestand fast ausschließlich aus Neubau-Wohngebieten. Junge Familien ließen sich dort wegen des guten Jobangebots in der Metropolregion um Phoenix nieder. Tiefe Wurzeln hatte hier keiner. Auf das Wort Kirche reagierten die meisten ablehnend, wie McFarland bald feststellte. Die Leute verbanden Kirche mit dem Zwang zu feiner Kleidung, die sie nicht tragen wollten, mit lästigen Spendenaufrufen – und mit Predigten, die mit ihrem Leben nichts zu tun hatten.

McFarland nannte seine Kirche Radiant, »die Leuchtende«. Im August 1997 verschickte er Tausende Flugblätter, mit denen er zum ersten Gottesdienst einlud. »Glauben Sie, dass Kirchen langweilig sind, Moralpredigten halten und nur Ihr Geld wollen?«, hieß es darin. »Bei Radiant hören Sie Rockmusik und eine positive, relevante Botschaft. Kommen Sie so, wie Sie sind. Wir wollen nicht Ihr Geld. Ihre Kinder werden begeistert sein!« 147 Neugierige fanden sich ein. McFarland trug ein Hawaiihemd zu Jeans und Turnschuhen. Seine Predigt drehte sich darum, wie man ein besseres Verhältnis zu Freunden und Verwandten bekommt. Wenige Monate später kamen bereits 500 Gläubige zu seinen Gottesdiensten. Zehn Jahre nach der Gründung begrüßte McFarland an jedem Wochenende 5000 in seiner Kirche. Radiant war zur *megachurch* geworden, einer modernen Form der Erweckungsbewegung.

Rund 1300 solcher Megakirchen mit jeweils mindestens 2000 Gottesdienst-Teilnehmern gibt es in den USA, etwa 50 davon haben sogar mehr als 10 000 Mitglieder. Die meisten stehen an ähnlichen Orten wie Surprise. Sie haben keinen Kirchturm, keine ehrfurchteinflößenden Portale. Ihre nüchterne Architektur erinnert eher an Konsumtempel als an Gotteshäuser, und ebenso wie Shoppingmalls sind *megachurches* nur mit dem Auto zu erreichen. Drinnen gibt es Gratis-Donuts, Fastfood und Café Latte – nicht selten sogar als *Drive-Thru.* Kinder locken die Kirchen mit Videospielkonsolen, den Eltern bieten sie Erziehungs-Workshops an. Die Schwelle zwischen Alltag und Kirche soll so niedrig wie möglich sein. »McChurches«, Schnellimbisse für Fastfood-Religion, werden die Megakirchen oft genannt. »Der amerikanische Glaube ist auf die amerikanische Kultur gestoßen«, schreibt der Politologe Alan Wolfe in seinem 2003 erschienenen Buch *The Transformation of American Religion,* »und die amerikanische Kultur hat gewonnen.« Entsprechend tritt das religiöse Angebot auf: Die Predigten sind Lebensberatung im Talkshow-Format, von Lichtorgeln und Popmusik begleitet. Betont wird, ganz in der evangelikalen Tradition, die individuelle Entscheidung für den Glauben. Niemand soll sich durch eine Institution oder ein formales Glaubensbekenntnis bedrängt fühlen.

In Europa neigt man dazu, in der Bewegung der Evangelikalen und in den Megakirchen eine Gefahr für die US-Gesellschaft zu sehen. Wir Europäer beachten in erster Linie die abstoßenden Extreme dieser Form der Religiosität: Wenn fanatische christliche Abtreibungsgegner Anschläge auf Kliniken und Ärzte verüben, die Schwangerschaftsabbrüche anbieten. Oder wenn Fernsehprediger gegen Homosexuelle hetzen wie der ehemalige Präsident der National Evangelical Association, Ted Haggard – ein Scheinheiliger, der 2006 zurücktreten musste, weil seine eigene Liaison mit einem homosexuellen Prostituierten aufflog. Solche Geschichten passen nur zu gut zum Klischee von den »bigotten« Amerikanern, die angeblich für religiösen Fundamentalismus besonders anfällig sind.

Vor allem in den 1980er und 1990er Jahren wuchs der Einfluss der sogenannten religiösen Rechten auf Gesellschaft und Politik. Nicht zufällig hat US-Präsident Ronald Reagan seine Rede, in der er die Sowjetunion als »Reich des Bösen« bezeichnete, 1983 vor

Evangelikalen gehalten, und auch George W. Bush sprach mit seiner Kampfansage an die »Achse des Bösen« – Irak, Iran und Nordkorea – nach dem 11. September 2001 gezielt dieses Publikum an. Die Christian Coalition of America, der politische Dachverband der religiösen Eiferer, verhalf Bush und den Republikanern zweimal zur Macht in Washington. Die Allianz zwischen der Bush-Regierung und der religiösen Rechten war ein Grund für die Entfremdung zwischen den USA und Europa während dieser Zeit. 2009 schuf Christian-Coalition-Gründer Ralph Reed eine zweite Organisation der religiösen Rechten – diesmal, um evangelikale Wähler für die rechtspopulistische Tea-Party-Bewegung zu mobilisieren. Auf die Unterstützung dieser Faith & Freedom Coalition konnte zuletzt auch Donald Trump zählen, obwohl sich viele Evangelikale mit dem mehrfach geschiedenen, so gar nicht fromm auftretenden New Yorker schwertun.

Differenzierungen und Grautöne haben im Weltbild evangelikaler Fundamentalisten keinen Platz. Es geht um Gut und Böse, Schwarz oder Weiß, oft buchstäblich um Leben und Tod. Im Kampf gegen das Böse sind alle Mittel recht. Das zeigte sich zum Beispiel in der Debatte um die Einführung einer allgemeinen Krankenversicherung. Die Regierung in Washington wolle staatliche »Todeskomittees« einrichten, um Alten und Behinderten »lebensunwertes Leben« zu bescheinigen und ihnen die medizinische Versorgung zu verweigern, behaupteten Vertreter der religiösen Rechten damals. Selbst Naturkatastrophen wurden von evangelikalen Hardlinern schon zu – politischen – »Zeichen Gottes« umgedeutet: Als im Sommer 2011 auf den Hurrikan Irene an der Ostküste ein Erdbeben in Virginia folgte, ließ die republikanische Politikerin Michele Bachmann verlauten, Gott sei zornig, weil Amerikas Bundesregierung sich zu »morbider Fettleibigkeit« aufgebläht und ein gigantisches Haushaltsdefizit angehäuft habe.

Doch selbst wenn sich in Umfragen bis zu einem Drittel aller erwachsenen US-Bürger als evangelikale oder »wiedergeborene« Christen bezeichnen, heißt das noch nicht, dass sie durch die Bank der religiösen Rechten zuzuordnen sind. Das gilt ganz besonders für die jüngere Generation. Auch sie mag gegen Abtreibung und Homo-Ehe sein, aber die Neigung zum politischen Kreuzzug ist weniger ausgeprägt als bei älteren Evangelikalen. Viele engagieren sich inzwischen eher für Umwelt und Klimaschutz oder im Kampf gegen die Armut. In New York traf ich einmal eine 19-jährige Studentin aus Iowa, die ehrenamtlich bei einer Hilfsorganisation für Flüchtlinge arbeitete. »Christus will, dass ich meine Energie einsetze, um anderen zu helfen – und nicht, um andere zu verteufeln«, sagte sie. An ihrer Tasche steckten zwei Plaketten. Die eine verkündete: »Jesus loves you«. Die andere war ein Souvenir: »Obama 08« auf blau-weiß-rotem Grund.

Im 21. Jahrhundert sind auch die *megachurches* längst nicht mehr nur für weiße, konservative Mittelklasse-Protestanten attraktiv. Die Lakewood Church in Houston zum Beispiel ist eine rassenübergreifende und multi-ethnische Kirche. Ihre Anhänger sind etwa zu gleichen Teilen Weiße, Afro-Amerikaner und Latinos. Mittlerweile hat die größte amerikanische Megakirche in einem ehemaligen Stadion des Basketballteams Houston Rockets ihren Sitz. Ihr führender Pastor Joel Osteen ist ein Medienstar. Jedes Wochenende predigt er vor 40 000 Besuchern. Fernsehen und Internet verbreiten seine Botschaft in aller Welt. Osteen hat mehrere Bücher geschrieben; eines heißt in der deutschen Übersetzung: *Lebe jetzt! Beginnen Sie heute Ihr bestes Leben.* Seine *megachurch* ist ein Konzern im Mega-Business der amerikanischen Popkulturindustrie.

Als Prototyp der modernen Riesenkirchen gilt Willow Creek in South Barrington, einem Vorort von Chicago. 1981 hielt Kirchengründer Bill Hybels, ein evangelikaler Pastor, die erste Predigt in seinem neuen Gebäude mit gut 4500 Sitzplätzen. Heute hat Willow Creek mehr als 7000 Plätze und zählt im Schnitt 26 000 Besucher pro Woche. Im Auditorium ist Pastor Hybels auf Videoschirmen bis in den letzten Winkel gut zu sehen. Wenn die Kinder zur Sonntagsschule kommen, legen sie am Eingang ihren Zeigefinger auf einen Computerbildschirm: Einchecken per Fingerabdruck-Scanner. So werden endlose Warteschlangen vermieden, ohne dass die Sicherheit leidet, wie IT-Direktor Mike Gold im Magazin *CIO Inside* erläuterte:»Es muss schnell gehen, wenn Sie es mit 3000 Kindern zu tun haben.« Sein Jahresbudget für Technologie in Willow Creek gab er mit mehr als einer Million Dollar an.

Der jüngste Trend bei den *megachurches* heißt Satellitenbildung. Die Kirchen wachsen weiter, aber niemand kann Gotteshäuser für 100 000 Gläubige bauen. Deshalb werden nun Filialen gegründet. Vorreiter war hier die Seacoast Church aus einem Vorort von Charleston, Georgia. Heute hat sie mehr als ein Dutzend Ableger; auch ein Internetcampus zählt dazu. Über Videoleinwände spielen die Seacoast-Pastoren sonntags die Predigt ein, die der leitende Pastor am Samstagabend in der Hauptkirche aufgezeichnet hat. Nach diesem Vorbild bilden inzwischen auch unabhängige Kirchen Netzwerke und teilen Ressourcen, um Kosten zu sparen. Wichtig ist den Megakirchen, dass sie eigenständig bleiben, überkonfessionell und offen für alle, die mitmachen wollen. »Doing church« statt »going to church«, heißt es hier. Auch das ist in Amerika nichts Neues: Vor allem im Westen zog es schon zu Zeiten der *Frontier* die Massen eher zu einem passionierten Prediger in der freien Prärie als zu dem studierten Theologen auf der Kanzel.

Die Megakirchen wenden sich an ein Publikum, das Großformate in allen Lebensbereichen gewohnt ist: Finanzkonzerne, Vorstadt-Highschools mit mehreren tausend Schülern, gigantische Shoppingmalls. Mit ihrer Technikaffinität und ihrem Netzwerkcharakter sprechen sie die Internetgeneration an. Und während ihre Prediger spirituelle Bedürfnisse bedienen, füllt ihr Dienstleistungsangebot von der Kinderbetreuung bis hin zur Schuldnerberatung jene Lücken, die der Staat heute an so vielen Orten lässt. Als der Hurrikan Katrina 2005 Teile der Golfküste im Südosten der USA verwüstete, nutzte zum Beispiel die Willow-Creek-*megachurch* das Netzwerk ihrer mehr als 11 000 Mitgliedskirchen für schnelle Hilfe. Per E-Mail und Internet-Telefonnetz koordinierte sie den Einsatz von Freiwilligen und sammelte innerhalb kürzester Zeit Spenden in Höhe von 865 000 Dollar ein.

Ist diese Form der Religion die logische Endstation für den christlichen Glauben in den USA? Wohl kaum. Auch sie ist letztlich wohl nichts anderes als einer dieser ex-urbanen Orte, wo die meisten Megakirchen stehen: eine Durchgangsstation auf der Suche nach der nächsten, noch besseren Gelegenheit.

Im Rekordtempo wächst derzeit zum Beispiel eine Megakirche, die ganz ohne traditionelle Gotteshäuser und Katechismus auskommt: die Universal Life Church (ULC), Amerikas größte Internetkirche mit Sitz in Kalifornien. Sie soll weltweit bereits 20 Millionen Mitglieder haben. Darunter sind auch Prominente wie die Sängerin Lady Gaga, der Komiker Stephen Colbert und Ex-Beatle Paul McCartney. Ihr Erfolgsgeheimnis verrät die Onlinekirche bereits auf der Startseite: »Lassen Sie sich innerhalb von Minuten ordinieren, um Verwandte und Freunde zu trauen!«. Tatsächlich erhält im Handumdrehen die Weihe zum Laienpriester, wer ein kurzes Online-Formular ausfüllt und seine E-Mailadresse angibt. Weder ein Glaubensbekenntnis noch theologische Kenntnisse werden verlangt. Und weil der Handel mit kirchlichen Ehrentiteln in Amerika völlig legal ist, schickt die Kirche für umgerechnet 30 Euro noch ein Zertifikat dazu. Damit kann man Trauungen vollziehen, die in den meisten US-Staaten rechtsgültig sind.

Denn darum geht es im Kern: Religion zum Selbermachen, ganz nach individuellem Bedarf und in erster Linie für solche Ereignisse im Leben, die traditionell eine religiöse Zeremonie erfordern, wie eben Hochzeiten. Gegründet wurde die ULC schon 1959 von dem umstrittenen Pastor Kirby Hensley als eine egalitäre Kirche, in der jeder als Laienprediger auftreten, Kinder taufen und Ehen schließen durfte. Ihren ersten Boom erlebte sie Ende der 1960er Jahre, als das Gerücht aufkam, ordinierte ULC-Pastoren würden nicht zum Vietnamkrieg eingezogen. Den jüngsten

Erfolg verdankt diese Kirche aber nicht nur dem Internet, sondern auch der beliebten US-Fernsehserie *Friends:* Nachdem Joey in einer Episode Anfang 2001 seine Freunde Monica und Chandler als online-ordinierter Amateurpfarrer getraut hatte, kam diese private Zeremonie groß in Mode.

Dazu passt das Ergebnis einer Umfrage, die das Washingtoner Pew Forum on Religion & Public Life Ende 2009 veröffentlicht hat. Demnach mischt sich mindestens jeder vierte Amerikaner seine Religion inzwischen selbst. Auch esoterischen Beigaben ist man dabei nicht abgeneigt. Man beschreibt sich selbst als Protestant, besucht aber ab und zu auch katholische Messen. Gleichzeitig lässt man sich Horoskope erstellen, glaubt an Wiedergeburt oder praktiziert Yoga auf spiritueller Ebene. Wenn es um Religion geht, hieß es in der Zeitung *USA Today,* seien die USA heute das Land der freien Mitarbeiter. »Faith in Flux«, nennt es das Pew Forum – der Glaube ist im Fluss.

### Steubenparade: Deutsche in Amerika

»How German is American?« (Schulprojekt des Max-Kade-Instituts an der Universität Wisconsin-Madison, 2005)

Erwähnt man auf einer Party im Einwanderungsland USA, dass man aus Deutschland kommt, gibt es fast immer ein Echo – ganz egal, ob es sich um ein Nachbarschaftsfest in einem Washingtoner Vorort handelt, um eine Vernissage in San Francisco oder um eine Firmenparty in Cedar Rapids, Iowa. »Mein Urgroßvater war Deutscher!«, heißt es dann, »die Familie meines Mannes ist aus Hamburg ausgewandert«, oder auch: »Ich war zwei Jahre in Frankfurt, bei der US-Armee. Ich wollte dahin, weil meine Oma aus Deutschland stammt.«

Keine andere ethnische Gruppe aus Europa ist in den USA

so zahlreich vertreten wie die *German-Americans*. Jeder sechste US-Bürger gab beim Zensus 2010 an, deutscher Abstammung zu sein; eine hauptsächlich englische Abstammung nannte nicht einmal jeder Zehnte. In 23 Bundesstaaten von Alaska bis Florida waren die deutschstämmigen Amerikaner zumindest bis zur Jahrtausendwende die größte Bevölkerungsgruppe. Der *German Belt* erstreckte sich vom Osten Pennsylvanias über weite Teile des Mittleren Westens bis hinauf nach Oregon. Davon zeugen schon die vielen lokalen Oktoberfeste, aber auch Ortsnamen wie Stuttgart (Arkansas), New Braunsfeld (Texas), Lennep (Montana) oder New Ulm (Minnesota).

1683 gründeten Quäker und Mennoniten aus Krefeld bei Philadelphia den Ort Germantown als erste deutsche Siedlung auf späterem US-Gebiet. Auch in den folgenden Jahren blieb Pennsylvania neben New York das Hauptziel deutschsprachiger Auswanderer. Daher stammt die Bezeichnung *Pennsylvania Dutch* – denn *Dutch* heißt hier nicht »niederländisch«, sondern leitet sich von dem Wort »deutsch« her. Die meisten kamen, weil sie in Europa wegen ihres Glaubens verfolgt wurden. Die größte Einwanderungswelle in die USA rollte jedoch von 1848 bis zum Beginn des Ersten Weltkriegs. Nach der Märzrevolution in den Staaten des Deutschen Bundes flohen Zehntausende nach Amerika. Viele engagierten sich auch hier politisch – zum Beispiel in der Bewegung der Abolitionisten. Im amerikanischen Bürgerkrieg stellten *German-Americans* fast ein Viertel der Unionstruppen. Andere Deutsche trieb die wirtschaftliche Not nach Amerika. Nur noch ein Teil blieb an der Ostküste, viele zogen weiter in den Mittleren Westen oder nach Texas.

Die Deutsch-Amerikaner assimilierten sich, aber das ging nicht von heute auf morgen. Viele wollten ihre Sprache und Kultur bewahren. Es entstanden deutsche Gemeinden, deutsche Schulen und *Germantowns* – deutsche Viertel – in den Städten. Ende des 19. Jahrhunderts erschienen in den USA mehr als 800 deutschsprachige Zeitungen und Zeitschriften. Den ersten kräftigen

Assimilationsschub brachte der Eintritt der USA in den Ersten Weltkrieg 1917. Deutschsprachiger Schulunterricht und Gottesdienst wurde in vielen Staaten verboten. Die Deutsch-Amerikaner gerieten politisch unter Druck, ihr Selbstverständnis als »Bindestrich-Amerikaner« aufzugeben und sich ganz als *Americans* zu bekennen. Im Verlauf des Ersten Weltkriegs wurden Deutsch-Amerikaner an manchen Orten offen angefeindet. Es gab Verbrennungen deutschsprachiger Bibliotheksbestände und vereinzelt sogar Lynchmorde. Solche Ausschreitungen waren während des Zweiten Weltkriegs nicht mehr zu befürchten. Wer in dieser Zeit allerdings in den Verdacht geriet, mit dem Hitler-Regime zu sympathisieren oder gar zusammenzuarbeiten, konnte von den Behörden als »feindlicher Ausländer« verhaftet werden. Insgesamt waren zwischen 1941 und 1948 um die 11 000 Deutsch-Amerikaner und in den USA lebende Deutsche zeitweilig in Lagern interniert.

Während der nationalsozialistischen Herrschaft flohen aus Deutschland Tausende Wissenschaftler, Intellektuelle und Künstler in die USA – als politische Gegner des Hitler-Regimes und / oder weil sie als Juden verfolgt wurden. Zu den Prominentesten zählten der Nobelpreisträger Albert Einstein, der Schriftsteller Thomas Mann, die Philosophin Hannah Arendt, der Regisseur Fritz Lang und die Schauspielerin Marlene Dietrich. Doch der großen Mehrheit der in Deutschland Verfolgten blieben die USA durch das Einwanderungsgesetz von 1924 als Zufluchtsort versperrt. Erst 1945, als der Holocaust in seinem ganzen Ausmaß ans Licht der Weltöffentlichkeit kam, öffnete US-Präsident Harry Truman das Land für die Überlebenden der Konzentrationslager und andere *displaced persons*.

Ab 1945 holten die USA mit den Geheimoperationen *Overcast* und *Paperclip* außerdem herausragende deutsche Forscher und Techniker ins Land, die zuvor für die Nationalsozialisten gearbeitet hatten. Sie sollten den Vereinigten Staaten einen Vorsprung im Wettrüsten mit der Sowjetunion verschaffen. Unter den ersten, die Anfang 1946 nach Amerika verschifft wurden, war der Raumfahrtpionier Wernher von Braun mit seinem Team von über 100 Raketentechnikern. Dass von Braun Mitglied der NSDAP und der SS war, wurde im nationalen Interesse der USA großzügig übersehen. Wie andere *Paperclip Boys* entging er den Nürnberger Prozessen, weil seine Kenntnisse für die neue Supermacht schwerer wogen. Zusammen mit der oben beschriebenen Auswanderung verlagerte sich so in den 1930er und 1940er Jahren fast die gesamte deutsche Wissenschaftskultur nach Amerika.

Heute gehen Deutsche in erster Linie aus Karrieregründen in die Vereinigten Staaten. Wissenschaftler, Mediziner oder Ingenieure können hier mit besseren Arbeitsbedingungen und im Schnitt auch mit einer deutlich höheren Bezahlung rechnen. 136 000 Bundesbürger sind zwischen 2004 und 2013 in die USA ausgewandert. Schätzungen zufolge arbeiten allein an den amerikanischen Hochschulen und anderen Forschungseinrichtungen derzeit rund 20 000 deutsche Akademiker. Für einen großen Teil von ihnen sind die USA mit ihren international führenden Hochschulen und Forschungseinrichtungen allerdings eher Durchlauferhitzer als neue Heimat. Das gilt vor allem dann, wenn sie schon Familie haben.

Thomas, ein Neonatologe aus Berlin, steckte vor einigen Jahren beruflich in der Sackgasse. Er bekam an seiner Klinik nur Zeitverträge und hatte kaum Zeit für die Forschung. Mit einem Stipendium ging er an ein Forschungsinstitut in Washington, D. C. Ellen, seine Frau, hatte gerade das zweite Kind bekommen und nahm Erziehungsurlaub. Insgesamt 18 Monate blieb die Familie in den USA, dann entschied sie sich für die Rückkehr nach Deutschland. Ellen wollte ihre Stelle in Berlin nicht verlieren, und Thomas hatte inzwischen mehrere attraktive Angebote von deutschen Kliniken – unter anderem von seinem alten Arbeitgeber. »Jetzt habe ich eben den richtigen Stempel im Lebenslauf«, sagt er trocken: »IAG – In Amerika Gewesen.«

Auch deutsche Unternehmen entsenden jedes Jahr Tausende

Mitarbeiter in die USA. In einer globalisierten Wirtschaft reicht es nicht mehr aus, Waren oder Dienstleistungen aus Deutschland zu exportieren. Die Firmen müssen auf den wichtigen Märkten selbst präsent sein und produzieren. Insgesamt zieht es derzeit jedes Jahr rund 13 000 Deutsche nach Amerika. Doch geschätzte zwei Drittel bis drei Viertel von ihnen kehren irgendwann wieder in die Heimat zurück.

Die Grenzen zwischen einem zeitlich begrenzten Aufenthalt und dauerhafter Einwanderung sind allerdings fließend. Anja und Ralf aus München zum Beispiel wollten maximal fünf Jahre in New Jersey bleiben, damit Ralf in der Forschungs- und Entwicklungsabteilung von Siemens USA Auslandserfahrung sammeln konnte. Schon als die ersten drei Jahre abgelaufen waren, gab es für ihn aber in München keine passende Stelle mehr – der Siemens-Konzern hatte in der Zwischenzeit viele Arbeitsplätze in der Region abgebaut. Seine Frau hatte sich in Amerika eingelebt, der gemeinsame Sohn ist hier geboren. Statt in der deutschen Provinz noch einmal neu anzufangen, schloss Ralf einen neuen Vertrag mit Siemens USA und ließ die noch in München eingelagerten Familienmöbel nachkommen. Anja hat ihre Stelle als Stadtplanerin bei der Stadt München schweren Herzens aufgegeben, inzwischen aber auch hier Arbeit gefunden. Ob sie tatsächlich Deutsch-Amerikaner werden, bleibt offen.

Obwohl Familien mit deutschen Vorfahren in Amerika so zahlreich sind, spielt die deutsche Sprache hier kaum noch eine Rolle. Muttersprache ist sie als Pennsylvania-Deutsch nur noch dort, wo sich deutschstämmige Religionsgemeinschaften auch mit Hilfe ihrer eigenen Sprache vom Rest der Gesellschaft abgrenzen. Das gilt zum Beispiel für die Amischen in Pennsylvania, Ohio und anderen Staaten, für einige Hutterer im Nordwesten der USA und für die Amana-Kolonie in Iowa. Wer da einmal hinfährt – sehr zu empfehlen! – wird allerdings nicht viel verstehen: Mit modernem Hochdeutsch hat diese Sprache wenig gemein. Sie ist eine Mischung aus Englisch und süddeutschen Dialekten vergangener Zeiten. Das gilt auch für das sogenannte *Texas German,* das noch von einigen Nachfahren deutscher Immigranten in den Hügeln um die Stadt Austin gesprochen wird.

Insgesamt sprechen heute nur noch knapp 1,4 Millionen Amerikaner Deutsch. An den Schulen ist es zwar immer noch die drittpopulärste Fremdsprache nach Spanisch und Französisch. Doch die Abstände zwischen den ersten drei Plätzen sind enorm: Fast alle *middle schools* und Highschools (6. bis 12. Klasse) der USA bieten Spanisch als Fremdsprache an, Französisch immerhin noch fast jede zweite Schule. Doch nur in 14 von 100 dieser Schulen konnte man zuletzt noch Deutsch lernen. Schon bald werden wohl mehr amerikanische Schüler und Studenten Chinesisch lernen als Deutsch – der Prozentsatz der Chinesisch-Angebote hat sich binnen zwölf Jahren vervierfacht.

Hartnäckig hält sich die Legende, wonach Deutsch um ein Haar offizielle Sprache der USA geworden wäre. Das ist aber gleich doppelt falsch. Erstens gibt es in den Vereinigten Staaten keine Amtssprache; das Englische hat diese Funktion nur de facto, weil es traditionell die überwiegend gebrauchte Sprache ist. Zweitens hat eine offizielle Abstimmung darüber nie stattgefunden. Die sogenannte Muhlenberg-Legende entstand im 19. Jahrhundert und besagt, 1794 habe der Kontinentalkongress die Einführung des Deutschen als Amtssprache mit einer Mehrheit von nur einer einzigen Stimme abgelehnt. Den Ausschlag soll das Nein des Deutschamerikaners Frederick Muhlenberg gegeben haben. Tatsächlich stimmte der Kongress damals aber nur über den Antrag einer Immigrantengruppe aus Virginia ab, die mit Rücksicht auf die geringen Englischkenntnisse von Neueinwanderern einige Gesetze ins Deutsche übersetzen lassen wollte. Muhlenberg selbst war bei dieser Sitzung nicht einmal anwesend. Doch wurde ihm später der Kommentar zugeschrieben: »Je schneller die Deutschen zu Amerikanern werden, desto besser.«

Muhlenbergs Kalkül ist aufgegangen. Aus den Deutschen in Amerika sind Amerikaner geworden, und in der amerikanischen

Umgangssprache sind nur eine Handvoll deutscher Lehnwörter übriggeblieben: *kindergarten* (für das Vorschuljahr der Fünfjährigen), *angst* (wie in der Schlagzeile »Angst Over iPhone X on Wall Street«), und *fest* als Synonym für *party* (wie eben in *Oktoberfest*; mit einem Schuss Ironie wird auch eine große öffentliche Grippeimpfung oft als *flu fest* bezeichnet). Auch *zeitgeist, schadenfreude* und *weltschmerz* hört man vereinzelt. Darüber hinaus haben eigentlich nur Lebensmittel deutsche Namen: *sauerkraut, bratwurst, pretzel* – und die zählen irgendwie nicht, weil sie ja selbst deutschstämmig sind.

Das heißt aber nicht, dass die Amerikaner deutscher Abstammung mit der Sprache auch das Interesse an ihren Vorfahren verloren hätten. Nach drei oder vier Generationen geht man oft wieder auf die Suche nach den Wurzeln der Familie. Als ich vor einigen Jahren im Nationalarchiv in Washington forschte, war ich fast jeden Tag als Übersetzerin gefragt. Bei den *German-Americans*, die auf den Passagierlisten der Einwandererschiffe nach ihren Vorfahren suchten, hatte sich herumgesprochen, dass die deutsche Historikerin im Mikrofilm-Lesesaal Sütterlinschrift lesen konnte. Einige hatten zu Hause in den Familienpapieren deutschsprachige Briefe und Dokumente entdeckt. Eine Rentnerin aus Milwaukee war sogar nach München geflogen, um in einem bayerischen Dorfkirchenarchiv nach den Geburtsurkunden ihrer Urgroßeltern zu suchen.

Auch in Princeton bringen mir ab und zu amerikanische Bekannte Schriftstücke zum Übersetzen: eine Entlassungsurkunde aus der preußischen Staatsbürgerschaft, vergilbte Porträtfotos mit handschriftlichen Vermerken oder den Brief einer jungen Frau namens Mathilde vom Februar 1902, die ihren nach New York ausgewanderten Bruder bittet, ihr bei seinem Besuch in Deutschland doch ein Seidenkleid aus Amerika mitzubringen – und einen Ehemann: »Wie ich von Lina höre, sollst du, lieber Nathan, so einen schönen Schwager haben. Bringe denselben mit nach Deutschland, gefällt er mir, so verlobe ich mich mit ihm, dann gehe ich mit nach Amerika, will er dann aber in Deutschland bleiben, so kann er bei uns auch leben.« Ob Mathilde ihr amerikanisches Liebesglück gefunden hat, ist nicht überliefert. Doch mit Hilfe ihrer Briefe und anderer Dokumente hat meine Nachbarin Judi (Mathilde war die Urgroßtante ihres Mannes) 100 Jahre später eine verwandte Familie im Schwarzwald aufgespürt. Judi hat daraufhin einen Deutschkurs an der hiesigen Volkshochschule belegt und ist mit ihrer Tochter nach Deutschland gereist, um die neue Verwandtschaft zu besuchen.

Fast jeder Amerikaner stammt von neuzeitlichen Einwanderern und/oder von Menschen ab, die einst als Sklaven in die Neue Welt verschleppt wurden. Familienstammbäume sind deshalb gefragt. Eine ganze Industrie bietet professionelle Hilfe bei der Ahnenforschung an, zum Beispiel genetische Abstammungsgutachten. Test-Kits für die erforderlichen Speichelproben kann man schon ab 100 Dollar im Internet bestellen. Auch Judi und die von ihr gefundene deutsche Familie machten einen solchen DNA-Test – um sicherzugehen, dass sie nicht doch nur Namensvettern waren.

Über solche persönlichen Verbindungen hinaus ist das Interesse der Amerikaner an Deutschland gering. Selbst eine überregionale Zeitung mit großem Auslandsteil wie die *New York Times* berichtet nur sporadisch darüber, auch wenn uns die Euro- und die Einwanderungskrise in letzter Zeit mehr Schlagzeilen eingebracht haben. Deutschland ist hier nur eines von vielen Ländern in Europa. Als Vorbild für Mode, Esskultur oder Lebensart kann es mit Italien und Frankreich nicht mithalten. Auch der Ruf seiner Bewohner ist nicht gerade spritzig: Meine Freundin Debbi glaubt felsenfest, man könne mich an der ordentlich zusammengelegten Wäsche im Schrank als Deutsche erkennen. Laut Umfragen gelten »wir« immer noch als besonders fleißig und zuverlässig, wenn auch ein bisschen steif, pedantisch und rechthaberisch. Dass ausgerechnet die einst von den Amerikanern und ihren Bündnispartnern befreiten Deutschen heute so vehement gegen militärische Interventionen der USA in anderen Teilen der Welt protestieren, wird zwar mit einer gewissen Irritation registriert. Doch sieht man schon an dem geringen Umfang, in dem die US-Medien das Thema überhaupt behandeln, wie wenig Deutschland aus Sicht der USA in weltpolitischen Fragen zählt. Auf der Rangliste der beliebtesten Länder wird Deutschland von den Amerikanern trotzdem zuverlässig unter den ersten Fünf platziert.

Vor allem aber ist *made in Germany* noch immer ein Qualitätsausweis. Das gilt für Industriemaschinen, für Autos von Volkswagen bis Porsche (auch wenn das Ansehen von VW durch den Skandal um manipulierte Abgaswerte gelitten hat), für Miele-Staubsauger und andere Haushaltsgeräte, mittlerweile aber auch für Solaranlagen und Umwelttechnik. *German engineering* ist ohnehin hoch angesehen, seit der in Preußen geborene Bauingenieur und Architekt John – vormals Johann – August Roebling im 19. Jahrhundert die Brooklyn Bridge entworfen hat. Bereits 100 Jahre zuvor hatte ein Offizier Friedrichs des Großen für die Bewunderung preußischen Organisationstalents gesorgt: General Friedrich Wilhelm von Steuben baute aus der Kolonistentruppe George Washingtons jenes schlagkräftige Heer auf, das die Engländer im Unabhängigkeitskrieg besiegte. Mit der Steubenparade, einem Festumzug auf Manhattans Fifth Avenue, wird jedes Jahr im September in seinem Namen das deutsch-amerikanische Erbe gefeiert. Kleinere Varianten dieses Festumzugs mit Trachtengruppen und Blasmusik gibt es auch in Philadelphia und Chicago.

Das war so, ist so – doch ob es auch immer so sein wird, ist bei Amerikas demographischer Dynamik zumindest nicht garantiert. Der Gegner ist die Marginalisierung – das haben schon die Organisatoren des *Von Steuben Day* in Chicago erfahren. Dort musste die Parade aus der Innenstadt weichen. Statt unter der Loop-Hochbahn findet der Festzug seit einigen Jahren in einem traditionell deutsch-amerikanischen Viertel im Norden Chicagos statt – obwohl, wie das Magazin *Time Out Chicago* notierte, »das deutsche Flair dieses North-Side-Viertels heutzutage nicht mehr so leicht aufzuspüren ist«. Das gilt übrigens auch für das neue deutsch-amerikanische Einwanderungsmuseum in Washington, D.C. Es steht in einem Viertel der Hauptstadt, wo im 19. Jahrhundert rund 4000 deutsche Einwanderer wohnten. Doch Washingtons Germantown ist Vergangenheit. Seine Deutsch-Amerikaner haben sich längst im großen Schmelztiegel der USA verloren. Neue Immigranten sind nachgerückt. Und deshalb findet man das Museum der deutschen Einwanderer heute mitten in – Chinatown.

# Stadt, Land, *suburb:* Bauen, Wohnen und Mobilität

»Home ownership has long held a place in the American pantheon, right up there with baseball and apple pie.« (Vincent J. Cannato, A Home of One's Own, *National Affairs*, Frühjahr 2010)

Es heißt, dass eine einzige Unterschrift von Dwight D. Eisenhower für die moderne Lebensweise der Amerikaner folgenreicher war als alle Entwürfe von Architekten und Stadtplanern zusammen: Als der 34. US-Präsident 1956 den *Federal-Aid Highway Act* unterzeichnete, machte er den Weg frei für den Bau von 66 000 Autobahn-Kilometern kreuz und quer durch die USA. Das neue Netz der *Interstates* sollte Industrie und Handel unterstützen. Es sollte auch eine schnelle Evakuierung der Großstädte möglich machen – in den Zeiten des atomaren Wettrüstens rechnete man damit, dass jederzeit sowjetische Nuklearsprengköpfe in Amerikas Stadtzentren detonieren könnten.

Doch am Ende haben die neuen Autobahnen eine Evakuierung ganz anderer Art begünstigt: Auf ihnen verließ die weiße Mittelklasse in ihren Chryslers, Fords und Dodges die Großstädte und zog in die *suburbs.* Einzelhandel, Serviceunternehmen, Jobs und öffentliche Einrichtungen folgten ihr. Was in den USA explodierte, waren keine Interkontinentalraketen. Es war *the sprawl.*

Die Initialzündung lieferte vermutlich eine Präsentation mit dem Titel *Highways and Horizons* auf der Weltausstellung 1939/40 in New York. »Kommt, wir reisen in die Zukunft!« – mit diesem Slogan lockte der Autokonzern General Motors Millionen Amerikaner in seinen Pavillon. Dort war das *Futurama* aufgebaut, ein Modell des modernen Lebens im Jahr 1960, so groß wie ein Fußballfeld. Auf bequem gepolsterten Sesseln glitten die Besucher automatisch daran vorbei. Sie sahen Städte mit fantastischen Wolkenkratzern, vollautomatisierte Farmen, gigantische Industriegebiete, Flughäfen mit drehbarer Startbahn, ausgedehnte Freizeit- und Erholungsanlagen. Auch das Modell des *suburban life* wurde hier vorgestellt: breite Straßen, geräumige Einfamilienhäuser mit großzügigen Gärten und Garagen – und ein Auto für jeden Einzelnen. Eisenbahnen waren passé. Statt Schienenwegen vernetzten 14-spurige *express highways* Stadt und Land. Vorbei die Zeiten der drangvollen Enge in Amerikas Städten, die Zukunft gehört der Vorstadt – und dem Automobil!

Die Amerikaner hatten die Große Depression noch in den Knochen. Das *Futurama* ließ die Herzen höher schlagen. Jeder zehnte US-Bürger soll die Show gesehen haben. »Ich wollte nicht wieder aufwachen«, schwärmte ein Reporter im *Harper's Magazine.*

Statistisch ist die darauf folgende Zersiedelung Amerikas gut vermessen. Zwischen 1950 und 1990 verdoppelte sich die Einwohnerzahl der Großstadtregionen. Im selben Zeitraum aber wuchs die Fläche, auf der diese urbane Bevölkerung lebte, fast um das Fünffache. Und jedes Jahr schlucken seitdem neue Einkaufszentren, Wohn- und Gewerbegebiete weitere 800 000 Hektar Äcker und Weiden, Wald und anderes ungenutztes Land. Das Netz der öffentlichen Verkehrsmittel hält fast nirgends mit dem *urban sprawl* Schritt. Deshalb sitzt man immer länger am Steuer: Die durchschnittliche amerikanische Vorstadt-Familie bringt es auf zehn Autofahrten pro Tag.

Der Trend zum Wohnen im Grünen ist nicht mehr ungebrochen. Aber er ist auch längst nicht vorbei. Das hat verschiedene Gründe. Erstens liegt es sozusagen in den amerikanischen Genen, dicht besiedelte Gebiete immer wieder hinter sich zu lassen. Zweitens war die Stadtflucht eine sich selbst verstärkende Bewegung. Je weiter die Innenstädte verarmten und in Ghettos zerfielen, desto mehr galt: Wer immer es sich leisten konnte, versuchte sich mit einem Haus in den *suburbs* mehr Sicherheit, bessere

Schulen und eine saubere Umwelt zu erkaufen. Dort können – drittens – die monatlichen Raten für ein Eigenheim günstiger sein als eine Miete. Mieten ist in den USA ohnehin so eine Sache: Meist bekommt man jeweils nur einen Jahresvertrag; die Kündigungsfristen sind kurz.

Doch anders als viele deutsche Häuslebauer hängen Amerikaner selten mit Leib und Seele an einem bestimmten Eigenheim. Denn die eigene Immobilie ist für sie weit mehr als ein *home*. Sie dient vor allem der finanziellen Absicherung – und zugleich der sozialen Mobilität. Dieses Prinzip hat für einen großen Teil der US-Bevölkerung so lange funktioniert, bis seine Überreizung den Amerikanern die schwerste Rezession seit dem Zweiten Weltkrieg, ja seit 1929 beschert hat.


### *Homestead:* Häuser als Sozialversicherung

»Save Your Rent Money. Get Close to Nature. Give the Kiddies a Chance. Be Independent in Old Age. Own Your Own Home.« (Werbung des Versandhauses Sears, Roebuck & Co. für seine Fertighaus-Modelle der Marke Honor Bilt, 1926)


Ben ist Internist und meistens ziemlich geschafft, wenn er aus seiner Arztpraxis nach Hause kommt. Nach dem Abendessen, sobald die Kinder im Bett sind, zieht er sich dann gern zurück und holt sich aus dem Internet verlockende Objekte auf den Bildschirm. Sie sind mit Attributen wie *desirable, sleek, stunning* und *breathtaking* beschrieben: Traumhäuser in Parklandschaften mit Swimmingpool; Landsitze mit Säulenhalle und geschwungener Treppe, mit Chef-Küche *made in Germany* und fünfeinhalb Badezimmern. Nicht, dass Ben derzeit wirklich ein neues Domizil suchte, schon gar nicht eins für drei, vier Millionen Dollar. Gerade erst hat er mit seiner Frau ein größeres Haus gekauft. Aber der kleine Kick kostet ja nichts. Und wer weiß, eines Tages ... Ben nennt es: *real estate porn.*

Der Traum vom eigenen Haus auf dem eigenen Stück Land ist seit jeher Bestandteil des amerikanischen Traums. Was mit der Familienfarm an der *Frontier* begann, wurde nach und nach zum Häuschen im Grünen und zuletzt zum *trophy home* am künstlichen See gleich neben dem Golfplatz. Heute sitzen Amerikas Hausbesitzer so wie Ben regelmäßig vor den Datenbanken der Maklerfirmen, die nicht nur über das Angebot, sondern auch über die tatsächlichen Preise informieren. Man beobachtet Märkte, verfolgt die Entwicklung in der eigenen Gegend. Steht ein Haus zum Verkauf, fiebern alle Nachbarn mit: Bekommt der Verkäufer, was er verlangt? Treibt vielleicht sogar ein Bietergefecht den Preis noch höher? In einem Land mit spärlicher sozialer Absicherung durch den Staat ist die Investition ins Eigenheim eine Existenzfrage.

Das Prinzip der Heimstätte als Instrument der finanziellen Absicherung und des sozialen Aufstiegs geht auf das Ideal des englischen Freibauern zurück. Der konnte ein Stück Land in seinen Besitz bringen, indem er es urbar machte. Als Landbesitzer erwarb sich ein solcher *Yeoman* schon im Mittelalter Freiheiten und politische Rechte. In den USA unterzeichnete Präsident Abraham Lincoln 1862 ein Gesetz, das die Besiedelung des amerikanischen Westens vorantreiben sollte: Der *Homestead Act* versprach jedem Siedler einen Besitz von 160 *acres* (knapp 650 000 Quadratmetern), wenn er das Land innerhalb von fünf Jahren landwirtschaftlich nutzbar machte. Allzu wirksam gegen die grassierende Bodenspekulation an der *Frontier* war das Gesetz zwar letztlich nicht, aber als Ideal lebt es fort: *Homesteading* gilt als ehrbarer, demokratischer Weg zu Wohlstand und Unabhängigkeit. Mit Erweiterungen blieb das Gesetz bis 1976, für Alaska sogar bis 1986 in Kraft. Insgesamt vergab man mehr als anderthalb Millionen solcher Heimstätten; das ist nicht weniger als ein Zehntel des US-Territoriums.

Doch *homesteading* hieß schon im 19. Jahrhundert nicht unbedingt, dass man auf der einmal aufgebauten Familienfarm Wurzeln schlug. Das ist zum Beispiel in Laura Ingalls Wilders Kinderbuchklassiker *Little House on the Prairie* aus dem Jahr 1935 und den übrigen Bänden ihrer *Little-House*-Reihe nachzulesen. (Die Bücher waren Vorlage für eine gleichnamige Fernsehserie, die in Deutschland von 1974 bis 1983 unter dem Titel *Unsere kleine Farm* ausgestrahlt wurde.) Wilder beschreibt darin die Geschichte ihrer Familie als Pionierfarmer im Mittleren Westen. Das kleine Haus in der Prärie war dabei nur eines von vielen: Das erste stand in den Wäldern Wisconsins. Von dort aus zogen die Wilders zunächst nach Kansas, dann nach einer kurzen Rückkehr zu ihrem *Little House in the Big Woods* weiter nach Minnesota, nach Iowa und schließlich nach South Dakota. *Homesteading* und Mobilität gehörten schon damals zusammen. Weiter im Westen wartete immer noch eine neue, womöglich bessere Gelegenheit.

Im Amerika des 20. Jahrhunderts wurde aus dem kleinen Haus in der Prärie ein *starter home* in der Vorstadt. Junge Familien kauften ihr erstes Haus, ein kleineres mit zwei Schlafzimmern (die Größe der Häuser wird hier in der Zahl der *bedrooms* angegeben). Einige Jahre später, wenn die Familie und auch das Einkommen gewachsen sind, wurde das erste Eigenheim verkauft. Mit dem Erlös erwarb man das nächstgrößere, meist auch in einer besseren Gegend. Dass man im Laufe seines Lebens eine ganze Reihe von Häusern kauft und wieder verkauft, ist hier bis heute nichts Besonderes. Häufige Ortswechsel sind schon berufsbedingt eher die Regel als die Ausnahme. Im Ruhestand schließlich, wenn die Kinder längst aus dem Haus sind, verkleinert man sich wieder. Durch den Verkauf des letzten großen *family home* kann man im Idealfall sein Alterseinkommen kräftig aufbessern.

Das ging lange gut. Die Häuserpreise stiegen, wann immer die Wirtschaft wuchs. Die Bevölkerung wuchs ohnehin. Ein Eigenheim kostete im Schnitt zwei- bis dreimal so viel wie das durchschnittliche Jahreseinkommen einer Familie. Doch um die

Jahrtausendwende begannen sich die Immobilienpreise von allen ökonomisch soliden Fundamenten abzulösen. Nach der Deregulierung der Finanzmärkte und in einer Phase extrem niedriger Zinsen rückte das Traumhaus für jeden in greifbare Nähe. Sogenannte *Subprime*-Kredite konnte nun sogar bekommen, wer keinerlei finanzielle Sicherheiten zu bieten hatte. Amerikas Verbraucher griffen zu.

Warum auch nicht? Jahrelang waren die Immobilienpreise mit zweistelligen Wachstumsraten gestiegen, und Pessimismus ist gerade in Boomzeiten ein ganz und gar unamerikanisches Gefühl. Weil die restliche US-Wirtschaft mit der Sonderkonjunktur im Bausektor immer weniger Schritt hielt, schafften es nur noch die wenigsten allein durch harte Arbeit und Sparen zu echtem Wohlstand. Das Vertrauen in den Aktienmarkt hatte die Dotcom-Blase erschüttert. Was den Durchschnittsamerikanern Joe und Jane Average blieb, war die Investition in Immobilien. Selbst die politische Linke und soziale Organisationen hielten die *Subprime*-Kredite in der Regel für eine gute Sache: Hier schien endlich wieder ein Weg zum sozialen Aufstieg für alle frei. In den 1990er Jahren sorgte die Clinton-Regierung dafür, dass mehr Amerikaner mit geringem Einkommen in den Genuss von Krediten der staatlich geförderten Hypothekenbanken Fannie Mae und Freddie Mac kamen. Die Bush-Regierung legte 2003 speziell für Bürger mit schlechter Bonität ein Programm mit dem schönen Titel *American Dream Downpayment Initiative* auf, und Anfang 2005 schwärmte Ben Bernanke, der damalige Chef der US-Notenbank, von der Überlegenheit und innovativen Raffinesse der amerikanischen Finanzmärkte, die auch Familien ohne Kapital den Zugang zu Wohlstand durch Wohneigentum verschafft hätten. Hinzu kamen Reality-Fernsehshows, die das Prinzip des spekulativen Hauskaufs mit geliehenem Kapital populär machten. Die TV-Serie *House Hunters* zum Beispiel ging 1999 an den Start und zieht seitdem Monat für Monat 25 Millionen Zuschauer an.

Als wir auf dem Höhepunkt des Immobilienbooms ein Haus in Princeton suchten, waren wir schockiert von den Preisen. Unrenovierte Einfamilienhäuser sollten rund eine Million Dollar kosten. Aber es kommt halt immer auf die Perspektive an: Eine Freundin, die aus Kalifornien hierher zog, fand das Preisniveau nicht beunruhigend. Sie hatte innerhalb von zehn Jahren zweimal ein Haus gekauft – und beim Verkauf dann jedes Mal einen sechsstelligen Gewinn gemacht. Das *house flipping,* der schnelle Kauf und Wiederverkauf von Eigenheimen, war zum Volkssport geworden. Hier konnte man mit etwas Glück in kürzester Zeit enormen Profit machen, und das fast ohne Eigenkapital.

Indes verbuchten die Unternehmen des FIRE-Sektors (kurz für »Finance, Insurance, Real Estate«) fantastische Zuwächse auf dem Papier. Als die Sache wackelig wurde, verbrieften sie die faulen *Subprime*-Kredite und mixten sie mit anderen Anlageformen. Man »verteilte« das Risiko wie ein Chemiekonzern, der seine giftigen Abwässer ins Meer leitet – in der Hoffnung, das Gift werde seine Wirkung in der Weite des Ozeans verlieren. Mit tatkräftiger Unterstützung von Ratingagenturen und Aufsichtsbehörden entstanden aus Hochrisikopapieren über Nacht angeblich erstklassige Wertanlagen. Die Folgen sind bekannt. 2006 kostete ein amerikanisches Eigenheim im Schnitt viermal so viel wie das durchschnittliche Jahreseinkommen einer US-Familie, in Kalifornien sogar achtmal so viel. Die Immobilienpreise stagnierten und begannen bald darauf zu fallen. 2007 platzte die Blase endgültig und riss zuerst die Finanzmärkte, dann auch die übrige Wirtschaft mit in die Rezession. Besonders hart traf es Florida, Kalifornien und andere Boomregionen des Sonnengürtels. In Loudoun County bei Washington, D.C. standen fast 5000 *über*große Einfamilienhäuser gleichzeitig zum Verkauf. Die Eigentümer warfen Kunstwerke, Fitnessgeräte und Luxus-Eisschränke mit in den Topf, um potentielle Käufer selbst bei stark reduzierten Preisen zum Vertragsabschluss zu bewegen. In Las Vegas waren Ende 2008 acht von zehn Häusern weniger wert als die Hypothek, mit der sie belastet waren. In Los Angeles entdeckten Jugendliche das Pool-Surfen als neuen Freizeitsport: Mit Skateboards sausten sie durch die ausgetrockneten Schwimmbecken verlassener Vorstadtvillen, deren Besitzer die Kreditraten nicht mehr bezahlen konnten.

Doch auch hier gilt: die schnelle Folge von Krise und Hochkonjunktur ist in Amerika die Regel, nicht die Ausnahme. Der 2015 gedrehte Film *The Big Short*, der den Weg von der Immobilienblase zur nachfolgenden Finanzkrise auf äußerst unterhaltsame Art dokumentiert, lässt am Ende keinen Zweifel daran, dass sich an den Milliardenwetten auf den Immobilien- und Finanzmärkten wenig ändern wird. Tatsächlich wurden schon 2012 wieder Warnungen vor einer neuen Immobilien-Spekulationsblase laut, diesmal befeuert durch spektakulär niedrige Zinssätze, aber auch durch institutionelle Anleger und wohlhabende Ausländer auf der Suche nach sicheren Wertanlagen. Von 2011 bis 2017 ist der Preis für ein Eigenheim im Schnitt wieder um fast 50 Prozent gestiegen. Und so wird es wohl weitergehen mit *boom and bust* – mindestens so lange, wie die eigenen vier Wände eine Quintessenz des amerikanischen Traums bleiben.

### *Skyscrapers:* Bauen im Höhenrausch

»Only the Skyscraper offers business the wide-open spaces of a man-made Wild West, a frontier in the sky.« (Rem Koolhaas, *Delirious New York,* 1978)

Zu Beginn des 20. Jahrhunderts wuchsen Amerikas Städte dramatisch in die Höhe. Schon im ausgehenden 19. Jahrhundert war zwischen Chicago und New York ein Wettstreit der Wolkenkratzer entbrannt: Wer baut das höchste Gebäude der Welt? Nur der Himmel war die Grenze für die neuartigen Bauten mit Stahlskelett und elektrischen Aufzügen, von denen sich die Bauherren doppelten Gewinn versprachen: Geld und Prestige. Für den einfachen Mann, für den Arbeiter aus den Schlachthöfen und den Einwanderer im New Yorker Hafen, waren sie Hinweis und Ansporn, dass es aus dem Dreck der Straße einen Ausweg gab: nach oben.

Trotz seiner ungleich berühmteren Skyline ist jedoch nicht New York die Wiege des *skyscrapers*, sondern Chicago. Hier wirkten akuter Platzmangel und eine Katastrophe zusammen, um dem modernen Hochhausbau buchstäblich den Boden zu bereiten: 1871 brach in der *Windy City* ein Großfeuer aus, das drei Tage lang wütete. Mehr als 200 Menschen starben, und mehr als 17000 Gebäude – ein Großteil davon im Stadtzentrum – brannten nieder. Statt die rauchenden Trümmer aufzugeben und anderswo neu anzufangen, entschieden sich die Geschäftsleute der Stadt für den Wiederaufbau. Kurz darauf verdoppelte sich Chicagos Einwohnerzahl. Die Grundstückspreise explodierten. Was schien also sinnvoller, als mit Hilfe der modernen Technik platzsparend in die Höhe zu bauen? Chicagos Home Insurance Building von 1885 gilt als erster Wolkenkratzer der Welt. Es hatte die für die damalige Zeit enorme Höhe von zehn Stockwerken.

Auf der Jagd nach Höhenrekorden ging bald New York in Führung – sein Reichtum und baulicher Ehrgeiz zog um die Jahrhundertwende Architekten an wie ein Magnet. Seit Fertigstellung des 94 Meter hohen New York World Building im Jahr 1890 überboten sich Manhattans Bauherren gegenseitig mit immer höheren Wolkenkratzern. Die meisten konnten sich nur kurz mit dem Titel des höchsten Gebäudes der Welt schmücken.

Einen vorläufigen Höhepunkt fand die Rekordjagd mit dem berühmten Wettbau zwischen dem Bank of Manhattan Company Building (heute: 40 Wall Street) an der Südspitze Manhattans und dem Chrysler Building an der East Side. Willem van Alen, Architekt des Chrysler-Gebäudes, scheute dabei keine Tricks. Um die

Bank of Manhattan in Sicherheit zu wiegen, gab er als geplante Höhe seines Wolkenkratzers offiziell 282 Meter an – genau einen Meter weniger als der Konkurrent. Klammheimlich ließ van Alen aber im 65. Stockwerk seines Art-Déco-Turms noch eine gut 50 Meter hohe Stahlspitze zusammenschrauben. Die New Yorker staunten nicht schlecht, als diese im Oktober 1929 mit Hilfe eines Krans in kaum anderthalb Stunden montiert wurde – und das Chrysler Building auf 319 Meter Rekordhöhe brachte.

Es mag die Ausgetricksten beruhigt haben, dass auch das Chrysler Building nicht einmal ein Jahr lang das höchste Gebäude der Welt bleiben sollte. 1931 wurde jener Wolkenkratzer eingeweiht, der diesen Titel mehr als 40 Jahre lang innehatte und wie kaum ein anderer zum Wahrzeichen New Yorks geworden ist: das – ohne Antenne – 381 Meter und 102 Stockwerke hohe Empire State Building. Erst 1974 wurde es von den Türmen des World Trade Center überrundet. Zwei Jahre später holte dann mit dem 442 Meter hohen Sears Tower (heute: Willis Tower) noch einmal ein Wolkenkratzer in Chicago den Weltrekord, bevor eine neue Generation ehrgeiziger Bauherren in Asien die Amerikaner um die Jahrtausendwende überflügelte. Nach den Terroranschlägen von 2001 hatte das Empire State Building vorübergehend noch einmal den nunmehr überschatteten Rang des höchsten Gebäudes in New York inne, bis im November 2014 der gut 540 Meter hohe Freedom Tower auf dem Gelände des zerstörten World Trade Centers fertiggestellt war.

Es waren der Börsenkrach von 1929 und der Beginn der Großen Depression, die dem Höhenrausch der Bauherren den ersten kräftigen Dämpfer versetzten. Selbst das prachtvolle Empire State Building blieb jahrelang ein Verlustgeschäft. Es heißt, dass die Mieteinnahmen anfangs niedriger waren als der Erlös aus dem Eintritt, den Millionen Besucher für den Zugang zur Aussichtsplattform des Gebäudes zahlten. Doch auch wenn die New Yorker das halbleere Gebäude in jenen Jahren als *Empty State Building* verspotteten, liebten sie es zugleich als Symbol für die

Unbeugsamkeit ihrer Stadt und ihrer Nation, für ihren Optimismus, sich selbst in schwierigen Zeiten hoch gesteckte Ziele zu setzen – und für die Fähigkeit, diese dann auch zu erreichen. »Es war ganz allein meine Schuld«, sagt Deborah Kerr 1957 in dem Liebesfilm *Die große Liebe meines Lebens,* als sie zum Rendezvous mit Cary Grant auf der Aussichtsplattform des Empire State Building eilt und auf dem Weg dorthin von einem Auto angefahren wird. »Ich habe nach oben geschaut. Noch nie war etwas dem Himmel so nah!«

Der Großen Depression trotzte in New York noch ein weiteres gigantisches Bauprojekt, das kaum weniger berühmt geworden ist als das Empire State Building: das Rockefeller Center. Bauherr war John D. Rockefeller Jr., einziger Sohn des gleichnamigen Ölmagnaten. Mr. Junior, wie man ihn nannte, hatte kurz vor dem Börsenkrach von der Columbia University einige Grundstücke in Midtown gepachtet, um darauf ein neues Gebäude für die Metropolitan Opera zu errichten. Als die Oper angesichts der Finanzkrise dann aber einen Rückzieher machte und Rockefeller auf den teuren Grundstücken sitzenblieb, entschied er sich für die Flucht nach vorn. Er nahm einen Großkredit auf, verkaufte eine Menge Standard-Oil-Aktien und ließ auf dem Gelände 14 Hochhäuser im modischen Art-Déco-Stil errichten.

Was im Grunde als Notlösung gedacht war, wurde zum größten privaten Bauvorhaben der modernen Geschichte – und zum Paradebeispiel für das unternehmerische Talent Amerikas. Auch städtebaulich setzte Rockefeller neue Maßstäbe: Wolkenkratzer hatten vor ihm schon viele gebaut. Aber noch nie zuvor hatte jemand einen ganzen, architektonisch einheitlich gestalteten Gebäudekomplex mitten in die Stadt gesetzt. Mr. Junior hatte beherzt investiert, seine Idee professionell vermarktet – und dann gleich mehrfach gepunktet. Er machte nämlich erstens ein gutes Geschäft, setzte sich zweitens selbst ein Denkmal und tat drittens auch noch der Allgemeinheit etwas Gutes.

Eine lohnende Investition war das Rockefeller Center schon

deshalb, weil es die gesamte Gegend aufwertete – und damit die zahlreichen Grundstücke, die der Familie Rockefeller dort auch noch gehörten. Durch seine Geschäftskontakte konnte der Großunternehmer zahlungskräftige Mieter für seine Gebäude anlocken: Der Elektronikkonzern RCA zog dort ein, auch General Electric und die Chase Manhattan Bank, der Fernsehsender NBC und weitere Medienunternehmen wie die Nachrichtenagentur Associated Press.

Bei der Ausstattung scheute Mr. Junior keine Kosten. Hier wurden schließlich keine reinen Bürotürme hochgezogen. Die New Yorker sollten zugleich ein neues, attraktives Ausgeh- und Einkaufsziel bekommen. Schon Ende 1932 wurde im Rockefeller Center die Radio City Music Hall eröffnet, das größte und prächtigste Revuetheater seiner Zeit mit 6000 Plätzen. Rockefeller und sein Sohn Nelson engagierten zahlreiche Künstler, darunter den mexikanischen Maler und überzeugten Kommunisten Diego Rivera, um den gesamten Komplex mit Skulpturen, Friesen, Decken- und Wandgemälden auszustatten (Nelson Rockefeller fragte auch bei Picasso und Matisse an, allerdings vergeblich). Als die Luxusboutiquen im Tiefgeschoss während der Wirtschaftskrise über Kundenmangel klagten, wurde die Lower Plaza mit ihrer goldenen Prometheus-Statue kurzerhand zum Mehrzweckplatz umgebaut. Im Winter ließ der sich nun in eine Eisbahn verwandeln. Der Ort wurde zum Treffpunkt für die Bürger der Stadt – und zur Ikone des *American Dream, made in New York.*

Heute ist die Lower Plaza, auf der New Yorks Bürgermeister jedes Jahr feierlich die Lichter an Amerikas höchstem Christbaum anknipst, ein Touristenmagnet der Sonderklasse. Wer es schafft, sich im Weihnachtsgedränge bis dorthin vorzuarbeiten, wird mit einiger Sicherheit mindestens einen romantischen Kniefall zu sehen bekommen: Der Heiratsantrag auf dem Rockefeller-Eis hat Tradition. Es versteht sich fast von selbst, dass auch der *Top of the Rock,* die Aussichtsplattform auf dem höchsten Gebäude des Rockefeller Center, dafür ein beliebter Ort ist – nennen Amerikanerinnen doch den Diamanten auf ihrem Verlobungsring stolz *the rock*. Diese Aussichtsplattform ist mein persönlicher Lieblingsausguck in New York. Schaut man nach Norden, liegt einem der Central Park zu Füßen. Und auch wenn man hier bei weitem nicht so hoch steht wie auf dem zwölf Blocks entfernten Empire State Building, so ist doch gerade der Blick *auf* diesen Solitär vor der Südspitze Manhattans einzigartig. An einem sonnigen Nachmittag kann man Stunden auf den Terrassen des schmalen, langgestreckten Wolkenkratzers verbringen, die ursprünglich einmal wie das Deck eines Luxusdampfers gestaltet waren, hoch über dem Häusermeer. Letzteres scheint sich bei guter Fernsicht inzwischen endlos hinzustrecken, belebt nur von kleineren grünen Inseln, begrenzt nur auf einer Seite durch den – echten – Ozean.

Wie fast alles in Amerika ist natürlich auch Manhattans Skyline keine fixe Größe. Im 21. Jahrhundert hat ein neuer Bau-Höhenrausch eingesetzt, der eine ganz andere gesellschaftliche Realität spiegelt als das Rockefeller Center. Die überschlanken Türme, die sich vor allem rund um den Central Park drei-, vierhundert Meter und mehr nach oben recken, haben keine öffentlichen Aussichtsplattformen oder Schlittschuhbahnen. Dort ist alle Pracht privat, vom Fitness-Studio im Keller bis zum Luxus-Penthouse auf dem Dach. Und die Bauherren sind keine amerikanischen Industriekapitäne. Es sind Immobilienfirmen, die eine international steigende Nachfrage nach exklusiven Eigentumswohnungen in Prestigelagen bedienen, Blick auf den Central Park bevorzugt. Um Steuern zu sparen, duldet man zwar auch die eine oder andere Sozialwohnung in den unteren Stockwerken. Doch deren Bewohner erreichen ihre Appartements nur über einen Seiteneingang, den die New Yorker bereits als *poor door* verspotten.

Passend zu den nichtssagenden Namen dieser Wohntürme – One 57, 432 Park – ziehen es die Käufer der Luxuswohnungen häufig vor, anonym zu bleiben; die Mehrheit zahlt bar. Tatsächlich einziehen werden wohl nur wenige: Hier geht es um Wertanlagen, nicht um Wohnanlagen. Maßgeblich für neue Höhenrekorde sind nun auch nicht mehr die Türme selbst, sondern – wie sollte es anders sein – die Preise. Anfang 2015 erzielte erstmals in der Geschichte New Yorks der Verkauf einer Eigentumswohnung *(condo)* mehr als 100 Millionen Dollar; das 1000-Quadratmeter-Penthouse in Midtown ging an einen unbekannten Käufer. Bis dahin hatte den Rekord ein russischer Milliardär gehalten, der seiner Tochter drei Jahre zuvor für 88 Millionen eine Studentenbude mit Rundum-Blick auf Manhattan gekauft hatte.

Viele der neuen Wolkenkratzer sind von Star-Architekten entworfen. Doch werden die Bürger der Stadt wohl kaum mit demselben Stolz zu ihnen aufblicken, mit dem sie das Empire State- oder das Chrysler Building erfüllt. Die Botschaft der Neubauten, die mit ihren minimalen Grundrissen kaum noch den Boden berühren, sei unmissverständlich, schrieb ein Architekturkritiker: »Das sind die Stinkefinger der Superreichen.«

## Häuser für alle: Frank Lloyd Wright und Levittown

»When every man, woman, and child may be born to put his feet on his own acres … – then democracy will have been realized.« (Frank Lloyd Wright, *The Living City,* 1958)

Während in den Stadtzentren die ersten Wolkenkratzer in die Höhe wuchsen, stellte sich ein amerikanischer Architekt gegen das Konzept der hoch verdichteten Stadt. Er wollte weg von der kulturellen Abhängigkeit der USA von Europa und seinen Baustilen. Frank Lloyd Wright wurde 1867 in Wisconsin geboren, in Amerikas *Heartland.* Mit einem Team gleichgesinnter Architekten und Designer wollte er auf dem Boden der Prärie eine neue *Frontier* der unabhängigen, originär amerikanischen Architektur begründen. Warum, um alles in der Welt, sollte man in Amerika die Menschen ebenso zusammenpferchen wie in der drangvollen

Enge Europas? Waren die Vereinigten Staaten nicht das Land der weiten Ebenen und der grenzenlosen Natur?

Wrights *prairie houses* stellten zu Beginn des 20. Jahrhunderts die Prinzipien des viktorianischen Baustils auf den Kopf, der damals insbesondere im Westen der USA dominierte. Statt in die Höhe baute Wright hauptsächlich in die Breite. Statt winzige Zimmer hinter pompösen Fassaden zu verstecken, schuf er schlichte Bauten mit großzügigen, offenen Innenräumen und Veranden unter ausladenden, flachen Dächern. Wie bei den Grundrissen dominierte auch bei Dächern und Fenstern die Horizontale – ein Verweis auf die weite Ebene der Prärie. Das Zentrum seiner Häuser bildete stets ein großer Kamin, die Feuerstelle, um die sich die Familie versammelte. Amerika stand für Demokratie, Pioniergeist und Zusammenhalt, und das musste sich nach Wrights Überzeugung auch in der Architektur ausdrücken.

Zugleich plädierte er für eine »organische« Bauweise: Die Gebäude sollten sich ganz in ihre natürliche Umgebung einfügen. Der Architekt sollte Steine und Hölzer verwenden, die er dort vorfand. So entstanden nicht nur die Präriehäuser, sondern auch andere einzigartige Bauten wie die Villa Fallingwater, die sich an einen Wasserfall in den Bergen Pennsylvanias schmiegt. Wright gilt heute als ein wichtiger Wegbereiter der Architektur der Moderne. Aus Europa, dem Zentrum dieser Bewegung, gelangte die moderne Architektur später in anderen Formen wieder nach Amerika – vor allem durch Architekten wie Ludwig Mies van der Rohe und den Bauhaus-Gründer Walter Gropius, die aus dem nationalsozialistischen Deutschland fliehen mussten.

Amerikas berühmtestem Architekten verdankt auch die Stadt New York eines ihrer bemerkenswertesten Gebäude: das Guggenheim-Museum an der Fifth Avenue. Doch Wright hasste die überfüllten Großstädte, und das Guggenheim hätte er lieber woanders gebaut. New York City nannte er mit Blick auf das dortige Wettrennen um immer höhere Bauten und Mieten »ein einziges, großes Denkmal für die Macht des Geldes und der Gier«. Auf die

Frage, wie man die Industriestadt Pittsburgh architektonisch verbessern könnte, antwortete Wright nur lakonisch: »Geben Sie sie auf.« Für den modernen Städtebau im Internationalen Stil hatte er ebenso wenig übrig wie für Le Corbusiers *Plan Voisin* einer Stadt als kompakte, hoch rationalisierte Maschine.

Für seine eigene Version der amerikanischen Stadt der Zukunft wählte Wright dasselbe Grundkonzept wie für seine Präriehäuser: Sie sollte in die Breite wachsen, nicht in die Höhe. »Broadacre City« heiß dann auch die Stadt, die er in den Büchern *The Disappearing City* (1932) und *When Democracy Builds* (1945) beschrieb. Sein utopischer Masterplan für die Neue Welt, die er »Usonia« statt Amerika nannte, teilte jeder Familie einen *acre*, also gut 4000 Quadratmeter Land, aus Bundesbesitz zu. In der Weiten Stadt gab es kein Zentrum und keine Peripherie. Es gab nur das gleichberechtigte Nebeneinander der Häuser und Menschen in ihrer »wahren Individualität«, aus dem eine neue Gemeinschaft entstehen sollte. Hauptfortbewegungsmittel in Broadacre City war das Automobil, weil es die höchste Autonomie versprach. Dafür entwarf Wright einen schlichten Unterstand an der Seite der Häuser: den Carport.

Es sollte so kommen – und doch ganz anders. Zwar wuchsen Amerikas Städte nach dem Zweiten Weltkrieg tatsächlich in die Breite statt in die Höhe, als 16 Millionen GIs nach Hause zurückkehrten, Familien gründeten und neuen Wohnraum brauchten. Doch es waren keine organischen Häuser aus regionalen Baustoffen, die im neuen, suburbanen Amerika gebaut wurden. Es war industriell produzierte Massenware im Einheitsdesign, zu Deutsch: Fertighäuser. Und so ganz demokratisch ging es dabei auch nicht zu.

Zum Prototyp für *Suburbia*, USA wurde Levittown auf Long Island im Staat New York. Der Ort ist nach dem Familienunternehmen Levitt & Sons benannt. Während eine typische amerikanische Baufirma bis dahin vielleicht fünf Häuser pro Jahr hochgezogen hatte, konnten Levitt & Sons 1948 bereits 30 Häuser pro Tag kostengünstig produzieren – das Modell *Cape Cod,* eine schlichte Wohnschachtel aus fertig zugeschnittenem Holz auf einer Betonplatte, 75 Quadratmeter groß, mit Wohnzimmer, Küche, Bad, zwei Schlafzimmern und einem ausbaufähigen Dachboden. Familienvater Abraham Levitt finanzierte die Bauprojekte, Alfred Levitt war der Architekt, sein Bruder William war für Produktion und Verkauf zuständig. Er vor allem drängte darauf, die Prinzipien der industriellen Massenfertigung in das Baugeschäft einzuführen. Deshalb gilt William Levitt heute als »father of American suburbia«.

Die komplett am Reißbrett entworfene Levittown entstand von 1947 bis 1951 auf einem ehemaligen Kartoffelacker. Die Straßen wurden kurvig, oft als Sackgassen angelegt – im Kontrast zu dem rigiden Straßengitter amerikanischer Städte. Schon nach wenigen Tagen waren die ersten 2000 Häuser vorab vermietet. Die Nachfrage war so groß, dass die Levitts ihre Planung schnell um 4000 Einheiten erweiterten. Sobald der Staat Programme zur Eigenheimfinanzierung für Weltkriegsveteranen auflegte, boten sie ein etwas größeres Ranch-Hausmodell auch zum Kauf an. Es kostete 7990 Dollar, die monatliche Rate war mit 58 Dollar nicht teurer als die Miete. Obendrauf gab es Schwimmbäder – eines für je 1000 Häuser. Für Schulen fühlten sich Levitt & Sons bei ihrem privaten Städtebauvorhaben indes nicht zuständig. Es blieb den umliegenden Gemeinden überlassen, in ihren Schulen Platz für die Kinder der Levittown-Familien zu schaffen. Und das waren nicht wenige: 1951 hatte das Unternehmen in der Region bereits mehr als 17000 Neubauten fertiggestellt.

Die kostensparenden Baumethoden der Levitts ebneten erstmals auch Amerikanern mit kleinem Einkommen den Weg zum Eigenheim – und damit zum Aufstieg in die Mittelklasse. Doch der günstige Wohnraum im Grünen stand nicht allen US-Bürgern offen. Farbige waren in Levittown bis weit in die 1950er Jahre hinein weder als Mieter noch als Käufer zugelassen. Amerikas erste Fertigbau-Vorstadt sollte nach dem Willen ihrer Planer ein rein weißer Ort bleiben. In den Mietverträgen hieß es, dass die Häuser an »niemanden außer an Angehörige der kaukasischen Rasse« weiter- oder untervermietet werden dürften. Er habe aber nicht aus Rassismus, sondern aus rein ökonomischem Kalkül gehandelt, erklärte Levitt Jahre später einem Reporter: »Es war die alte Geschichte – hätten wir Schwarze akzeptiert, hätten die Weißen nicht gekauft.«

Nur wenige Vorstadt-Pioniere wagten es damals, sich gegen die Rassentrennung zu stemmen. Keine zehn Kilometer Luftlinie von Levittown entfernt warb Thomas Romano 1950 mit dem Slogan »Keine Einschränkungen! Keine Diskriminierung!« für sein Neubaugebiet Ronek Park: Hier sollten Familien aller Religionen und Hautfarben willkommen sein. Waren nicht alle Menschen gleich geschaffen? »Undemokratisch und unamerikanisch« nannte Romano die in seiner Branche üblichen, rassistischen Praktiken. Doch der idealistische Bauunternehmer fand kaum weiße Interessenten. Ronek Park ist eine überwiegend von Afroamerikanern bewohnte Gegend geworden und geblieben – ebenso wie in Levittown noch heute fast neun von zehn Einwohnern Weiße sind.

Auf Levittown (New York) folgten Levittown (Pennsylvania), Levittown (New Jersey), Levittown (Puerto Rico) – und unzählige weitere Neubaugebiete auf der grünen Wiese. Die Baustile wechseln, aber das Prinzip des Eigenheims vom Fließband bleibt. Millionen solcher Häuser, aufgereiht wie Ausstechplätzchen auf dem Backblech, stehen in den Küstenregionen, Berglandschaften und in der Prärie. Frank Lloyd Wrights Präriehäuser und *Usonian homes* hingegen sind Solitäre geblieben, begehrt bei Architekturfans und erschwinglich nur für Leute mit viel Geld.

Mit gut 60 Jahren zählen aber auch die Häuser von Levittown nach US-Standards längst zu den »alten Gemäuern«. Und so wie man in den 1950er Jahren nach Long Island pilgerte, um die damals modernste Variante des amerikanischen Lebensstils zu besichtigen, so steht Levittown heute als historisches Monument auf manchen Sightseeing-Listen. Doch wer es besucht, findet einen durchaus lebendigen Ort: Aus den Einheitsschachteln sind – durch komplette Umbauten, Anbauten, Aufbauten oder Gartenpavillons – im Laufe der Zeit ganz individuelle Eigenheime geworden. Sie zeugen nicht immer von architektonischer Größe, aber von der pragmatischen Anpassung an andere Zeiten und neue Verhältnisse. Anders als Wrights denkmalgeschützte Bauten sind die Industriefabrikate von Levitt & Sons im Originalzustand heute fast nur noch auf den Fotos im Levittown Historical Museum zu sehen.

### *McMansions:* Bauen im Größenwahn

»Supersize My House!«
(Titel eines Fotoessays im Online-Magazin *Slate,* Januar 2006)

Nach mehreren Jahren an Amerikas Ostküste kehrte eine deutsche Bekannte vor einiger Zeit nach Europa zurück. Aus ihrer neuen Heimat Wien berichtete sie, am schwersten sei der ganzen Familie die Umstellung auf europäische Wohnverhältnisse gefallen: »Wir sind es einfach nicht mehr gewöhnt, mit so wenig Platz auszukommen.« In New Jersey hatte die Familie ein Haus mit mehr als 250 Quadratmetern Wohnfläche, großem Garten und Zugang zum Gemeinschaftspool des Neubaugebiets bewohnt. Etwas Vergleichbares in Deutschland oder Österreich wäre für sie unerschwinglich.

»Bigger is better«: Dieser Wahlspruch galt während der letzten 30 Jahre nirgends mehr als bei den Eigenheimen. Vor allem seit den 1990er Jahren wuchsen in den Neubaugebieten *(developments)* der Metropolregionen immer größere Eigenheime in die Höhe. Auch in älteren *suburbs* und Wohnvierteln mussten viele kleinere Häuser im klassischen Kolonial- oder Ranch-Stil mächtigen Neubauten weichen. »Monstrosities!«, murrten alteingesessene Nachbarn, wenn *McMansions* aus schmalen Grundstücken herausquollen wie eine üppige Diva aus einem zu engen Kleid und die anderen Häuser buchstäblich in den Schatten stellten. 1978 hatte ein neu gebautes Einfamilienhaus in den USA im Schnitt rund 150 Quadratmeter Wohnfläche; 2017 waren es knapp 250. Das ist mehr als doppelt so groß wie ein deutsches Durchschnitts-Eigenheim.

Das liegt nicht daran, dass größere Familien mehr Raum gebraucht hätten. Die durchschnittliche US-Familie ist heute kleiner als 1970. Gewachsen ist aber der verfügbare Reichtum der Amerikaner. Die jüngere Generation beanspruchte in der Regel mehr Luxus und Wohnkomfort für sich und ihre Kinder, als sie es aus dem eigenen Elternhaus kannte. Ein Übriges tat die Immobilien-Spekulationsblase des neuen Jahrtausends. Die Bauunternehmen bedienten diesen neuen Markt mit Modellen wie »Grand Michelangelo« und »The Hampton« – Varianten industriell vorgefertigter Häuser ab 400 Quadratmetern Wohnfläche aufwärts.

Man betritt sie durch eine grandiose Eingangshalle, die über zwei Stockwerke nach oben reicht, oder direkt von der integrierten Dreifachgarage aus. Die gefühlte Entfernung zwischen der Gourmetküche mit Kücheninsel und dem tiefergelegten *media room,* wo die Bewohner vor einem wandfüllenden HD-Fernsehschirm in die Sofalandschaft sinken, beträgt ungefähr 500 Meter. Zum *master bedroom* für den Hausherrn und seine Frau gehören ein Luxus-Whirlpool, *his and hers toilet* und begehbare Kleiderschränke, in denen man Radschlagen kann. Kommunikation geht hier nur noch über das Haustelefon.

Von außen sollen solche Eigenheime an prächtige Villen und Landhäuser erinnern – zumindest von vorn. Doch kaum biegt man um die Ecke, erscheinen hinter der pompösen Fassade mit Giebeln, Säulen und Kapitellen nur schmucklose Seiten- und Rückwände mit Vinylverkleidung. Entsprechende Spitznamen hatten die Wohngiganten von der Stange bald weg: *faux chateaus, starter castles, garage mahals* und vor allem: *McMansions.* Sie

**155**

seien nicht einfach groß, so wie ihre Namensgeber, die Big Mäcs, hieß es im Online-Magazin *Slate:* »Sie zelebrierten Größe.«

Nun ist das Größer-Bauen in Amerika insofern günstig, als nur die wenigsten Eigenheime aus Steinen gemauert werden. Auch ältere Häuser mit Verputz oder Klinkerverkleidung sind in aller Regel Holzständerbauten: Ein Grundgerüst aus zusammengenagelten Holzlatten wird mit Sperrholz und Rigipsplatten verkleidet, in die Zwischenräume kommt Isoliermaterial, fertig. Das dauert selten länger als drei Monate. Diese Leichtbauweise, die oft auch ohne Keller und nennenswerte Fundamente auskommt, finden die meisten Amerikaner absolut ausreichend. Auch um eine gute Isolierung und dichte Fenster macht man sich meist nicht allzu viele Gedanken, zumal es dafür kaum gesetzliche Vorschriften gibt. Gegen Hitze wirkt schließlich die Klimaanlage, gegen Kälte kann man heizen. Und warum Platz sparen – den hat es in Amerika schon immer mehr als genug gegeben. So bekommt man hier zumindest quantitativ vergleichsweise viel Haus und Grundstück fürs Geld.

Geht das nun immer so weiter, wie vor 100 Jahren beim Wolkenkratzerbau – immer mehr, immer größer? Laut Statistik sieht es so aus. Als Folge der Rezession ging die Durchschnittsgröße amerikanischer Einfamilien-Neubauten zwar kurzfristig zurück, doch dann ist sie wieder auf neue Rekordhöhen gestiegen. Hier spielen unter anderem neue Käufergruppen eine Rolle, die auf den US-Immobilienmarkt drängen, zum Beispiel finanzkräftige Einwanderer aus Indien oder China.

Es gibt aber auch einen gegenläufigen Trend, und der heißt *downsizing.* Denn erstens geht für viele Amerikaner das Kalkül, durch den Kauf und Wiederverkauf möglichst großer Häuser reich zu werden, vorerst nicht mehr auf. Zweitens kommt die Babyboomer-Generation in die Jahre. Das sind fast 80 Millionen Amerikaner, und viele von ihnen wollen ihre halbleeren *family homes* nun gegen kleinere Wohnungen eintauschen. Drittens hat zumindest ein Teil der jungen Leute inzwischen wieder andere

Prioritäten als die Generation ihrer Eltern. Teenager bringen Diskussionsstoff über Klimaschutz und Nachhaltigkeit aus der Schule mit, Hausfrauen veranstalten Tupper-Parties für Vorratsdosen aus recyceltem Kunststoff. Da passt ein riesiges, energiefressendes *McMansion* nicht ins Bild.

Anders als wir Deutschen probieren Amerikaner gern etwas aus – auch wenn es riskant ist. 2010 ist in den USA ein Buch erschienen, in dem eine Familie aus Atlanta ihre (zugegebenermaßen extreme) Variante des *downsizing* beschreibt. Alles begann demnach mit der Feststellung der 14-jährigen Tochter Hannah, dass der Reichtum in der Welt allzu ungleich verteilt sei. Als sie beim Halt an einer roten Ampel auf der einen Seite ein schwarzes Mercedes-Coupé und auf der anderen einen Obdachlosen beobachtete, sagte sie: »Dad, wenn der Typ neben uns ein weniger teures Auto hätte, könnte sich der Mann da vorn etwas zu essen kaufen!« Der Teenager löcherte seine Eltern so lange, bis die Mutter schließlich zurückfragte: »Und was willst du tun? Unser Haus verkaufen?«

Was als rhetorische Frage gemeint war, wurde zur ernsthaften Diskussion und schließlich zum Familienbeschluss. Die Salwens verkauften ihr Haus und spendeten die Hälfte des Erlöses an die Hungerhilfe in Afrika. (Die Käufer waren derart beeindruckt, dass sie spontan 100 000 Dollar zu dem Spendenbetrag dazugaben.) Für den Rest kauften sie ein kleineres Domizil. Heute finden sie, dass sie damit sogar einen überraschend guten Tausch gemacht hätten: Das kleinere Haus ist familienfreundlicher. »Wir haben weniger Kram, aber dafür verbringen wir mehr Zeit miteinander«, sagt Joan Salwen, die Familienmutter. Das Buch, das Vater Kevin und Tochter Hannah geschrieben haben, heißt *The Power of Half.* Es soll Bill Gates und den Großinvestor Warren Buffet zu ihren Versprechen inspiriert haben, im Laufe ihres Lebens die Hälfte ihrer Vermögen zu spenden.

## *Urban Frontiers:* Städte der Zukunft

»The last half of the 20th Century was dominated by suburbia. … This last decade was the start of a new urban half-century.« (Robert Steuteville, The First Urban Decade, *New Urban News,* Januar/Februar 2010)

Drei Dinge seien für den Wert einer Immobilie entscheidend, lautet das Mantra amerikanischer Makler: »Location, location, location«. Eine gepflegte Umgebung, gute Schulen und eine niedrige Verbrechensrate sind seit langem das A und O beim Hauskauf. Doch mittlerweile ist sogar in der Autonation USA ein vierter Faktor wieder wichtig geworden: *walkability* – die Frage, ob man Geschäfte, Restaurants, Bibliotheken und Schulen auch zu Fuß erreichen kann. Das ist bequem, spart Benzin – und wo viele Fußgänger unterwegs sind, fühlt man sich auch sicher.

Dafür haben unsere Nachbarn Diana und Ken ihren geräumigen Neubau auf der grünen Wiese aufgegeben. Ken erzählt jedem, der es hören will, dass er sein Büro in Princetons Innenstadt jetzt zu Fuß schneller erreicht als früher mit dem Auto. Diana hat die überschüssigen Möbel fürs erste in einem Mietcontainer untergestellt. Ihr *McMansion* vermisst sie nicht. »Da draußen war eine soziale Wüste«, sagt sie. »Manchmal habe ich tagelang keinen Menschen auf der Straße gesehen – nur Autos.« Das *downsizing,* stellt man in Amerika gerade fest, funktioniert im Großen wie im Kleinen: Zusammenrücken fördert die Gemeinschaft, sei es im Haus oder im Wohnort.

Dafür wirbt der *New Urbanism* bereits seit den 1960er Jahren. Städte- und Verkehrsplaner, Architekten, Naturschützer und umweltorientierte Unternehmer predigen unter diesem Begriff die urbane Verdichtung als Mittel gegen den *sprawl.* Seit den 1990er Jahren finden sie damit auch im Mainstream Gehör. Nostalgie für die idealisierte amerikanische Kleinstadt vergangener Zeiten ist hier ebenso im Spiel wie ein neues Interesse für Umwelt- und Klimaschutz. Selbst Energiesparen ist nicht mehr nur ein Thema für Öko-Aktivisten, seit Staaten, Städte und Bürger knapp bei Kasse sind. Der *New Urbanism* hat viele Varianten. Eine davon sind grüne Wolkenkratzer. So entwarf der britische Architekt Norman Foster in New York den Hearst Tower mit seiner Fassade aus großflächigen, stahlgerahmten Glasdreiecken; er wurde zu einem hohen Anteil aus recyceltem Stahl gebaut. Das Empire State Building ist vor kurzem derart umgerüstet worden, dass sich sein Energieverbrauch um mehr als ein Drittel reduziert hat.

Dass das urbane Leben in den Großstadtzentren wieder sexy geworden ist, zeigt nicht zuletzt der Aufstieg von Williamsburg, einem Teil des New Yorker Stadtbezirks Brooklyn, zum absoluten Trendviertel. Doch obwohl New York als einzige US-Metropole gilt, wo man tatsächlich zu Fuß geht, liegt Amerikas *green capital* am anderen Ende des Kontinents: Oregons größte Stadt Portland gilt vielen als *das* Vorbild für das urbane Leben der Zukunft. Nur der Dauerregen im Pazifischen Nordwesten halte den Rest des Landes noch davon ab, geschlossen nach Portland zu ziehen, heißt es schwärmerisch beim Umweltforum *Sustain Lane,* das Portland schon mehrfach auf den ersten Platz seiner Rangliste der nachhaltigsten US-Städte gewählt hat.

Ein Grund dafür fällt sofort ins Auge. Selbst in Portlands Zentrum sieht man Radfahrer: Hausfrauen mit Einkaufs-Packtaschen, Geschäftsleute in Anzug und Krawatte. Für eine amerikanische Stadt erstaunlich. Straßenbahnen und ein 400 Kilometer langes Radwegenetz machen ein Leben ohne Auto möglich. Angeblich pendelt inzwischen einer von vier Portlandern entweder mit dem Rad, mit Bus und Bahn oder per Fahrgemeinschaft zur Arbeit. Gern zeigt man auch die vielen Start-up-Unternehmen her, die rund um die Fahrradkultur und andere grüne Branchen wie Recycling oder Erneuerbare Energien entstanden sind. Mia Birk zum Beispiel war früher Angestellte der Stadt Portland und berät heute andere Kommunen bei der Planung fahrradfreundlicher Innenstädte. »Das ist der *American Way* – wir sind immer auf der Suche nach einer guten Geschäftsidee«, sagt sie. Allerdings ist die Quote der *green jobs* bislang marginal: Knapp 70 000 waren es 2014 in ganz Oregon – weniger als vier Prozent aller Arbeitsplätze im Staat.

Taugt Portland als Modell für andere amerikanische Großstädte? Der Stadthistoriker Joel Kotkin ist skeptisch. Nach seiner Ansicht funktioniert das nur für wenige, gewachsene Metropolen wie Philadelphia, New York und Washington. Die hätten in den letzten 20 Jahren zwar ein enormes Comeback erlebt, sich aber zugleich zu exklusiven »Lifestyle-Nischen für die Jungen, die Kinderlosen und die Reichen« entwickelt. Amerika mit seiner wachsenden und multi-ethnischen Bevölkerung brauche hingegen vor allem *opportunity cities* mit möglichst wenig politischer Regulierung, wo die Wirtschaft ebenso dynamisch wachsen könne wie die Städte selbst.

Als Erfolgsmodell für eine solche »Stadt der unbegrenzten Möglichkeiten« gilt Houston in Texas. Hier leben knapp sechs Millionen Menschen auf einem Gebiet, das größer ist als Chicago, Detroit, Philadelphia und Baltimore zusammen. »In Houston können Sie erfahren, was passiert, wenn eine Million Menschen bei Ihnen zu Hause vorbeischauen – und bleiben«, hieß es einmal in einer National-Public-Radio-Sendung. Die Zuwanderer kamen von überall: Immigranten aus Lateinamerika, Asien und Afrika; Kalifornier auf Arbeitssuche. Gut 150 Jahre lang war Houston eine klassische Südstaaten-Metropole mit dominanter weißer Mehrheit und afroamerikanischer Minderheit. Heute ist es eine *global city,* wo nur noch jeder fünfte Einwohner ein nicht-hispanischer Weißer ist. Mehr als 90 Sprachen werden in Houston gesprochen.

Die Stadt, bekannt als Sitz des NASA-Kontrollzentrums und ein Hauptstandort der Ölindustrie, setzt seit den 1980er Jahren auf ökonomische Vielfalt. Heute gilt sie als erste Adresse für Biotechnologie und Medizin: Das Texas Medical Center mit

73 000 Beschäftigten hat sich hier angesiedelt. Auch Solartechnik und Windenergie zählen inzwischen zu Houstons Wachstumsbranchen. Sein Hafen, den ein Kanal mit dem rund 60 Kilometer entfernten Golf von Mexiko verbindet, ist der sechstgrößte der Welt. Um sich als attraktiver Wohn- und Wirtschaftsstandort zu profilieren, hat Houston massiv in Infrastruktur investiert. In den ausgedehnten Vorstädten gibt es auch für Zuzügler mit kleinem Einkommen Häuser und Wohnungen. Der Wirtschaft macht die Stadt kaum Umweltauflagen oder Bauvorschriften; als einzige Metropole der USA verzichtet Houston auf einen Flächennutzungsplan. Hinzu kommt, dass Texas von seinen Bürgern und Unternehmen keine eigene Einkommenssteuer verlangt; man zahlt dort also nur die Einkommenssteuer des Bundes und die Gemeindesteuern. Die Kombination scheint zu wirken: 2013 identifizierte das US-Arbeitsministerium die Stadt als den mit Abstand dynamischsten Jobmotor der Nation.

Der Journalist John Gunther beschrieb Houston bereits 1947 als einen Ort, »wo kaum jemand etwas anderes im Sinn hat als Geld«. Das klingt erst einmal nicht gerade sympathisch. Doch ähnlich wie im New York des 17. Jahrhunderts hat dieses allgemeine Interesse am Geldverdienen in einer ehemaligen Stadt der Sklavenhalter ein Klima der Toleranz geschaffen, von dem sie auch im Sozialen profitiert. So nahm Houston nach dem Hurrikan Katrina ohne großes Aufheben auf einen Schlag 150 000 verarmte, überwiegend schwarze Flüchtlinge aus New Orleans auf. Außerdem wählten Houstons Bürger 2010 die lesbische Politikerin Annise Parker zur Bürgermeisterin. Noch nie zuvor hatte in einer Millionenstadt der USA jemand dieses höchste Amt bekleidet, der – oder die – sich offen zur Homosexualität bekannte.

Was Houstons PR-Spezialisten als reine Erfolgsstory vermarkten, hat natürlich eine Kehrseite. Gerade erst hat der Tropensturm Harvey der selbst ernannten »Stadt ohne Limits« ihre Grenzen gezeigt: Weil der kaum regulierte Bauboom längst auch die natürlichen Rücklaufbecken und Feuchtgebiete der Stadt überrollt hat, erlebte Houston im August 2017 eine Jahrhundertflut mit über 40 Toten und Zehntausenden ganz oder teilweise zerstörten Gebäuden. Für *New Urbanists* ist die Stadt schon lange ein rotes Tuch, weil sie in ihrer immensen Ausdehnung den denkbar größten ökologischen Fußabdruck hinterlässt. Es ist die Metropole der SUV-Vielfahrer und der Klimaanlagen im Dauerbetrieb. In New York und sogar in Los Angeles wird pro Kopf deutlich weniger Energie verbraucht als in Houston. In New York fährt jeder Zweite mit Bus oder Bahn zur Arbeit, in Los Angeles immerhin noch jeder Zehnte. In Houston benutzt nur gut jeder zwanzigste Berufspendler öffentliche Verkehrsmittel. Doch so lange das Leben in New York City doppelt so teuer ist und Immobilien in Portland fast doppelt so viel kosten wie in Houston, können sich selbst umweltbewusste Amerikaner häufig gar nichts anderes leisten als das Modell der *opportunity city*.

Wer die täglichen Blechlawinen in den Metropolregionen sieht, wird ohnehin kaum den Eindruck haben, dass die USA bereits ernsthaft auf dem Weg von der Autonation zum Land der urbanen Fußgänger, Rad- und Bahnfahrer sind. Und selbst wenn die Mehrheit der sogenannten *Millennials* laut Umfragen heute am liebsten in städtischer Umgebung wohnen würde, denken viele spätestens dann um, wenn sie eine Familie gründen: Von allen Amerikanern unter 40, die 2017 Wohneigentum erworben haben, wählte rund die Hälfte ein Domizil in den *suburbs*. Für Joel Kotkin ist der *sprawl* denn auch eine Tatsache, die sich nicht mehr wegwünschen lässt. »Wir mögen uns in Fernsehserien wie *Desperate Housewives* über das Leben in der Vorstadt lustig machen«, schrieb er unter dem Titel »Rule, Suburbia« in der *Washington Post*. »Aber die meisten von uns wohnen dort – und das wird auch in Zukunft so bleiben.«

# *Shopping:* Die Konsumenten-Kultur

»We have become a nation of consumers. Our primary identity has become that of being consumers. Not mothers, teachers, farmers, but consumers.«
(Annie Leonard, *The Story of Stuff,* 2007)

Der Drogist John Pemberton aus Georgia war morphiumsüchtig. Ihm ging es wie vielen Bürgerkriegsveteranen: Im Kampf gegen die Nordstaaten war er verwundet worden und kam seitdem nicht mehr von dem Schmerzmittel los. Deshalb braute er in den 1880er Jahren in Atlanta eine Medizin aus Wein, Cocablättern und Kolanüssen zusammen. Sie sollte nicht nur gegen Drogensucht und Alkoholismus helfen, sondern auch gegen schwache Nerven, Kopfschmerzen und Impotenz. Als in Georgia die ersten Alkoholverbote der Prohibitions-Ära beschlossen wurden, rührte Pemberton mit derselben Formel einen alkoholfreien Sirup an. Der wurde in Apotheken oder in den populären Soda-Bars mit Sprudel vermischt und für fünf Cent verkauft. Pembertons Buchhalter Frank Robinson schlug für die braune Brause einen Namen vor, der wie ein aufmunternder Ohrwurm klang: Coca-Cola.

Vielleicht hätten allein dieser Name, klassische Werbung und das Suchtpotential der Zutaten ausgereicht, um Coca-Cola zur bekanntesten Marke der Welt zu machen. Doch wahrscheinlich hat erst eine weitere Erfindung dem Getränk so richtig zum Durchbruch verholfen: der Coupon. Diese neue Werbestrategie dachte sich Asa Candler aus, der bis Ende der 1880er Jahre auf etwas fragwürdige Weise sowohl die Coca-Cola-Formel als auch die Rechte daran in seinen Besitz gebracht hatte. Er ließ Gutscheine drucken, für die man an jeder Soda-Bar eine Cola gratis bekam. Die Coupons wurden in Zeitungen abgedruckt, auf der

Straße verteilt und per Post verschickt. Den Sirup für die Freigetränke lieferte die Coca-Cola Company den Soda-Bars kostenlos. Es heißt, dass Candler innerhalb von zehn Jahren achteinhalb Millionen Coupons in Umlauf brachte und so in etwa jedem neunten Amerikaner eine Cola spendiert hat.

Wie macht man ein Produkt populär, wie wird eine Ware unwiderstehlich? In keinem Land der Welt versteht man sich besser auf die Kunst des Verkaufens als in Amerika – ganz gleich, ob das Produkt Coca-Cola, iPhone oder Barack Obama heißt. Was immer die Konsumwelt revolutioniert, es stammt aus den USA. Das zumindest behaupten die Amerikaner, und meistens haben sie recht. So wie der Coupon wurden viele Innovationen hier entweder erfunden oder zumindest erstmals im großen Stil eingesetzt: die Plakatwand, der Versandkatalog, der Einkaufswagen, der Barcode, Marktforschung, *Drive-Thrus,* Outlet Stores, Branding, E-Commerce. Und umgekehrt gilt: Wohl nirgendwo auf der Welt geht man mit mehr Inbrunst einkaufen als in Amerika.

Shopping ist Volkssport, Passion und Bürgerpflicht. Knapp 40 000 Dollar hat jeder US-Bürger 2016 im Schnitt für den privaten Konsum ausgegeben – fast doppelt so viel wie der Durchschnittsdeutsche. Das scheint in aller Regel auch ganz im nationalen Interesse: In den USA entfallen 70 Prozent der gesamten Wirtschaftsleistung auf den Privatkonsum. Sobald der Verbraucher spart, stottert der Konjunkturmotor. In Krisenzeiten kommt es regelmäßig vor, dass der Präsident höchstpersönlich die Bürger zu mehr Konsum aufruft. So war es nur konsequent, dass auch der New Yorker Bürgermeister Rudolph Giuliani seinen Landsleuten unmittelbar nach den Terroranschlägen auf das World Trade Center im September 2001 zurief: »Go shopping!« Es galt, ein Zeichen der Unbeugsamkeit zu setzen. Wären die Amerikaner den Malls ferngeblieben, hätten die Terroristen gewonnen. Entsprechend selbstbewusst pflegen die US-Bürger ihr Image als Nation der *shopaholics* – und leben dabei über ihre Verhältnisse, solange es eben geht.

## *Convenience:* Einkaufen im Alltag

»Buy Two, Get One Free!« (Werbeslogan im US-Einzelhandel)

Shopping ist demokratisch, denn einkaufen geht jeder. Es befriedigt Bedürfnisse, dient der Unterhaltung und dem Zeitvertreib – ob man nun Ein-Dollar-Artikel bei Walmart ersteht oder 600-Dollar-Pumps in einer Luxusboutique auf der Fifth Avenue. »Democracy = Shopping«, hieß das einmal im US-Magazin *Newsweek.*

Wenn aus Bürgern reine Konsumenten werden wie im modernen amerikanischen Kapitalismus, sei die Demokratie am Ende, warnt dagegen der US-Politologe Benjamin Barber in seinem 2007 erschienenen Bestseller *Consumed! Wie der Markt Kinder verführt, Erwachsene infantilisiert und die Demokratie untergräbt.* Und so kommt es auch in den USA durchaus vor, dass sich jemand dem allgemeinen Dauerkaufrausch entzieht, die Anti-Konsumbewegung der *freegans* etwa. Sie decken ihren Bedarf an materiellen Gütern so weit wie möglich aus dem, was andere Leute auf den Müll werfen.

Doch im Großen und Ganzen steht das Einkaufszentrum auf der Liste der beliebtesten Familienausflugsziele in Amerika immer noch weit oben. Vor allem an langen Feiertagswochenenden locken *holiday sales* und andere Vergnügungen dorthin. Gelegenheiten gibt es genug, vom *Presidents' Day Sale* im Frühjahr bis zum *Labor Day Sale* im Herbst. Doch Hauptsaison ist im Winter von der Vorweihnachtszeit bis zum Jahreswechsel. *Black Friday,* der Schwarze Freitag, ist im Branchenjargon kein Börsencrash, sondern der Freitag nach Thanksgiving, der Ende November traditionell die *holiday shopping season* einläutet. An diesem Tag kaufen die Amerikaner mehr ein als an jedem anderen – und der Einzelhandel schreibt von diesem Tag an in seiner Jahresbilanz endlich schwarze Zahlen. Vor einigen Jahren hat die Branche noch den *Cyber Monday* dazuerfunden: Der Montag nach dem Schwarzen Freitag ist der Spitzentag im Online-Geschäft. Dann winken dort jede Menge Schnäppchen, und am *Cyber Monday* 2017 machte der Einzelhandel bereits mehr als sechs Milliarden Dollar Umsatz.

Auch im Alltag wird das Shoppen leicht gemacht. Kaufhäuser und Supermärkte öffnen morgens früh und schließen abends spät, meist an allen sieben Tagen der Woche. Unser Drogeriemarkt im Stadtzentrum verkündet schon auf einem Schild am Eingang, mit Ausnahme des 25. Dezembers an jedem einzelnen Tag des Jahres geöffnet zu haben, und das bis zehn Uhr abends – sei es für die Schokoladen-Heißhungerattacke oder für den plötzlichen Schnupfen, der nach Aspirin und Fiebermittel verlangt. Übertroffen wird das nur noch von dem 24-Stunden-Markt am Bahnhof, der auf gut einem Dutzend Wärmeplatten immer ausreichend Kaffee in runden Kannen brodeln lässt und so Princetons Studenten das nächtliche Durchhalten sichert.

Solche Minimärkte, Nachbarschaftsläden und Tankstellen-Shops, die man als *convenience stores* bezeichnet, haben oft alle sieben Wochentage rund um die Uhr auf – *twenty-four / seven,* wie es hier heißt. *Convenience,* das für den Kunden Bequeme und Angenehme, ist natürlich relativ. Manche dieser Läden bieten nicht mehr als Kaffee, Zigaretten, Dosendrinks und Junkfood an. In anderen aber ist von Milch über frisches Obst bis zum Wegwerfrasierer alles zu haben, was man schnell noch besorgen muss. In vielen New Yorker Wohnvierteln etwa ist das Leben ohne die Nachbarschaftsläden gar nicht denkbar. Für Fachgeschäfte sind lange Öffnungszeiten hingegen selbst in der Großstadt nicht selbstverständlich: Wer abends nach fünf noch durch Designerläden in SoHo bummeln will, wird oft vor verschlossenen Türen stehen.

Wie ein wahrer Kunden-König kann man sich in den meisten Supermärkten fühlen. Personalknappheit ist ein Fremdwort in diesem Land, wo die Sozialleistungen nicht gerade üppig ausfallen und deshalb auch Jobs mit geringer Bezahlung begehrt sind. So steht man selten irgendwo länger als 15 Sekunden hilflos herum, bevor jemand zur Rettung herbeieilt. Als ich in der Gemüseabteilung eines Supermarkts meinen ersten Suppenkürbis unschlüssig in der Hand hielt, fragte sofort ein Verkäufer, ob er das Ungetüm für mich kochfertig machen solle. Er verschwand damit in einem Nebenraum. Keine fünf Minuten später überreichte er mir mit einer kleinen Verbeugung einen Beutel voll adrett geschnittener Würfel. Für die Kassiererin steckte noch ein Zettel darin, damit sie mir nur Kürbis am Stück berechnete, und nicht etwa den höheren Preis für Kürbiswürfel. Die gab es nämlich auch, fertig abgepackt im Regal, ich hatte sie nur nicht gesehen.

An den Kassen werden die Einkäufe für die Kunden eingepackt. Dafür nimmt man in Kauf, dass bisweilen die Weintrauben ganz unten in der Einkaufstüte landen und die schweren Kartoffeln obendrauf. Wann immer ich in die alte deutsche Gewohnheit zurückfalle und meine Einkäufe selbst verstaue, kommt vom Kassierer ein höfliches »Thank you for bagging!« für die Hilfe. Einkaufstüten gibt es gratis, so viele man will. Doch wer seine eigenen mitbringt, dem werden pro Stück vier, fünf Cent von der Rechnung gestrichen. Auch hier soll sich der Kunde belohnt, aber nicht erzogen fühlen. Die Umtausch- und Rückgabebedingungen sind oft derart liberal, dass man selbst nach Wochen für reichlich abgenutzte Waren noch den Neupreis erstattet bekommt. Das gelang sogar einem Familienvater, der Mitte Januar einen ganzen Einkaufswagen voller Weihnachtsartikel zum Kundenservice eines Kaufhauses in New Jersey schob.

Ebenso viel Ehrgeiz wie bei *sales* und Kundenservice zeigt der amerikanische Einzelhandel beim Erfinden immer neuer Rabattsysteme. In vielen Läden gelten die besten Sonderangebote nur für Kunden, die eine Kundenkarte besitzen. Solche Karten erhält man im Austausch gegen einige persönliche Daten und kann sie häufig auch als Kreditkarten nutzen. Wenn Sie an der Supermarktkasse stehen und der Kunde vor Ihnen der Kassiererin seine Telefonnummer gibt, dann will er mit ziemlicher Sicherheit nicht mit ihr ausgehen, sondern hat ganz einfach seine Kundenkarte vergessen. Mit der Nummer kann er sich die Sonderangebote trotzdem sichern.

Und erst die Coupons! Ausgeschnitten aus Lokalzeitungen und Postwurfsendungen, versprechen sie fünf Dollar Rabatt, wenn man für mindestens 50 Dollar einkauft, oder beim Kauf von vier Päckchen Klopapier eines gratis obendrauf. Weil vor allem jüngere Verbraucher das Ausschneiden von Rabattmarken uncool finden, ködert man sie zunehmend mit virtuellen Coupons. Besonders beliebt sind sogenannte *Load-to-Card*-Coupons, die viele Anbieter ihren Kunden regelmäßig per Mobiltelefon oder E-Mail zuschicken und die man dann auf seine Kundenkarten herunterladen kann. Von den gut zwei Milliarden Coupons, die die Amerikaner 2017 eingelöst haben, war schon jeder zehnte ein solcher *L2C*-Coupon. Elektronische Rabattmarken werden auch über soziale Medien oder durch Websites wie coupons.com in Umlauf gebracht. *Coupon queens* geben ihre Tipps im Internet weiter.

Fast die Hälfte des durchschnittlichen Haushaltsgeldes ließe sich bei konsequenter Nutzung von Sonderangeboten und Rabatten einsparen, haben US-Marktforscher einmal ausgerechnet. Die Sache hat natürlich einen Haken: Der Zeitaufwand entspricht mindestens einem Halbtagsjob. Deshalb schöpfen Amerikas Verbraucher ihr großes Rabattpotential in der Regel nicht mal ansatzweise aus. Doch *smart shopping* ist deutlich einfacher geworden, seit in vielen Einkaufstaschen ein Smartphone mit Apps steckt, die auch unterwegs jederzeit den passenden Coupon ausfindig machen. Zuletzt ging schon fast jeder zweite US-Shopper damit auf Schnäppchenjagd.

Zu den weniger schönen Seiten der amerikanischen Konsumwelt zählt, dass man eigentlich nirgends vor ihr sicher ist. Nicht am Strand, wo Propellermaschinen mit Werbebannern über der Brandung Parade fliegen. Und nicht einmal zu Hause. Denn vor

168

allem Anbieter von Versicherungen und Kreditkarten decken ihre potentiellen Kunden nicht nur mit gedruckter Reklame ein, sie bombardieren sie auch mit Anrufen. Gegen lästige Telefonwerbung schützt allerdings ein Sperrregister der US-Regierung: Wer seine Telefonnummern auf der Website www.donotcall.gov einträgt, hat nach wenigen Tagen Ruhe.

Im Inneren der Warenwelt verliert man leicht die Orientierung. Oft überwältigt die schiere Masse des Angebots. Vor dem Supermarktregal mit mehreren Dutzend Sorten Zahnpasta wünsche ich mir jedes Mal bessere Entscheidungshilfen als den Hinweis, für ein bestimmtes Produkt werde im Fernsehen geworben – als ob das ein Zeichen besonderer Qualität sei. Aufgedruckte Listen der Inhaltsstoffe, sofern überhaupt vorhanden, helfen nicht unbedingt weiter, weil nichts und niemand die Hersteller zur Ehrlichkeit zwingt. Zwar kann man sich in der Zeitschrift *Consumer Reports* und auch auf einer Reihe von Verbraucherschutz-Webseiten über die Qualität von Lebensmitteln und anderen Produkten informieren. Doch ein Gütesiegel, dem alle vertrauen (vergleichbar mit dem der deutschen Stiftung Warentest), gibt es in Amerika nicht. Durch die vielen Sonderangebote à la *Buy two, get one free* wird man zudem systematisch dazu verführt, mehr zu kaufen, als man eigentlich braucht.

Das mag einer der Gründe sein, warum hier besonders viel weggeworfen wird, nämlich laut OECD 750 Kilo pro Jahr und Einwohner (in Deutschland sind es 600 Kilo). Dazu kommt die im Schnitt schlechtere Qualität der Massenprodukte. Der Marketing-Chef eines deutschen Unternehmens erzählte einmal, dass seine und andere europäische Technologiefirmen ihre neuesten, technisch noch nicht ausgereiften Produkte zuerst auf dem US-Markt testen, bevor sie sich damit etwa nach Deutschland oder in die Schweiz wagen – amerikanische Kunden gelten als weitgehend anspruchslos. Doch was die einen anspruchslos nennen, halten andere für mutig: US-Firmen schätzen die Risikofreude ihrer Landsleute über alle Maßen. Weil Amerikaner nichts lieber ausprobieren als neue, innovative Produkte, lohnt sich das Risiko oft auch für Unternehmer, die solche Produkte herstellen. Ihnen liefern die ersten Kunden dann nicht nur schnellen Profit, sondern auch wertvolles Feedback. Vielleicht ist das ein Grund dafür, dass die erfolgreichsten Produkte des digitalen Zeitalters vom PC bis zum Smartphone ihren kommerziellen Siegeszug in den USA angetreten haben.

Der Kontrast zwischen Hightech und Lowtech im amerikanischen Alltag fasziniert mich immer wieder. Da ist stets das neueste technologische Spielzeug im Haus, vom *smart speaker* Alexa bis hin zu den hippsten Geräten aus dem Apple-Store – aber der Ventilator im Heißluftherd macht mehr Lärm als ein Düsentriebwerk, die Waschmaschine rührt die Wäsche nur um, statt sie zu waschen, und die Verlängerung des Regenrohrs ist mit *duct tape* befestigt. (*Duct tape* ist ein silbrig-graues Kunststoffklebeband, das in Amerika so ziemlich alles zusammenhält, was sich nicht festtackern lässt.) Bis heute spielt auch Energieeffizienz beim Kauf eines neuen Kühlschranks oder anderer Haushaltsgeräte zumindest auf dem Massenmarkt kaum eine Rolle.

Natürlich gibt es auch in den USA Umweltschützer, die sich für mehr Nachhaltigkeit stark machen. So versuchte zum Beispiel die ehemalige Greenpeace-Mitarbeiterin Annie Leonard vor einigen Jahren, mit ihrem Lehrfilm *The Story of Stuff* eine Debatte über die Verschwendungssucht der amerikanischen Konsumgesellschaft anzuregen. Weil er mit schlichter Zeichentrick-Technik und einfachen, verständlichen Erklärungen arbeitet, wurde der Film auch in einigen US-Schulen verwendet. Das rief sofort Verfechter der freien Marktwirtschaft auf den Plan, die Leonard eine »marxistische Indoktrinierung amerikanischer Schulkinder« vorwarfen. Das Gerede von der Ausbeutung der Arbeiter, von giftigen Chemikalien und der Endlichkeit der natürlichen Ressourcen: alles Unfug, wie es der Kritiker Jeff Schreiber auf seiner Website *America's Right* formulierte – »Nur der Kapitalismus ist nachhaltig!«

## Auf Kredit: Ruinöse Kaufkraft

»All she ever wanted was a little credit ...« (Untertitel
des Films *Confessions of a Shopaholic – Shopaholic –
Die Schnäppchenjägerin*, USA 2009)

Als ich zum ersten Mal für längere Zeit nach Washington kam
und eine Wohnung suchte, winkten die ersten vier, fünf Vermieter gleich ab. Ebenso wenig gelang es mir, ein Konto bei einer US-
Bank zu eröffnen. Nicht weil ich Ausländerin war, oder weil ich
zu wenig Geld hatte. Eher war das Gegenteil der Grund. Ich hatte
keine Schulden. In Amerika gilt: Wer keine Kreditgeschichte hat,
also nicht bereits nachweislich Schulden gemacht hat, ist in Finanzdingen suspekt. Dass ich zuletzt doch ein Konto und einen
Mietvertrag bekam, verdankte ich einem als kreditwürdig etablierten Bekannten, der bei seiner Bank und meinem Vermieter
für mich bürgte.

Zu dieser Logik gehört, dass man nicht nur das Schuldenmachen, sondern auch das Zurückzahlen nachweisen muss,
um kreditwürdig zu sein. Doch scheint dieser Teil zumindest
zeitweise in Vergessenheit geraten zu sein: Bis zur jüngsten Finanzkrise lebte man in Amerika weitgehend sorglos auf Pump.
Sowohl der Staat als auch seine Bürger konsumierten, was das
Zeug hielt, und alles auf Kredit. Von 2000 bis 2008 legten die
privaten Konsumausgaben in den USA um fast 50 Prozent zu; in
Deutschland waren es im selben Zeitraum nur gut 15 Prozent.
Obwohl die Realeinkommen vieler Amerikaner von 1980 bis
2008 entweder stagnierten oder sogar sanken, stieg die Privatverschuldung im selben Zeitraum steil an. Allein an Kreditkartenschulden brachte es statistisch gesehen damals jede US-Familie auf fast 17 000 Dollar.

Die Sparquote der Amerikaner sank hingegen in den Jahren
vor der Krise auf beinahe Null. Warum auch warten und Geld zu-

rücklegen, wenn man selbst große Einkäufe ganz ohne Eigenkapital tätigen konnte? So wurde es gängige Praxis, Neuwagen komplett durch Kredite zu finanzieren, zumal sich die schlingernden US-Autokonzerne auf dem hart umkämpften Markt mit Lockangeboten gegenseitig überboten. Möglich wurde der sorglose Umgang mit geliehenem Geld durch die Immobilienblase: Man belastete sein Eigenheim nicht nur mit der Hypothek, sondern zusätzlich noch mit Konsumkrediten – alles in der Hoffnung, durch den wachsenden Wiederverkaufswert der Immobilie die Schulden schon meistern zu können. Und wem die eine Kreditkarte gesperrt wurde, der ließ sich beim nächsten Anbieter einfach eine neue geben. Sechs und mehr Kreditkarten pro Haushalt waren die Regel.

Politisch wurden die Weichen für diese Fahrt ins trügerische Schuldenparadies in den 1980er Jahren gestellt. Unter der Regierung des republikanischen Präsidenten Ronald Reagan brach man mit dem Erbe des New Deal, der in den 1930er Jahren nach den Erfahrungen der Weltwirtschaftskrise dem Schuldenmachen Grenzen gesetzt hatte. Die *Reaganites* dagegen glaubten an die Theorie einer angebotsorientierten Wirtschaftspolitik. Darin fiel dem Staat in erster Linie die Rolle zu, gute Investitionsbedingungen für die Wirtschaft zu schaffen. Politische Einschränkungen für den Markt galten als Teufelszeug. So befreite man die Finanzmärkte von ihren Fesseln – und wo Reagan und die Republikaner aufhörten, da machte später der demokratische Präsident Bill Clinton mit seiner Partei weiter. »Wir waren nicht immer eine Nation von schlechten Sparern und großen Schuldenmachern«, schrieb der Wirtschafts-Nobelpreisträger Paul Krugman im Juni 2009. Erst seit der Deregulierung sei die Sparsamkeit nach und nach aus dem *American Way of Life* verschwunden.

Die Finanzkrise vom Herbst 2008 hat das Vertrauen in die Selbstkontrolle des freien Marktes kurzfristig erschüttert. So konnte die Regierung Obama bald nach Amtsantritt die »ehrgeizigste Reform des Finanzsystems seit der Großen Depression«

ankündigen. Mitte 2010 trat tatsächlich ein Verbraucherschutzgesetz in Kraft, das die Finanzwirtschaft stärker reguliert, den Banken bei der Formulierung von Kreditverträgen engere Grenzen setzt und mehr Transparenz vorschreibt. Das Dodd-Frank-Gesetz ist zwar weit hinter dem zurückgeblieben, was sich Verbraucherschützer erhofft hatten, und auch in Europa wurde kräftig daran herumgemäkelt. Doch immerhin haben die Amerikaner schnell reagiert und ein neues Regelwerk geschaffen, was man von den Europäern nicht behaupten kann. Mittlerweile haben allerdings Politiker beider Parteien im Kongress – mit tatkräftiger Unterstützung der Bankenlobby – die Regulierung wieder stark zurückgeschraubt. Und auch in der Bevölkerung scheint die Abneigung gegen *big government* unverändert stärker ausgeprägt als die Furcht vor *big finance.*

Ein Amerikaner mag seine Bank vor Gericht verklagen, weil sie ihn nicht ausreichend vor den Risiken ihrer Produkte gewarnt hat. Dass der Staat ihm beim Schuldenmachen hineinregiert, will er deshalb noch lange nicht. Man ist das *boom-and-bust*-Prinzip eben gewöhnt. Krisen kommen immer mal vor, aber darauf folgen auch wieder bessere Zeiten. Das werde auch diesmal nicht anders sein, wie mir der Fondsmanager einer großen Kapitalbeteiligungsgesellschaft 2009 versicherte: »Zuletzt hat noch immer der Optimismus der amerikanischen Verbraucher gesiegt.« Er hat natürlich Recht behalten. Bereits 2017 war die Privatverschuldung der US-Haushalte wieder fast auf Vorkrisen-Niveau angelangt. Allein die Kreditkartenschulden summierten sich auf über eine Billion Dollar. Also: Auf in die Shoppingmall!

## Malls: Ohne Uhren, ohne Fenster

»I love shopping.« (Brianna Bergmann, 19-jährige Braut, nach ihrer Hochzeit in der Mall of America)

Chuck Brand kam nicht zum Shopping in die Mall of America. »Wenn man 72 ist, dann hat man in seinem Leben genug eingekauft«, erzählte er einem Reporter, wenige Monate nachdem der größte Konsumtempel der USA in Bloomington, Minnesota, 1992 seine Pforten geöffnet hatte. »Aber die Sicherheitsleute kennen mich schon und lassen mich in Frieden, auch wenn ich hier nur rumsitze und nichts kaufe.«

Seit dem ersten Tag saß der ehemalige Immobilienmakler immer auf derselben Bank im Camp Snoopy, wie der Vergnügungspark der Mall mit seinen zwei Dutzend Fahrgeschäften damals hieß. Jeden Morgen um Zehn setzte ihn seine Frau mit dem Auto vor dem Haupteingang ab und holte ihn abends um Sechs wieder ab. In der Zwischenzeit beobachtete Mr. Brand das Treiben um sich herum. »Ich kann doch nicht einfach zu Hause sitzen und nichts tun«, erklärte er dem Journalisten. Wo er wohnte, gab es keine Läden und kein Café. Wohin also sonst, zumal im Winter? Als der Reporter weiterging, bedankte sich der alte Herr für das Gespräch: »Seit vier Monaten sitze ich auf dieser Bank, aber vor Ihnen hat sich noch nie jemand mit mir unterhalten.«

Amerikas Shopping Malls gelten als Quintessenz des suburbanen Mittelklasselebens im 20. Jahrhundert. Hier ging man nicht nur einkaufen, sondern auch arbeiten, essen, flanieren, ins Kino und sogar joggen. Hier konnte man abhängen, flirten und manchmal auch heiraten. Der Kultfilm *Dawn of the Dead* (deutsch: *Zombie*) wurde 1978 in einer Mall gedreht; Popstars wie Tiffany und Britney Spears sangen vor Mall-Publikum, bevor sie Konzerthallen füllten. »Im Guten wie im Schlechten war die Mall in den letzten 60 Jahren Amerikas Dorfplatz«, hieß es 2017 in der Zeitschrift *Time*.

Seit den 1940er Jahren war der Einzelhandel seiner kaufkräftigen Kundschaft aus den Stadtzentren in die *suburbs gefolgt*. Als reine Wohnstädte boten die aber keinen Platz für Kaufhäuser oder Geschäfte. Deshalb entstanden an allen Pendlerstraßen der Nation, als Reihe oder im Karree, Zweckbauten mit ausreichend Parkplätzen und Ladenflächen: Die Stripmall und das Shoppingcenter waren geboren. Als weltweit erstes Shoppingcenter gilt die Country Club Plaza bei Kansas City, Missouri, aus dem Jahr 1923. Ihre Architekten schufen eine Kopie der spanischen Stadt Sevilla, komplett mit Giralda und Neptunbrunnen.

Southdale Center, die erste voll überdachte Mall, liegt nur wenige Autobahnminuten von der Mall of America (MoA) entfernt in einem Vorort von Minneapolis – ein Zwerg neben dem MoA-Moloch. Sie wurde 1956 eröffnet, und ihr Schöpfer Victor Gruen hatte sie auch als Treffpunkt entworfen: Die Mall sollte zum Zentrum des modernen suburbanen Lebens werden – autogerecht, wetterunabhängig, sicher. Ihr Atrium erinnerte zeitgenössische Kritiker an öffentliche Plätze in Europa, wo man beim Kaffee beisammensaß. Southdale sehe »einer Innenstadt ähnlicher als die Innenstadt selbst«, hieß es in der Fachzeitschrift *Architectural Record*. Das Konzept war so erfolgreich, dass es die *Main Street* das Leben kostete. Jede neue Mall auf der grünen Wiese bedeutete weitere zugenagelte Schaufenster in den Stadtzentren. Der Preis für den Siegeszug der Shoppingmalls war der Verfall von Amerikas Innenstädten.

In den 1970er und 1980er Jahren schossen neue Malls wie Pilze aus dem Boden. Von außen glichen sie sich wie ein Ei dem anderen: fenster- und gesichtslose Kästen im Blechmeer der parkenden Autos. Auch im Inneren waren sie anfangs reine Zweckbauten mit Rigipswänden und nackten Versorgungsleitungen.

Doch je mehr die echten Einkaufsstraßen aus Amerikas Städten verschwanden, desto mehr wandten sich die Mall-Designer einem nostalgisch-idealisierenden Vorbild zu: Disneyland und seiner Main Street, USA. Dort hatte Walt Disney »The Happiest Place on Earth« geschaffen, inspiriert von seiner Heimatstadt Marceline, Missouri, und von den Kinos, Cafés und *candy stores* seiner Kindheit. Mit dieser erfolgreichen Mischung aus Nostalgie, Kommerz und Entertainment gingen nun auch die Malls auf Kundenfang. Zugleich wurden sie zu Giganten: Die Ghermezian-Brüder, Tycoons der Branche, setzten Anfang der 1980er Jahre mit der West Edmonton Mall im kanadischen Alberta neue Maßstäbe. Hier gab es nicht nur über 800 Läden, Kaufhäuser und Restaurants, sondern auch einen Vergnügungspark mit Fahrgeschäften, ein Eisstadion, eine Wasserrutsche und einen künstlichen See. Hier machte der Einzelhandel auf Anhieb doppelt so viel Umsatz wie in herkömmlichen Malls. Und die Kundschaft kam aus aller Welt: Die Mall war zur Touristenattraktion geworden.

Nach demselben Muster entstand die Mall of America. Vom Flughafen Minneapolis/St. Paul sind die zugehörigen 12 550 Parkplätze in fünf Minuten zu erreichen. Die Temperatur im Inneren beträgt zu jeder Jahreszeit konstant 21 Grad Celsius, und im Erlebnisaquarium tummeln sich mehrere hundert Haie. Man kann Smokings für Zweijährige kaufen oder Hundekuchen, die wie Hydranten geformt sind. Nur eines ist in der Mall of America nicht vorgesehen: Besorgungen für den täglichen Bedarf. In dem ganzen riesigen Komplex mit seinen über 500 Läden gibt es weder Apotheke noch Postamt. Die Mall handelt mit dem Überraschenden und Überwältigenden, das Nützliche und Lebensnotwendige ist nicht ihr Geschäft.

Die MoA-Betreiber zählen 40 Millionen Besucher pro Jahr; seit Eröffnung der Chapel of Love haben sich dort mehr als 7500 Brautpaare das Ja-Wort gegeben. Neue Attraktionen kommen immer mal wieder dazu. So kann man seit einiger Zeit im Amazing Mirror Maze durch ein Labyrinth aus Spiegeln irren. Außerhalb des Spiegelkabinetts ist der Orientierungsverlust der Besucher subtiler arrangiert. Die Mall hat ein mehr als 30 000

Quadratmeter großes Glasdach, aber kein einziges Fenster. 250 Überwachungskameras sind installiert, aber keine einzige Uhr. Nichts soll den Besucher an Raum und Zeit, an den Alltag außerhalb des Mall-Universums erinnern. Er soll endlos bummeln, shoppen, sich amüsieren – und im Idealfall eben auch den Überblick verlieren, wie viel Geld er dabei ausgibt.

Doch die Malls haben ihre besten Zeiten hinter sich. Deckten die Amerikaner Mitte der 1990er Jahre dort noch fast 40 Prozent ihres Einkaufsbedarfs, waren es 2002 nur noch knapp 20 Prozent. Seit 2006 ist laut Branchenverband ICSC in den USA keine einzige überdachte Mall mehr gebaut und eröffnet worden. Von den bestehenden kämpfen viele ums Überleben. Einige versuchen, kreativ über die Runden zu kommen: Als in der Galleria am Eriesee in Ohio nur noch acht Läden vermietet waren, funktionierten die Betreiber einen Teil des Gebäudes kurzerhand zum Gewächshaus um. Heute wachsen unter dem Glasdach Salat, Erdbeeren und Basilikum. Vor allem aber wächst auf der Website deadmalls. com die Liste der Nachrufe auf verlassene Malls, die von ihren treuesten Kunden beweint werden wie der letzte aufgegebene Tante-Emma-Laden in der Stadt.

Das letzte Mall-Großprojekt steht seit Jahren halbfertig in East Rutherford (New Jersey), unweit von Manhattan. Geplant war Xanadu Meadowlands als Amerikas gigantischste Mall – mit einem vertikalen Windtunnel zum Skydiving und der ersten Indoor-Skipiste der USA. Doch die Investoren hatten sich gleich doppelt verkalkuliert. Erstens kam ihnen die Rezession dazwischen. Und zweitens hat sich inzwischen der Trend gedreht. In letzter Zeit kommt beim Shopping in Amerika ein Klassiker wieder in Mode: die gute, alte Main Street, die Hauptstraße, die oft auch tatsächlich so heißt. In manchen Städten wie etwa in Winter Park, Florida, und Amarillo, Texas, hat man sie buchstäblich wieder ausgegraben – dort ließen die Stadtväter den Asphalt aufreißen, um die darunter verborgenen, historischen Pflasterstraßen aus roten Ziegeln freizulegen.

Nimmt die *Main Street* also späte Rache an der Mall? Zieht sie die Konsumenten wieder in die Stadt zurück? Zum Teil mag das so kommen. Denn ironischerweise sind die Probleme der Innenstädte längst auch in den Vororten und ihren Malls angekommen: Verarmung, Obdachlosigkeit, Kriminalität, ethnische Spannungen. Das US-Frauenmagazin *Good Housekeeping* brachte 1998 eine Geschichte mit dem Titel »Danger at the Mall«. Dieselbe kaufkräftige Kundschaft, die bis in die 1990er Jahre aus den Städten geflohen war, zieht es nun just dorthin zurück. Umgekehrt verdrängt die Gentrifizierung die sozial Schwächeren aus den Innenstädten in die *suburbs*. Amerikas Vorstadtmalls seien nicht länger Schutzgebiete für die weiße Mittelklasse, befand die britische Zeitschrift *The Economist* Ende 2007.

Doch so leicht geben Amerikas Bauträger und Stadtentwickler nicht auf. Sie setzen Disneys Konzept der *Main Street* jetzt nur noch konsequenter um. In den 1980er Jahren galt ein Glasdach als letzte Rettung für veraltete Einkaufszentren. Heute ist es umgekehrt: Geschlossene Malls werden geöffnet. Neue Shoppingcenter baut man wieder unter freiem Himmel, Ziegelpflasterstraßen und Kolonialstil-Fassaden inklusive, und vermarktet sie als *town-* oder *lifestyle centers*. Hier gibt es Restaurants mit Kellnern statt Fastfood und Konzerte statt Musik vom Band. In manchen dieser neuen Gebilde auf der grünen Wiese kann man sogar wieder wohnen und arbeiten. Für Bauherren und Betreiber ist das die perfekte Lösung. Sie haben wieder etwas Neues zu bieten und sparen zugleich eine Menge Geld. Denn offene Malls sind nicht nur schneller und billiger zu bauen, sie sind auch günstiger im Unterhalt.

Wenn Sie nun aber Tom fragen, einen Dozenten, der mit Frau und zwei Kindern in Manhattan wohnt, dann winkt er beim Thema Mall gleich ab – egal ob geschlossen oder *lifestyle*. Auch Anne, Unternehmensberaterin aus Iowa mit großer Familie, zieht nichts mehr in die Welt der Fressmeilen und Ladenpassagen. Beide würden Ihnen sagen, dass sie ihre Zeit besser nutzen können, als in Malls herumzuirren, und dass sie generell nur noch selten einen Laden betreten. Meistens wählen sie ein anderes Einkaufskonzept *made in USA,* das den Einzelhandel längst nicht mehr nur in Amerika aufmischt: Amazon.

Der ehemals reine Online-Buchversand aus Seattle ist zum virtuellen *big box store* der Nation geworden, der fast alles aus einer Hand anbietet. Andere E-Commerce-Unternehmen ziehen nach. Hier ist der Einkauf bequemer als im Eckladen, hier findet man schneller als in jedem Fachgeschäft heraus, wie andere Käufer ein Produkt oder dessen Anbieter bewerten. Man kann, wie Anne, sämtliche Weihnachtsgeschenke samt Verpackung in einer einzigen Mittagspause ordern. Man kann sich, wie Tom, mit einem einzigen Mausklick die Babywindeln fortan frei Haus liefern lassen, statt sie durch die Stadt zu schleppen – Windeln per Dauerauftrag, und Tom bekommt obendrein einen Rabatt dafür. Noch ist der Anteil des elektronischen Handels am gesamten US-Branchenumsatz mit knapp 13 Prozent relativ gering, doch er wächst seit Jahren deutlich schneller als der übrige Einzelhandel. Schon jeder zweite Haushalt hat ein Amazon-Prime-Konto, mit dem man von Sportsocken über Speicherchips bis zum Knuspermüsli nahezu alles frei Haus bestellen kann. Und weil sich die amerikanischen Verbraucher auf diesem Weg auch viele hochwertige Waren liefern lassen, hat der Onlinehandel sogar sein ganz eigenes Langfinger-Format hervorgebracht: *porch pirates* nennt man die Diebesbanden, die ausgelieferte Päckchen und Pakete von den Eingangsterrassen amerikanischer Häuser wegstehlen, bevor die rechtmäßigen Eigentümer von der Arbeit nach Hause kommen.

Aber wem erzähle ich das alles – Sie kennen das längst aus Deutschland und auch aus anderen Ländern. Amazon, Shoppingmalls, Outlet Stores: Ist das überhaupt noch typisch amerikanisch? Gibt es im Zeitalter der Globalisierung ein »echtes« USA-Einkaufserlebnis? Ich denke schon. Es ist zwar nicht besonders spektakulär, kann aber unterhaltsamer sein als jeder Mallbesuch. Die Rede ist vom *garage sale.*

Amerikaner bewahren in ihren Garagen meistens alles Mögliche auf, nur nicht ihre Autos. Die stehen in der Einfahrt, denn erstens muss man sowieso dauernd irgendwohin fahren, und zweitens sind die meisten älteren Garagen für moderne SUVs oder Minivans zu klein. Drittens und in erster Linie aber braucht man die Garage als Abstellraum für Ausgemustertes, vor allem, wenn das Haus keinen Keller hat. »Und weil wir noch lieber etwas Neues kaufen, als etwas Altes zu horten«, wie es meine Nachbarin Irene formuliert, ist irgendwann ein *garage sale* fällig – spätestens dann, wenn das Garagentor nicht mehr richtig zugeht.

Fast überall in den USA gibt es diese Institution, auch *yard sale* oder *moving sale* genannt. Wenn Amerikaner umziehen oder einfach nur ausmisten, veranstalten sie in der Garage, im Vorgarten oder im Hof einen privaten Flohmarkt. Verkauft werden Möbel und sonstiger Hausrat, Garten- und Sportgeräte, Kleidung, Spielzeug und Bücher; ab und zu ist sogar ein Auto dabei. Häufig tun sich mehrere Familien oder die Nachbarn einer ganzen Straße zusammen. Wer für sein altes Sofa oder für zehn Jahrgänge *National Geographic* keinen Käufer mehr findet, lässt zum Schluss einfach alles am Straßenrand stehen. Oft nimmt noch jemand das eine oder andere als Gratisware mit. Den Rest entsorgt die Müllabfuhr.

Uns hat Irene gleich am Tag unseres Einzugs auf die richtige Spur gebracht. Wir waren mit dem Flugzeug gekommen, aber unser Hausrat steckte in Schiffscontainern und würde erst Wochen später eintreffen. Nach einem Blick durch die leeren Räume drückte Irene uns das lokale Wochenblatt und den Stadtplan in die Hand. Es war ein Freitag im August, und fürs Wochenende waren per Kleinanzeige ein Dutzend *garage sales* angekündigt.

Bis Samstagmittag hatten wir einige Stadtteile Princetons und eine Menge Leute kennengelernt. Wir hatten festgestellt, dass auch Amerikaner gern um Preise feilschen. Wir wussten deutlich mehr über die besten Elektro-Kleingeräte und Pilates-Kurse auf DVD. Vor allem aber hatten wir eine Grundausstattung für unser neues Haus beisammen, darunter einen Gartentisch mit vier Klappstühlen, einen feuerroten Blechbollerwagen und einen Föhn für 50 Cents. Alles zusammen hatte vielleicht 50 Dollar gekostet.

Unsere Möbel aus Deutschland kamen vier Wochen später, und inzwischen ist auch unsere Garage schon ziemlich voll. Doch wann immer wir auf einem Ausflug an einem Baum oder Laternenpfahl so ein typisches Hinweisschild sehen (»Multi-Family Yard Sale, Second Right«), biegen wir rechts ab. Oft finden wir nichts Besonderes, aber fast nie fahren wir ohne irgendeinen kleinen Fund weiter – und fast nie ohne das (amerikanische?) Gefühl: Das war ein guter Deal!

# *Diets:* Die Esskultur

»A nation's diet can be more revealing than its art or literature.«
(Eric Schlosser, *Fast Food Nation: The Dark Side of the All-American Meal,* 2001)

Ein Kilo pro Monat – das nahm ich im Schnitt in Amerika zu. Damals war ich Mitte Zwanzig. Morgens ging ich zu Fuß zur Arbeit, abends regelmäßig laufen oder ins Fitness-Studio. Fritten, Burger und Hotdogs mochte ich schon damals nicht besonders, Cola und andere Softdrinks auch nicht. *American breakfast* mit Pfannkuchen, Ahornsirup, Eiern und Speck gab es nur am Wochenende. Trotzdem zeigte die Waage nach sechs Monaten sechs Kilo mehr an.

Das war nun weit entfernt von jenem Rekord, den der Dokumentarfilmer Morgan Spurlock aufstellte: Nur ein Monat lang täglich extragroßes Frühstück, Lunch und Dinner bei McDonald's machten ihn um gut elf Kilo dicker – ein Selbstversuch, den Spurlock 2004 in seinem preisgekrönten Film *Super Size Me* aufgezeichnet hat. Doch das Prinzip des *supersizing* funktioniert auch in kleineren Schritten über längere Zeit. Es funktioniert sogar ohne McDonald's, Burger King, Pizza Hut, Taco Bell und wie die Fastfood-Ketten sonst noch heißen, obwohl das Wort und das Konzept dort erfunden wurden. (Die Fastfood-Firmen hatten herausgefunden, dass fast niemand zwei Portionen kauft, dass aber bei *einer* »extragroßen« Portion die Hemmschwelle deutlich niedriger liegt.)

Es erwischt zuverlässig jeden, der sich von dem überreichen Angebot industriell hergestellter Lebensmittel *made in USA* überwältigen lässt. Meine sechs Kilo »Übergepäck« auf dem

Rückflug stammten in erster Linie von extra-kalorienreichen Salatsoßen, von besonders großen Portionen besonders sahniger Eiscreme und von abgepacktem Brot, das sich wie ein Schwamm zusammenpressen lässt – weiß, weich und mit Maissirup angereichert. In Deutschland dauerte es mehrere Wochen, bis ich mich wieder an die kleineren Portionen und an die weniger intensive Süße der meisten Lebensmittel gewöhnt hatte.

All das findet man in Amerika auch heute: zu große Portionen, zu viel Zucker, zu viel Salz, zu viel Fett, zu viele Aromen und Farbstoffe. Das Prinzip »Mehr ist besser« funktioniert noch immer. »Einen Kaffee, bitte«, ist eine Bestellung, die man im Coffeeshop nur selten hört. Eher wird so etwas wie »One double skim iced caramel cap« (ein doppelter, geeister Karamel-Cappucchino mit fettarmer Milch) verlangt. Eine »kleine Portion« Eis entspricht drei, vier Kugeln einer durchschnittlichen Eisdiele in Deutschland, und selten wird sie ohne Toppings – m & ms, Schokoladensoße oder karamellisierte Walnüsse – geordert.

Ein ähnlicher Overkill droht in amerikanischen Supermärkten. Die mit Abstand größte Auswahl hat man bei Softdrinks und Snacks – *chips* und *crackers, cakes* und *cookies, dips* und *donuts*. Der Anreiz, mehr zu kaufen, ist überall präsent: Wer gleich drei Tiefkühlpizzas oder die extragroße Familienpackung Hotdog-Würstchen nimmt, kriegt mehr für sein Geld. Meistens wird das Zeug nicht einmal schlecht. Industriell verarbeitete Lebensmittel sind in den USA extrem lange haltbar, und wenn man Ernährungsfachleuten glaubt, die nicht von der Lebensmittelindustrie bezahlt werden, ist das kein gutes Zeichen. Dass konventionelle Milch neben Kalzium und Vitaminen auch Antibiotika und Wachstumshormone enthält, muss man wissen – es steht nämlich nicht drauf. Nur umgekehrt wirbt die Bio-Milch damit, dass sie hormon*frei* ist.

Doch mit diesen Regalkilometern voll Junkfood und genetisch manipulierter Nahrung ist Amerikas Lebensmittel-Landschaft nicht mehr vollständig beschrieben. Zwar bestehen solche Monokulturen in manchen Regionen weiter. An den Küsten und in anderen urbanen Ballungsgebieten ist inzwischen aber auch das Angebot an frischen Lebensmitteln geradezu überwältigend. Neben Fertig-Burgern und Chicken Nuggets für die Mikrowelle wird Hackfleisch von Weiderindern aus Montana und Freiland- geflügel in bester Qualität verkauft. Auch Obst und Gemüse aus der Region werden angeboten; *to buy local* ist wieder populär. Die Zahl der *farmers markets,* auf denen man Waren direkt vom Bauern kaufen kann, hat sich seit 2004 verfünffacht. Und fast in jedem Supermarkt ist nun zu haben, was vor 30 Jahren noch ein Nischendasein in Bioläden oder *food co-ops* fristete: *organic food,* Lebensmittel aus biologischem Anbau.

Ende der 1970er Jahre gab es in den ganzen USA vielleicht ein halbes Dutzend Öko-Supermärkte. Zu diesem Zeitpunkt liehen sich in Austin, Texas, zwei Studienabbrecher 45 000 Dollar von Familien und Freunden. Sie gründeten einen Bioladen, den sie, in Verballhornung des kalifornischen Einzelhandelskonzerns Safeway, SaferWay tauften. Zusammen mit zwei weiteren jungen Geschäftsleuten eröffneten sie 1980 den ersten Whole-Foods-Su- permarkt. Bald expandierte das Unternehmen nach New Orleans und Palo Alto, Kalifornien. Heute ist Whole Foods die größte Öko-Supermarktkette der Welt mit knapp 500 Filialen.

Nun wird der Gehalt der Bezeichnung *organic* in Amerika ebenso angezweifelt wie der von Bio in Deutschland, und Puris- ten halten das von Whole Foods propagierte Lebensmittel-Idyll für nicht viel mehr als eine clevere Geschäftsidee – immerhin verkauft auch dieser Konzern jede Menge industriell produzierter Waren. Zudem war Whole Foods sofort als *Whole Paycheck* ver- schrien, weil sich nur Leute mit großem Gehalt den Einkauf dort leisten konnten. Doch mittlerweile haben Einzelhandelsriesen wie Walmart und ShopRite ebenfalls *organic food* im Angebot – ein deutliches Zeichen für eine breitere Nachfrage. Laut Umfra- gen kaufen inzwischen zwei von drei Amerikanern regelmäßig Ökolebensmittel und geben dafür pro Jahr über 40 Milliarden

Dollar aus. Whole Foods gehört seit Sommer 2017 zum Handelsimperium des Amazon-Gründers Jeff Bezos – und wenn der das Geschäft mit den Bioprodukten auch nur halb so gründlich umkrempelt wie einst den Buchhandel, dann kann man sich auf einiges gefasst machen.

Schon jetzt steht der Name Whole Foods für eine *food revolution*, wie es im *New Yorker* hieß. Mag sein Anteil am gesamten Lebensmittelmarkt auch weniger als zwei Prozent betragen: Dass in Amerika heute insgesamt anders eingekauft und gegessen wird als vor 30 Jahren, ist nicht zuletzt ein Verdienst dieses Unternehmens. Fernsehköche wie Rachael Ray und der Brite Jamie Oliver, aber auch die *food journalists* Eric Schlosser und Michael Pollan haben dazu ebenfalls beigetragen. Schlossers Bestseller *Fast Food Nation* (2001) und Pollans *The Omnivore's Dilemma* (2006) deckten die ungesunden Praktiken der Junkfood-Industrie auf und warben für eine neue Esskultur. Dabei implizierte der Ruf nach einer neuen Ernährungsethik weit mehr als nur das Verlangen nach gesünderem Essen: Hier wurde eine Kultur (wieder) entdeckt, in der Qualität statt Masse zählt, in der Lebensmittel umweltgerecht produziert und fair gehandelt werden.

Die Sehnsucht nach Erdung, nach einer direkten Verbindung zwischen Mensch und Land kann dabei ebenso eine Rolle spielen wie der unverwüstliche amerikanische Glaube an ewige Jugend – diesmal nicht durch Fortschritte der Pharmaforschung, sondern durch natürlich-optimale Ernährung. »I'm quite religious about food«, fasst es eine Veganerin aus meinem Bekanntenkreis zusammen. Ihre beste Freundin ist ebenfalls Veganerin und *animal lover*, die in ihrem Haus kein einziges Tierprodukt duldet, nicht einmal Wollsocken. Das mag nicht gerade die Regel sein, ist aber längst nicht mehr so exotisch, dass man sich nicht bei der Planung einer Dinnerparty auf diverse Sonderwünsche einstellen müsste. Jeder hat seine eigenen Vorstellungen von der optimalen *diet*. »Früher gab es den großen, traditionellen Weihnachtsbraten«, sagt Betty, die jedes Jahr ihre Kinder und Enkel zum *Christ-*

*mas dinner* einlädt. »Aber in den letzten Jahren habe ich mich schon beim Einkaufen gefragt, was eigentlich in uns gefahren ist. Der eine ist Vegetarier. Der andere isst Meeresfrüchte, aber keinen Fisch, und für den nächsten sind Kohlehydrate das reinste Gift. Inzwischen muss ich fast für jeden etwas anderes kochen.«

Sind die USA also auf dem Weg von der *Fast Food Nation* zum Land der Gourmets und Gesundheitsapostel? Jede Fahrt durch Amerikas Stripmalls mit ihren *Drive-Thrus* und *pizza parlors* rückt solche Vorstellungen schnell wieder zurecht. Ja, gesunde Ernährung ist *ein* Trend in den USA. Doch für viele Amerikaner zählt in erster Linie noch immer etwas anderes, wenn es ums Essen und Trinken geht: Ist es preiswert? Ist es bequem? Und vor allem: Geht es schnell?

### *Super Size Me:* Fastfood

»Americans want their food to be quick, convenient, and cheap.« (John Ikerd, The New American Food Culture, *Field Notes,* Frühjahr 2005)

Amerikaner haben wenig Zeit. Sie haben mehr Kinder, längere Arbeitszeiten und legen im Alltag weitere Entfernungen zurück als der Durchschnittseuropäer. Deshalb haben traditionelle Familienmahlzeiten in den USA laut Umfragen heute Seltenheitswert. Im Alltag zählt es schon als Kochen, wenn man eine Fertigportion Käse-Makkaroni in der Mikrowelle heißmacht. »Did you make that from scratch?«, Ist das wirklich selbst gemacht? – diese Frage wird hier fast immer mit erstauntem Unterton gestellt, egal ob es um Geburtstagstorte oder Gemüseeintopf geht. All dies trifft heute in gewissem Maße sicher für viele Länder zu. Doch die Fastfood-Kultur ist nicht nur deshalb besonders typisch für Amerika, weil sie hier erfunden wurde. Sie hat sich außerdem in diesem Einwanderungsland ohne ausgeprägte Regionalküchen besonders nachhaltig durchsetzen können – angeschoben von einem hoch dynamischen Industriekapitalismus, gefördert von einer wirtschaftsfreundlichen Politik und angenommen von einer fortschrittsgläubigen Konsumgesellschaft.

Paradoxerweise sollte einer der größten Dickmacher der *All-American diet* ursprünglich sogar für gesündere Ernährung sorgen. Ende des 19. Jahrhunderts konnte das amerikanische Frühstück aus Schinken, Würsten, Austern, Eiern oder Schweinsfüßen bestehen – nicht das Richtige, um den Körper für die Rückkehr Christi rein zu halten, wie Ellen G. White, die Mitbegründerin und Prophetin der Siebten-Tags-Adventisten befand. Gott verlange eine fleischlose Diät. Diesen Befehl von ganz oben versuchte John Harvey Kellog, der Leiter einer Mormonenklinik in Michigan, nun umzusetzen. Zum Frühstück ließ er gekochtes Getreide servieren. Doch die Zubereitung war aufwendig, und die Patienten mochten den zähen Brei nicht. Gemeinsam mit seinem Bruder Kevin experimentierte Kellog deshalb mit den Körnern, bis sie eher durch Zufall eine gute Methode fanden: Gekochte, gepresste und wärmegetrocknete Getreideflocken, die man einfach mit Milch übergießen konnte. Die Cornflakes waren geboren. Als die Brüder sie auf den Markt bringen wollten, kam es zum Streit. John hielt Zucker für Teufelszeug, Kevin hielt ihn für notwendig, um den Amerikanern das neue Produkt schmackhaft zu machen. Wie wir alle wissen, hat Kevin sich durchgesetzt. Kellog's Cornflakes wurden ein Riesenhit – zuerst in Amerika, dann in der ganzen Welt.

Nach dem Frühstück steht die nächste Fastfood-Station für die meisten amerikanischen Kinder schon fest: das Mittagessen in der Schule. Das wöchentliche Lunch-Menü meines Sohnes in der staatlichen Grundschule las sich wie die Speisekarte eines Schnellrestaurants: montags »French Toast« mit viel Sirup, dienstags »Chicken Nuggets & *Tater Tots*« (letzteres sind frittierte Kartoffelreste), mittwochs »Hoagies« (Riesen-Sandwiches), donnerstags »Macho Nachos« mit Käsesauce, freitags »Tony's Pizza«. Gemüse und Salat waren Nebensache.

Nach so viel systematischer Vorbereitung von Kindesbeinen an ist es kein Wunder, dass der Durchschnittsamerikaner jede Woche drei Hamburger und vier Portionen Pommes Frites vertilgt. Alle US-Bürger zusammen verzehren jedes Jahr Fastfood für rund 200 Milliarden Dollar. Nicht einmal für neue Autos oder für das Studium ihrer Kinder geben die Amerikaner so viel Geld aus wie für Doppel-Whopper und Happy Meals. Was Ende des 19. Jahrhunderts mit einer Handvoll Hotdog-Stände auf der Weltausstellung von Chicago begann, ist heute eine Industrie mit 250 000 Fastfood-Filialen und vier Millionen Beschäftigten.

Vieles ist für die steile Karriere des Fastfood verantwortlich gemacht worden, unter anderem die Autofahrer-Gesellschaft und die wachsende Beschäftigungsquote der amerikanischen Frauen. Doch es war und ist wohl auch die Macht dieses industriell perfektionierten Produkts selbst, die das Land erobert hat. Konsistenz und Geschmack des Fastfoods werden von Laborchemikern ständig weiter optimiert. Die Zutaten werden maschinell verarbeitet, frittierfertig verpackt und tiefgefroren an die Kettenrestaurants geliefert. Dort wird das Essen nicht gekocht und serviert, sondern wie am Fließband einer Fabrik zusammengestellt, verpackt und geliefert. Dieses Prinzip hat Ray Kroc, der McDonald's zum Weltkonzern machte, von der Autoindustrie abgeguckt. Das Einheitsdesign sorgt dafür, dass die Konsumenten, wo immer sie auch sein mögen, ihre Marke mit der überschaubaren Palette immer gleicher Mahlzeiten sofort wiedererkennen.

Für kein anderes Produkt wird in Amerika so massiv geworben wie für Fastfood. McDonald's, seit jeher Branchenvorreiter, gibt mehr Geld für Werbung und Marketing aus als jede andere Marke. Entsprechend sind die *Golden Arches,* wie man das goldgelbe, M-förmige Markenzeichen des Unternehmens nennt, und Ronald McDonald in Amerika heute bekannter als Coca Cola und Donald Duck. Keine andere Firma in den USA kauft mehr

188

Rindfleisch, Schweinefleisch oder Kartoffeln als McDonald's. Der Konzern ist der größte private Spielplatzbetreiber der USA und einer der größten Arbeitgeber: Einer von acht Arbeitern hat irgendwann in seinem Leben einen Job bei McDonald's.

Das Marken-Franchise-System von McDonald's war ökonomisch dermaßen erfolgreich, dass es tausendfach kopiert wurde – von anderen Fastfood-Unternehmen, aber auch vom Einzelhandel und weiteren Branchen. Der Agraraktivist Jim Hightower warnte schon 1975 in seinem Buch *Eat Your Heart Out* vor der »McDonaldisierung« Amerikas. Er sah die wachsende Marktmacht der Fastfood-Industrie als Bedrohung für unabhängige Bauern und Unternehmer. Gleichzeitig warnte er vor einer standardisierten Einkaufs- und Esskultur. Tatsächlich hat Amerika heute mehr Gefängnisinsassen als unabhängige Vollzeitbauern. Auch die immer gleichen Stripmalls mit ihrem immer gleichen Ketten-Mix geben Hightower Recht: In Amerikas uniformen Einkaufszentren und *food courts* ist kaum mehr zu erkennen, ob man sich in Florida befindet oder in Idaho.

Und noch einen hohen Preis zahlt das Land für den Erfolg der Fastfood-Industrie und ihrer Geschäftsmethoden: Mit McDonald's kamen die *McJobs*. Von den Großfarmen und Schlachthöfen bis zu den Kettenrestaurants kommt die gesamte Branche heute weitgehend mit ungelernten Arbeitern aus. Einige wenige schaffen es in die Ränge des Managements. Der große Rest wird schlecht bezahlt, ist weder alters- noch krankenversichert und zieht meist schon nach einigen Monaten weiter – auf der Suche nach dem nächsten Job, der kaum einen allein und erst recht keine Familie ernährt. Mindestlöhne und bessere Sozialstandards hat die Branchenlobby ebenso verhindert wie wirksame Gesetze für die Lebensmittelsicherheit. »Die Fastfood-Industrie verkörpert die besten und die dunkelsten Seiten des amerikanischen Kapitalismus«, schreibt Eric Schlosser. »Sie steht für immer neue Produkte und Innovationen, aber auch für die ständig wachsende Kluft zwischen Arm und Reich.« Immerhin hat der Trend zur gesünderen Ernährung auch eine breite Diskussion über Mindestlöhne in Gang gebracht, und eine Reihe von Staaten haben daraufhin Erhöhungen beschlossen. Zuletzt wurden in 29 von 50 Staaten höhere Mindestlöhne gezahlt als die national vorgeschriebenen 7,25 Dollar.

Unter Druck steht die Branche aber hauptsächlich aus einem anderen Grund. Sie wird für die verbreitete Fettleibigkeit, für Herzkrankheiten, Diabetes und explodierende Kosten im Gesundheitswesen verantwortlich gemacht. Vor allem der Protest gegen Fastfood in den Schulen wird lauter. Dort gibt es sogar Ansätze zu staatlicher Regulierung. So darf an kalifornischen Schulen seit einigen Jahren kein allzu zucker- oder fetthaltiges Junkfood mehr verkauft werden; auch Softdrinks wurden aus der Cafeteria verbannt.

Die Fastfood-Industrie gibt für den Kampf gegen die staatliche Regulierung ihrer Branche Milliarden aus. Doch Bücher wie *Fast Food Nation* und Filme wie *Super Size Me* haben Wirkung gezeigt. Die Verbraucher begannen ihren Burgern zu misstrauen, die Umsätze gingen zurück. Die Konzerne mussten reagieren. Deshalb kann man in den meisten Kettenrestaurants nun einen Salat statt einem Cheeseburger bestellen, gegrilltes Huhn statt frittierter Chicken Nuggets und Mineralwasser statt Cola.

Natürlich mangelt es in Amerika nicht an findigen Unternehmern, die auch aus diesem Trend gleich ein Geschäft machen. Im neuen Marktsegment des *fast-casual dining* servieren Schnellrestaurantketten wie Sweetgreen, Shake Shack und Smashburger die Quadratur des Kreises: gesundes und frisches Fastfood. Eine von ihnen, LYFE Kitchen – kurz für »Love Your Food Everyday«–, wurde sogar von zwei ehemaligen McDonald's-Managern gegründet. Das Konzept des schnellen, lässigen Essens, kombiniert mit nachhaltiger Lebensphilosophie, scheint aufzugehen. Während McDonald's zuletzt zum ersten Mal seit den 1970er Jahren auf dem Heimatmarkt mehr Filialen schließen musste als neue eröffnete, wächst die grüne Konkurrenz im Rekordtempo.

Die Behörden unterstützen die Bewegung mit kleinen Schritten: mit Werbung für *healthy snacks*, mit Aufklärungskampagnen, in manchen Staaten auch mit Extra-Mehrwertsteuern auf Softdrinks oder Junkfood.

Doch ganz aus dem *American Way of Life* ist das klassische Fastfood nicht wegzudenken. Dass es vor allem für Leute mit geringem Einkommen weiterhin oft auf dem Speisezettel stehen wird, ist auch eine Frage der Verfügbarkeit – und des Preises. In den USA haben sich Obst und Gemüse in den letzten 25 Jahren um real 50 Prozent verteuert. Fastfood hingegen ist im gleichen Zeitraum, nicht zuletzt dank einseitiger Agrarsubventionen, inflationsbereinigt sogar billiger geworden. In Amerikas sozialen Ghettos ist es deshalb allgegenwärtig, und frische Lebensmittel sind eine Mangelware.

Einen besonders kreativen Weg, den Fastfood-Konsum gerade in den ärmeren Vierteln einzudämmen, hat man sich in New York ausgedacht. Als Vehikel dienen dabei ausgerechnet jene Imbisskarren, die normalerweise billiges Junkfood unters Volk bringen. Die *street carts* gehören zum Stadtbild New Yorks wie die gelben Taxis. Seit 2008 bietet das Gesundheitsamt nun 1000 Sonderlizenzen für mobile Snackverkäufer an, wenn sie Obst und Gemüse statt Hotdogs mit Honigsenf verkaufen. Einen grünen Schirm bekommen die *green-cart*-Betreiber dazu – als Markenzeichen der neuen Oasen in *food deserts*, also in Stadtvierteln, wo es schon lange keine herkömmlichen Lebensmittelläden mehr gibt. Sein Geschäft laufe gut, erzählte ein *green-cart*-Verkäufer in der Bronx – und eigentlich sei das ja auch kein Wunder: »Oder können Sie sich bequemeres Fastfood vorstellen als eine Banane?«

## *Foodies:* Essen als Statussache

»No longer is America the developed world's worst food nation; in fact, it's perhaps the best.« (Jerry Weinberger, America's Food Revolution, *City Journal,* Sommer 2009)

In New York trafen wir vor einiger Zeit Pavel, einen Künstler aus der Schweiz. Wir gingen in ein Bistro in Midtown und teilten dort mit vielen anderen Gästen einen großen, rustikalen Holztisch. Schräg gegenüber bestellte eine Familie mit zwei kleinen Kindern einen *organic baker's basket* mit traditionellem Landbrot. Die großen, runden Laibe werden in der zugehörigen Bäckerei gebacken und auch verkauft. Es wurde viel geredet und Zeitung gelesen. Besonders eilig hatte es niemand, obwohl sich vor dem Schild mit der Aufschrift »Please wait to be seated« schon eine Warteschlange gebildet hatte. Pavel kannte die USA noch aus einer Zeit, als der Kellner die Rechnung schon auf den Tisch knallte, bevor die Teller leer waren. »Ich staune darüber«, sagte er, »wie sehr die Amerikaner in den letzten 20, 30 Jahren das Leben entdeckt haben.«

Das Lokal, von dem hier die Rede ist, ist weder amerikanisch noch einzigartig. Es ist eine von US-weit mittlerweile an die 50 Filialen der ursprünglich belgischen Kette Le Pain Quotidien. Auch in vielen anderen Städten der Welt von Düsseldorf bis Dubai ist sie inzwischen vertreten. Doch die USA waren das zweite Land, in dem Unternehmenschef Alain Coumont die Marke 1997 einführte – und das ist kein Zufall. Die Lokale mit dem betont schlichten Design eines Landgasthofs sind in Amerika extrem erfolgreich, weil sie denselben starken Trend bedienen wie die grünen Fastfood-Restaurants, nur eben in anderer Form. »Freunde und Fremde kommen an unserem Gemeinschaftstisch zusammen, um ihr Brot miteinander zu teilen und um zu verweilen«, heißt es etwas salbungsvoll in der Werbung. Es wird betont, dass man überwiegend Lebensmittel aus nachhaltiger Landwirtschaft verwendet, dass die Einrichtung aus recyceltem Material besteht und mit umweltfreundlichen Mitteln geputzt wird. Le Pain Quotidien, mittlerweile mit Hauptquartier in New York, ist die erste Slowfood-Kette Amerikas.

Die Revolution begann in Berkeley, Kalifornien. Hier eröffnete Alice Waters 1971 das Restaurant Chez Panisse. Bis dahin kannte man in den gesamten USA nur eine Handvoll erstklassiger Restaurants, das Four Seasons in New York etwa und Le Trianon in San Francisco. Für gute Regionalküche stand allenfalls der amerikanische Süden. Im Großen und Ganzen war gutes Essen aber schlicht kein Thema. Es galt dieselbe Devise, die europäische Besucher schon in den frühen Tagen der amerikanischen Republik notiert hatten: »gobble, gulp, and go«, was ungefähr so viel heißt wie: »schlingen, schlucken, nichts wie weg«. Koch war ein ordentlicher Beruf wie Klempner oder Lastwagenfahrer, aber von Starpotential konnte keine Rede sein.

Bei Chez Panisse wurde nach Rezepten aus der mediterranen Küche Frankreichs, aber nur mit frischen Lebensmitteln aus der Region gekocht. Waters' Frischepostulat setzte einen Kontrapunkt zum industriell fabrizierten Einerlei in Amerikas Küchen: Kochen wie in (idealen) alten Zeiten, bevor es TV-Dinners, Erbsen aus der Dose und *mozarella sticks* gab. Aus der kleinen Küche in Berkeley zog der Duft der *California Cuisine* bald weit über die Grenzen der Universitätsstadt hinaus. Etwa zur gleichen Zeit schufen kalifornische Winzer im Napa Valley ein neues Mekka für Weinliebhaber aus aller Welt.

Heute finden Sie fast überall in Amerika zwischen den vielen Fastfood-Filialen auch Restaurants, in denen experimentierfreudige Küchenchefs ihre Ideen von guter Küche umsetzen. In Großstädten wie New York und Chicago werden ständig neue Fusion-Restaurants oder Ethno-Foodbars zuerst als Geheimtipps gehandelt und dann in den Lokalmedien gerühmt, bis man, um dort zu essen, schon Wochen im Voraus einen Tisch reservieren muss.

Für gebildete Amerikaner ist kulinarisches Savoir-vivre heute eine Klassenfrage. Man schafft sich Zugang zu einer Welt des echten Luxus – und unterscheidet sich zugleich von den »Neureichen«, denen man jeden Geschmack abspricht, auch wenn sie die angesagten Luxusrestaurants bevölkern. Neben der Selbsterziehung zum Feinschmecker und Weinkenner ist dabei auch ambitioniertes Kochen in Mode gekommen. Einmal waren wir bei einem Wirtschaftsprofessor eingeladen, der alte Weine sammelt und eine Zeitschrift zur Ökonomie des Weins herausgibt. Zum Dinner servierte er vegetarische Gerichte nach eigenem Rezept. Gekocht hatte er mit Gemüse und Kräutern, die er im Biogarten hinter seinem Haus zog. Und als wäre es das Selbstverständlichste auf der Welt, wurden beim Essen nicht weniger als drei Flaschen äußerst seltener Weine geöffnet, darunter ein deutscher Weißwein, Jahrgang 1964.

Spitzenköche werden in den USA heute wie Hollywood-Stars verehrt. Das verdanken sie neben Alice Waters einer weiteren Pionierin der kulinarischen Revolution in Amerika: Julia Child. Bereits in den 1960er Jahren demokratisierte sie die *haute cuisine* im Massenmedium Fernsehen. Ihre Live-Kochsendung *The French Chef* machte der amerikanischen Hausfrau Mut zu Bœuf Bourguignon und Ente à l'Orange. Die große, etwas ungeschlachte Julia mit ihrem dunklen Wuschelkopf war kein Ehrfurcht gebietender Meisterkoch. In ihrer TV-Küche wurde auch nur mit Wasser gekocht – oder vielmehr mit dem, was ein US-Supermarkt zu bieten hatte. Als das *Time Magazine* Child 1966 als »Our Lady With The Ladle« feierte, stand deren Kochbuch *Mastering The Art Of French Cooking* längst in jedem amerikanischen Haushalt, der etwas auf sich hielt.

Doch auch wenn die Kochbücher der Starköche heute Bestseller sind: Hier geht es nicht nur ums Kochen. Es geht um Brot und Spiele. Gewiss, ein Teil Amerikas kocht selbst. Die große Mehrheit aber steht nicht in der Küche. Sie sitzt auf dem Sofa, das TV-Dinner neben sich, und schaut beim Kochen zu. Seit 1993 sorgt ein ganzer Kochkanal im Kabelfernsehen dafür, dass auch

Amerikas Otto-Normalverbraucher kulinarisch auf dem Laufenden bleiben. Das *Food Network* ist heute in rund 100 Millionen Haushalten zu sehen. Auch auf anderen Kanälen zählen Koch-Shows zu den Publikumsmagneten. Bei Fox TV zum Beispiel zieht der Starkoch Gordon Ramsey mit seiner Serie *Hell's Kitchen* jede Woche um die fünf Millionen Zuschauer an. Das sind neben Leuten, die gern kochen, auch Leute, die gern essen – eine deutlich größere Gruppe mit deutlich mehr Männern. Und weil Männer es sportlich mögen, gibt es am Abend Shows wie »*Iron Chef America*«: Die Küche wird zum Stadion. Hier wetteifern Köche miteinander, wer innerhalb einer Stunde aus einer bis zuletzt geheim gehaltenen Grundzutat – etwa einem Tintenfisch – das spektakulärste Menü zusammenbrutzelt.

Den Starköchen auf dem TV-Bildschirm werden indes immer weniger aktive Familienköche gegenübersitzen. Davon ist Harry Balzer, ein alter Hase im Geschäft des Lebensmittel-Marketing, überzeugt: »Ein Huhn zum Dinner – das hieß vor 100 Jahren: Man fing das Huhn draußen auf dem Hof und drehte ihm den Hals um. Vor dem Braten musste es gerupft und ausgenommen werden. Kennen Sie irgendjemanden, der das heute noch tut? Er würde glatt für verrückt erklärt. Genauso wird Ihren Enkeln das Kochen vorkommen: Als etwas, das die Leute früher tun mussten, weil sie keine andere Wahl hatten.« Die Zeiten änderten sich eben, meint Balzer achselzuckend: »Finden Sie sich damit ab.«

Nur eine uramerikanische Variante des Kochens wird die Zeiten und Trends wohl überdauern: Das gute Steak vom Grill. Die Vorliebe für Steaks, sei es aus dem *steak house* oder vom *home grill,* eint Amerikaner aller Klassen und Regionen vom Fastfood-Junkie bis zum Slowfood-Connaisseur. Steaks sind alltäglich und zugleich etwas ganz Besonderes. In Iowa nahmen mich Kollegen einmal mit zu einem Steakhaus, das – wie sie betonten – bei Bankern und Truckern gleichermaßen beliebt sei. Schon auf der Fahrt dorthin hatte ich das Gefühl, eher zu einem heiligen

Ritual unterwegs zu sein als zum Lunch. In dem Restaurant saß man im Halbkreis um eine große, offene Feuerstelle, auf der fünf Grillmeister die Fleischstücke unter den kritisch-erwartungsvollen Blicken ihrer Kunden *medium* oder *rare* brieten. Zuvor aber galt es, sein Steak noch im Rohzustand selbst auszuwählen – aus einer langen Reihe von Kühlschränken mit Glastüren, sortiert von »Cube« über »New York Strip« bis »T-Bone«. Kaum eines davon wog weniger als ein Pfund.

Die Auswahl der verschiedenen Zuschnitte und die Qualität der Steaks ist schon in den normalen Supermärkten beeindruckend. Kaum ein Familienvater, der nicht einen mächtigen Grill im Garten stehen hätte und den auch fachmännisch zu bedienen wüsste. An Sommerabenden zieht der Duft der Barbecues durch alle Straßen. Hotdogs und andere Grillwürstchen sind dabei höchstens etwas für Kinder. Am 4. Juli, dem Unabhängigkeitstag, oder am Wochenende vor dem Labor Day, dem ersten Montag im September, der traditionell das Ende des Sommers markiert, ist Amerika ein einziges Grillfest. Und wenn man bedenkt, dass hier zumindest zwei kategorische Imperative der amerikanischen Essgewohnheiten erfüllt sind, ist die Vorliebe für das gute Steak nur konsequent: Es ist vielleicht nicht billig. Aber es ist definitiv *quick and convenient.*


### Truthahn für alle: Thanksgiving

»But Thanksgiving is more than eating, Chuck. … We should just be thankful for being together. I think that's what they mean by Thanksgiving, Charlie Brown!« (Marcie in dem Trickfilm *A Charlie Brown Thanksgiving* von Charles M. Schulz, 1973)


Beim Thanksgiving geht es um mehr als nur ums Essen – Charlie Browns Freundin Marcie hat recht. Aber zugleich liegt sie natürlich falsch. Thanksgiving, das (säkulare!) amerikanische Erntedankfest, wäre ohne das *Thanksgiving dinner* nicht denkbar. Das große Familienessen mit Truthahn ist das Ritual, mit dem die Tradition zelebriert und greifbar wird; es ist der Anlass, zu dem sich auch solche Familienangehörige einfinden, die sonst das ganze Jahr über eigene Wege gehen.

Wie Erntedankfeste in aller Welt preist auch die amerikanische Nationalfeier die Gaben der Natur. Doch als mindestens ebenso wichtig gilt es, sich die *nicht* materiellen Güter bewusst zu machen, für die man dankbar sein muss: Familie, Freunde, Gesundheit. Kaum ein Vorschulkind, das seiner Mutter nicht am Mittwoch vor Thanksgiving einen selbstgebastelten Papp-Truthahn mit der Aufschrift »I am thankful for my Mommy« mit nach Hause bringt.

Thanksgiving wird jedes Jahr am vierten Donnerstag im November gefeiert. Es markiert auch den Auftakt der *holiday season*, der Vorweihnachtszeit, wie wir sagen würden. Doch das hört man in Amerika nicht mehr oft. Ebensowenig wie »Merry Christmas« – der Wunsch, ein glückliches Weihnachtsfest zu feiern, gilt als potentieller Affront gegen Andersgläubige. Auf den hier üblichen Grußkarten ist er weitgehend durch »Happy Holidays« ersetzt worden. »Happy Thanksgiving« hingegen darf man immer noch überall wünschen. Denn anders als das christliche Weihnachtsfest ist Thanksgiving tatsächlich ein Feiertag, auf den sich auch im Amerika der ethnischen und religiösen Vielfalt fast alle einigen können.

In über 100 Millionen Haushalten wird Thanksgiving gefeiert. Zu keiner anderen Jahreszeit sind so viele US-Bürger unterwegs wie am langen Thanksgiving-Wochenende: 40 bis 50 Millionen von ihnen reisen laut Automobilverband AAA jedes Jahr weiter als 50 Meilen zur Familienfeier an, drei bis vier Millionen davon per Flugzeug. Und knapp neun von zehn Amerikanern verspeisen zu diesem Anlass Truthahn, heißt es bei der National Turkey Federation. Kein Wunder also, dass sich Peppermint Patty von den Peanuts bitterlich beklagt, als Charlie Brown und Snoopy an diesem Tag improvisieren und Toast mit Erdnussbutter, Popcorn und *jelly beans* servieren: »Das soll ein *Thanksgiving dinner* sein? Wo ist der Truthahn, Chuck? Hast du denn gar keine Ahnung?«

Dass dieser Feiertag hier ganz andere Dimensionen hat als das Erntedankfest in Deutschland, wurde mir zum ersten Mal klar, als unsere Nachbarn Debbi und Ben uns zum *Thanksgiving dinner* einluden. Wir waren elf Erwachsene und fünf Kinder. Debbi hatte zuvor vier Tage lang organisiert, eingekauft, bestellt und abgeholt. Unter anderem einen gewaltigen Truthahn – sie, die überzeugte Vegetarierin ist und sonst keine Tierprodukte außer Eiern und Milch in ihrer Küche duldet.

Doch dieses eine Mal im Jahr kommt auch in ihrem Haushalt der überdimensionale Herd zum Einsatz, wird das Fleischthermometer aus dem Schrank geholt und geht Traditionssinn vor individuellen Eigenheiten. Debbis einzige Bedingung ist, dass ihr Schwager die Zubereitung des Truthahns übernimmt, und beim Essen beschränkt sie sich auf die obligatorischen Beilagen: *mashed potatoes* (Kartoffelbrei), Bohnengemüse, *cranberry sauce* (Moosbeerensauce). *Pumpkin pie* (Kürbiskuchen) bringt die Schwiegermutter mit. Und so feiert eine jüdische Familie aus New York und Philadelphia mit ihren christlichen Nachbarn aus Deutschland ganz klassisch Thanksgiving – »das einzige große Fest, das wir alle zusammen feiern können«, wie Debbi sagt.

Wie bei vielen nationalen Erzählungen gehen die Meinungen über die genauen Ursprünge dieser Tradition auseinander. Mythen und historische Fakten lassen sich nicht trennen. Manche Historiker meinen, das erste Thanksgiving-Fest habe 1619 bei britischen Kolonisten in Virginia stattgefunden. Überwiegend wird aber Plymouth, die Stadt der Pilgerväter im heutigen Massachusetts, als Geburtsort genannt. Dort feierten 1621 die Siedler aus England gemeinsam mit Wampanoag-Indianern ein gemeinsames Erntedankfest, nachdem die *pilgrims* mit Hilfe der Wampanoag den ersten Winter in der neuen Welt überstanden und eine gute Ernte eingefahren hatten.

Nicht nur Vertreter der *Native Americans* halten dagegen, dass Erntedankfeste bei den Ureinwohnern des Kontinents schon Jahrhunderte vor dem Eintreffen der ersten weißen Siedler üblich waren. Vor allem aber wird die suggerierte Harmonie zwischen Engländern und Indianern als romantisierender Mythos, als Geschichtsklitterung der weißen Neu-Amerikaner kritisiert. Die Indianerorganisation Oyate nennt Thanksgiving schlicht ein *fake feast*, einen Schwindel. Denn die angebliche Verständigung zweier Kulturen in Neuengland endete in der zweiten Hälfte des 17. Jahrhunderts mit einem Massaker: Nur 400 Wampanoag überlebten »King Philip's War«, den Krieg ihres von den Engländern King Philip genannten Häuptlings Metacomet gegen die Siedler. Seit 1970 begehen die United American Indians of New England den vierten Donnerstag im November deshalb als »National Day of Mourning«, als Tag der Trauer.

Seinen heutigen Status als Nationalfeiertag erlangte Thanksgiving nicht von selbst. Dafür bedurfte es eines regelrechten Werbefeldzugs, dessen einflussreichste Akteurin die aus New Hampshire stammende Publizistin Sarah Josepha Hale (1788–1879) war. Die Herausgeberin von *Godey's Lady's Book*, einem der meistgelesenen amerikanischen Magazine des 19. Jahrhunderts, schrieb dutzende Thanksgiving-Leitartikel. So machte sie 1860, kurz vor Beginn des amerikanischen Bürgerkriegs, Propaganda für ihr Ziel einer gesellig-familiären Gemeinschaft:

»Alles, was dazu beiträgt, uns in diesem gewaltigen Land zusammenzuschweißen, jene Übereinstimmung zu befördern, die uns vom eisigen Norden bis zum sonnigen Süden als eine Familie fühlen lässt, ... ist es wert, gehegt zu werden. Wir haben versucht, dieses Zusammengehörigkeitsgefühl wieder zum Leben zu erwecken und zu stärken, denn wir glauben, dass die feinen Fäden der Zuneigung stärker sind als Gesetze, wenn es darum geht, die Union unserer Staaten in den Herzen unserer Bürger heilig zu halten.«

1863, noch mitten im Bürgerkrieg, rief US-Präsident Abraham

Lincoln Thanksgiving dann wirklich zum nationalen Feiertag aus. Und bis heute dient er dazu, den Amerikanern nicht nur ihre Gemeinsamkeiten, sondern auch ihre Entfernungen und Abstände bewusst zu machen und diese zugleich überwinden zu helfen – zumindest für einen Tag. Dass amerikanische Ureinwohner diese alljährliche Familienfeier einer neuen Nation als Demütigung empfinden, wird im Allgemeinen verdrängt. Was sind ein paar hundert Demonstranten in Plymouth gegen 100 Millionen im ganzen Land, die sich ihre Mythen zum Fest nicht nehmen lassen wollen?

Historisch umstritten sind auch die Zutaten des *Thanksgiving dinners* von 1621. Es steht nicht einmal fest, ob in Plymouth bereits Truthahn auf dem Tisch stand. Die Quellen sprechen nur ganz allgemein von Wild und Geflügel. Doch selbst wenn er den Wettstreit um die Ehre des offiziellen Wappenvogels der USA gegen den weißköpfigen Seeadler verloren hat – sehr zum Ärger von Benjamin Franklin, der dem Adler einen schlechten Charakter bescheinigte und den Truthahn, einen »wahren Ureinwohner Amerikas«, den »weitaus respektableren Vogel« nannte: Als populäres Symboltier des wichtigsten Nationalfeiertags ist der Truthahn fest etabliert.

Lebensmittelindustrie und Einzelhandel haben darauf beharrlich hingearbeitet: Vor Thanksgiving werden die Truthähne, im Schnitt knapp sieben Kilo schwer, oft weit unter Erzeugerpreis verkauft oder sogar gratis abgegeben, um den Umsatz mit anderen *holiday*-Lebensmitteln zu beleben. Neben dem traditionellen *Thanksgiving dinner* gibt es heute natürlich so viele Würz-, Füllungs- und Beilagenvarianten wie Ethnien und Geldbeutel.

Für symbolische Wiedergutmachung an Amerikas Truthähnen, von denen für den Feiertag jedes Jahr rund 50 Millionen ihr Leben lassen müssen, wird indes gesorgt. Der US-Präsident höchstpersönlich »begnadigt« alljährlich ein ausgewähltes Exemplar im Weißen Haus. Dieser Puter wird dann für den Rest seines natürlichen Lebens in den Ruhestand geschickt – ins Disneyland.

# *Have a Nice Day:* Gesellschaft und Familie

»You have to learn the rules of the game. Then you have to play better than anyone else.« (Albert Einstein, 1879–1955)

Mathematik und Rechtschreibung wollen gelernt sein. Gutes Benehmen aber auch – und dieses Lernziel nimmt man in Amerika sehr ernst. Ein eigenes Schulfach ist es zwar nicht, doch schon vom Vorschulalter an wird soziales Verhalten systematisch trainiert und auch benotet.

Als wir mit unserem damals zweieinhalbjährigen Sohn einige Monate in Seattle verbrachten, lernte er dort im Kindergarten als Erstes, sich vor jedem Gang zum Spielplatz mit den anderen ordentlich in einer Reihe aufzustellen. Beim Gänsemarsch durch das Gebäude mussten die Kinder auf einer gelben Linie gehen, mucksmäuschenstill sein und die Hände hinter dem Rücken halten. Wer das am besten machte, durfte am nächsten Tag als *line leader* ganz vorneweg marschieren.

Mit dem Gepurzel und Gerenne in den Gängen unserer Berliner Kita hatte das wenig gemein. Nun konnte man beim besten Willen nicht sagen, dass die Kinder in Seattle deshalb weniger lebhaft oder gar bedrückt gewesen wären. Aber Gerenne und Geschrei gehörten hier eben auf den Spielplatz oder in die Sporthalle und nicht ins Schulgebäude. Unser Sohn fand das nur kurz irritierend. Schon nach wenigen Tagen setzte er alles daran, sich für das ehrenvolle Amt des *line leaders* zu qualifizieren.

Fünf Jahre später hat dann sein kleiner Bruder am anderen Ende der USA den Gänsemarsch auf der gelben Linie gelernt. Der Große ging zur Schule, und hier war die Etikette genauso streng.

Schon am Eingang wurden die Schüler mit einem handgemalten Plakat ermahnt, nur dann den Mund zum Reden aufzumachen, wenn sie etwas Nettes zu sagen hätten: »If you can't say something nice, say nothing.« Wer verbal entgleiste, musste vor der ganzen Klasse Selbstkritik üben und Besserung geloben. Wer gar im Eifer des Gefechts einem Mitschüler in die Rippen boxte, landete beim Schulpsychologen. Vorbildliches Verhalten wurde dagegen demonstrativ gelobt. Hielt ihnen jemand die Tür auf, kam deshalb schon von den Kleinsten wie aus der Pistole geschossen: »Thank you for holding the door!«

Wer die amerikanischen Formen der Höflichkeit nicht von Kindesbeinen an gelernt hat, mag sich schwerer damit tun. Doch mit etwas gutem Willen gewöhnt man sich daran. Denn hier ist weder Originalität noch Ehrlichkeit gefragt. Auf die Frage »How are you?« gibt es nur eine richtige Antwort: »Fine, thank you« – ganz gleich, ob das Gegenüber ein guter Bekannter, ein Kollege oder der Postbote ist, und ganz gleich, wie es einem tatsächlich geht. Man fragt zurück: »How about you?«, sagt bei Bekannten vielleicht noch »Good to see you!«, und verabschiedet sich mit: »Have a nice day!« – »You too, thank you.« Fertig.

Nettsein gehört in Amerika zur Alltagskultur wie der Zuckerguss zum Kuchen. Man ist freundlich, man lächelt und bedankt sich auch für kleine Gesten. Nichts davon ist persönlich gemeint. Werden Sie auf der Straße von einem wildfremden Menschen mit einem strahlenden »Hi!« begrüßt, dann heißt das in aller Regel nicht, dass der andere ein Gespräch oder gar Ihre Bekanntschaft sucht. Er ist einfach nur nett. Das kann irritierend sein, wenn man aus Deutschland kommt und Morgenmuffelgesichter gewohnt ist.

Na sicher, werden Sie jetzt vielleicht denken, das kennt man doch: Alles oberflächlich, automatisches Lächeln und nichts dahinter. Das mag schon sein. Doch ob echt oder nicht – im alltäglichen Umgang wirken die kleinen Freundlichkeitsrituale trotzdem entspannend. Hier gehört es einfach zum guten Ton, Sorgen und schlechte Laune für sich zu behalten. Überdies wurde das Glück schon in der Unabhängigkeitserklärung von 1776 ebenso (buchstäblich) groß geschrieben wie das Leben und die Freiheit – »Life, Liberty and the pursuit of Happiness« zählten zu den unveräußerlichen Rechten, heißt es dort. Man sollte sich also wenigstens anstrengen, glücklich zu sein, und so wird es den Amerikanern ganz unbehaglich, wenn jemand sozusagen demonstrativ unglücklich daherkommt.

Erfahrungsgemäß dauert es eine Weile, bis man sich vom vergleichsweise ungeregelten Miteinander in Deutschland auf den förmlicheren Umgang in den USA umgestellt hat. Recht weit kommt man aber schon, wenn man drei Grundregeln beherzigt: Erstens stets positiv aufzutreten. Zweitens nicht alles, was Amerikaner im Smalltalk so sagen, gleich wörtlich zu nehmen. Drittens und vor allem aber: Seien Sie bloß nicht allzu ehrlich! Mag die Couchgarnitur Ihres Kollegen noch so scheußlich gemustert sein, loben Sie seine Wohnzimmereinrichtung, vor allem wenn er Sie zum ersten Mal zu sich nach Hause eingeladen hat. Es gehört zum guten Ton, dem Gastgeber ein Kompliment zu machen. Wenn ein Geschenk Ihren Geschmack nicht trifft: Ringen Sie sich trotzdem ein strahlendes Dankeschön ab. Amerikaner tun sich mit teutonischer Direktheit schwer. In den USA braucht man kein schlechtes Gewissen zu haben, wenn man in kleinen Dingen aus reiner Höflichkeit die Unwahrheit sagt. Im Gegenteil, die *white lie,* die weiße Lüge, ist ausdrücklich erwünscht. Warum jemanden unnötig kränken? Seien Sie deshalb aber auch umgekehrt auf der Hut: Sagt Ihnen eine amerikanische Freundin beim Einkaufsbummel, dass die Hose, in die Sie sich gerade hineingezwängt haben, womöglich nicht gut zum Rest Ihrer Garderobe passe, dann heißt das auf gut Deutsch: »Schrecklich – wie die Wurst in der Pelle!«

Optimistische Ausstrahlung und *people skills* sind Schlüsselkompetenzen, mit denen man es in Amerika weit bringen kann. Das gilt zum Beispiel für einen ehemaligen Schüler der Phillips Academy, eines Highschool-Internats in Andover, Massachusetts. Der zeichnete sich zwar nicht durch besondere Intelligenz, herausragende Leistungen oder gar politisches Interesse aus. Er hatte aber, wie sich ein Mitschüler Jahre später erinnerte, »so eine Art, alles leicht und unterhaltsam zu gestalten, ohne irgendjemandem auf die Füße zu treten oder aus der Reihe zu tanzen«. Sein soziales Talent machte den Texaner in Andover populär. Er wurde Chef-Cheerleader der Schule. Und es waren nicht zuletzt diese *soft skills*, die George W. Bush knapp 40 Jahre später auch den Weg ins Weiße Haus ebneten.

## Amerikaner per Du: Soziale Umgangsformen

»Americans want to get away from amusement
even more quickly than they want to get to it.«
(Edith Wharton, *The Age of Innocence*, 1920)

Amerikaner messen die Welt mit anderen Maßen. Standhaft weigern sie sich, beim Wiegen, Abfüllen oder Entfernungsmessen das international übliche, metrische System zu benutzen. Hartnäckig halten sie an ihrem Gefüge für Rechenkünstler fest, wonach eine Meile (1609 Meter) genau 1760 *yards* entspricht, ein *yard* dasselbe ist wie drei Fuß und ein Fuß wiederum zwölf Zoll oder *inches* hat. Der Versuch, all dies in Zentimeter umzurechnen, macht allenfalls Kopfschmerzen.

Etwas einfacher ist es bei den Raummaßen, wo eine Gallone genau vier *quarts* und knapp vier Litern entspricht. Wer einen Liter Milch kaufen möchte, liegt also mit einem *quart* ziemlich richtig. Die Hälfte davon heißt ein *pint*. Die nächstkleinere Einheit sind dann aber *fluid ounces*, also Flüssigunzen, und davon hat ein *pint* nun keinesfalls vier oder zwei, sondern 16. Obst und Gemüse kauft man auch in Amerika pfundweise; das amerikanische *pound*, kurz *lb*, hat allerdings nur gut 450 Gramm. In Gramm wird hier aber ohnehin nicht gerechnet, sondern wiederum in Unzen, und davon hat ein *pound* genau 16. Alles klar? – Auf der ganzen Welt gibt es außer den USA nur noch zwei andere Länder, die das dezimale Maßsystem bisher nicht offiziell eingeführt haben: Myanmar und Liberia.

Nun sind die Amerikaner ihre krummen Maße aber gewohnt und kommen bestens damit zurecht. Auch in manch anderer Hinsicht gilt, dass in amerikanischen Augen recht und richtig ist, was Europäer für falsch oder zumindest unverständlich halten – und umgekehrt. Als Europäer hat man die europäischen Wurzeln der USA im Hinterkopf und ist unwillkürlich geneigt, eine relativ große Ähnlichkeit der amerikanischen Gesellschaft mit seiner eigenen vorauszusetzen. Doch das ist ein Trugschluss. Man darf eben nicht vergessen, dass die Vereinigten Staaten schon für ihre Gründer ein Gegenprojekt zum alten Europa waren. Deshalb gab und gibt es hier in gewisser Hinsicht keine größere Tugend, als sich gerade von den Europäern möglichst deutlich zu unterscheiden. Das bedeutet: Wer amerikanische Konventionen in ihrer eigenen Logik zu begreifen versucht, wird es leichter damit haben als jemand, der immer wieder seine heimischen Maßstäbe anlegt und danach (ver)urteilt.

Es gibt eine Reihe von kleinen und großen Unterschieden im Verhaltenskodex, die relativ leicht zu meistern sind. Dass Amerikaner zum Beispiel beim Essen ihr Steak zuerst in kleine Stücke schneiden, dann das Messer weglegen und nur mit der Gabel weiteressen, haben Sie sicher schon gehört. Es nimmt aber garantiert niemand Anstoß, wenn Sie auf europäische Art Messer und Gabel gleichzeitig benutzen. Eine solche Wahlfreiheit besteht indes nicht auf allen Gebieten. Das Verbot, alkoholische Getränke offen auf der Straße herumzutragen, sollten Sie unbedingt ernst nehmen – selbst wenn es nur um den Transport soeben gekaufter Bierdosen oder Weinflaschen geht. Eine braune Papiertüte ist das Mindeste.

Dass Sie im Land mit der größten Porno-Industrie als Sittenstrolch verhaftet werden, wenn Sie ohne Badekleidung in der

Sauna oder am Strand sitzen, mag man erstaunlich finden oder eben gerade nicht. Es ist aber durchaus wahrscheinlich. Bei Frauen reicht schon ein Oben-ohne-Sonnenbad. Zum Umziehen sollte man unbedingt die Kabinen aufsuchen, und selbst Kleinkinder dürfen im Schwimmbad oder am Strand nicht nackt herumlaufen.

Lange habe ich gerätselt, wie die Empörung über eine nackte Brust am Strand oder einen nackten Kinderpo im Garten mit US-Kabelfernsehserien wie *True Blood* zusammenpasst (diese Geschichte moderner Vampire, die im Amerika von heute um ihre Bürgerrechte kämpfen, thematisiert Sex in allen möglichen Varianten, und das in 80 Folgen). Oder wie es sein kann, dass man im scheinbar so prüden Amerika zu einer Art Tupper-Party ins Wohnzimmer von Bekannten eingeladen wird, wo eine geschäftstüchtige Dame im lockeren Plauderton eine Auswahl von Vibratoren und anderen *sex toys* präsentiert. Der Groschen fiel vor einigen Jahren, als ich mit einer Amerikanerin durch die Ausstellung einer deutschen Fotografin bummelte. Vor einer Aktaufnahme prallte meine Freundin schockiert zurück. »Das mag ein tolles Foto sein«, erklärte sie mir später. »Aber das sollte man nicht hier zeigen, wo auch Kinder sind!«

Solange es um die Erwachsenenwelt geht, sind Amerikaner für vieles zu haben. Denken Sie nur an den Lewinsky-Skandal: Selbst damals drehte sich die Entrüstung nicht einfach darum, dass Bill Clinton Oralsex mit der Praktikantin Monica Lewinsky hatte. Empört waren die US-Bürger hauptsächlich darüber, dass ihr Präsident sie angelogen hatte – und das auch noch unter Eid. Ob Clinton mit dieser Affäre (und mit seinen vielen anderen Eskapaden) 20 Jahre später noch ebenso glimpflich davongekommen wäre, steht auf einem anderen Blatt. Seit die #MeToo-Bewegung sexuelle Belästigung und Missbrauch am Arbeitsplatz, in Hochschulen, in der Politik oder im Sport zu einem zentralen gesellschaftlichen Thema gemacht hat, ist zumindest ein Präsidenten-Darsteller bereits seinen Job losgeworden: Nach Missbrauchsvorwürfen jüngerer Kollegen wurde der Schauspieler Kevin Spacey Ende 2017 aus der TV-Serie »House of Cards« geworfen, die sich um den Aufstieg eines skrupellosen Machtpolitikers und seiner Frau bis an die Spitze des amerikanischen Staates dreht. Spacey war neben dem Hollywood-Produzenten Harvey Weinstein der prominenteste in einer langen Reihe von Männern, die in sozialen Medien als Sextäter angeprangert wurden und daraufhin sowohl ihre Karrieren als auch ihr gesellschaftliches Ansehen eingebüßt haben.

Solche überaus hässlichen Seiten des Themas Sexualität würden nun sicher auch europäische Eltern von ihren Kindern fernhalten wollen. Doch unabhängig davon gilt: Nach amerikanischem Empfinden sind Sex und Erotik insgesamt nichts für Kinder. Deshalb gehört alles, was auch nur entfernt damit zu tun hat, nicht in die Öffentlichkeit – Nacktheit inklusive. Das geht so weit, dass Erstklässler sich nach dem Unterricht nicht im selben Raum für eine Halloween-Parade umziehen dürfen. Auch Sexualerziehung ist in weiten Teilen der USA ein heikles und oft ziemlich trauriges Thema. An den Schulen sind es häufig die Sportlehrer, die Teenagern so etwas wie Aufklärungsunterricht geben sollen; das erschöpft sich nicht selten in diffusen Warnungen vor ungewollter Schwangerschaft und vor Krankheiten, die durch Sex übertragen werden. Kein Wunder also, dass Amerikas Jugend ihre erotische Bildung zunehmend aus Pornoclips im Internet bezieht – eine Tatsache, die ihre Eltern in aller Regel nicht wahrhaben wollen, wie eine Studie der Indiana University aus dem Jahr 2016 ergab.

In solchen Momenten mag es helfen, sich klarzumachen, wann Amerikaner uns verklemmt finden: Für sie ist das deutsche Entsetzen über »gewalttätige« Kindergeburtstage in *laser-tag*-Arenen, wo man doch nur zum Spaß mit Laserkanonen aufeinander ballert, nicht weniger befremdlich als für uns das amerikanische Nackedei-Verbot auf Kinderspielplätzen. Der Umgang mit Waffen ist in weiten Teilen der USA etwas ganz Normales, das durchaus auch Kinder lernen sollten. Einer unserer Freunde bot einmal in bester Absicht an, unserem damals neunjährigen Sohn im Wald hinter dem Haus das Schießen mit seiner Jagdpistole beizubringen. Das in der Verfassung festgeschriebene Recht auf Waffenbesitz wird hier überwiegend als ein Grundpfeiler der freiheitlichen Gesellschaft verstanden, und daran ändert auch die alarmierende Zahl der Amokläufe an Amerikas Schulen nichts. Diskutiert wird allenfalls über Verbote oder Einschränkungen bestimmter Waffentypen, wie sie in einigen wenigen Einzelstaaten, zum Beispiel in Kalifornien, bereits existieren.

Doch ob man die amerikanischen Regeln für das Tragen von Waffen und nackter Haut in der Öffentlichkeit nun nachvollziehbar findet oder nicht – immerhin sind sie rechtlich festgelegt. Schwieriger wird es naturgemäß, wo ungeschriebene Gesetze herrschen. Zwischen Deutschen und Amerikanern führt vor allem der unterschiedliche Umgang mit Nähe und Distanz häufig zu Missverständnissen. Amerikaner treten sehr aufgeschlossen und gewinnend auf. Sie reden jeden sofort mit Vornamen an. Auf der anderen Seite aber wachen sie streng über ihre Privatsphäre und halten stets einen Sicherheitsabstand ein.

Im Berufsleben lässt sich in aller Regel auch der Chef von seinen Mitarbeitern beim Vornamen nennen, er ist vielleicht auch jederzeit ansprechbar – doch ganz so demokratisch, wie das aussieht, geht es dann eben doch nicht zu. Amerikanische Vorgesetzte achten sogar sehr darauf, dass man die Hierarchie in der Sache respektiert. Auch unter Kollegen hat der lockere Umgang strikte Grenzen: Schon ein zweideutiger Scherz oder eine leichte Berührung am Arm kann eine Klage wegen sexueller Belästigung nach sich ziehen. Uns mag das widersprüchlich erscheinen. Für Amerikaner dagegen ist verbindliche Freundlichkeit in der Form selbstverständlich – doch finden sie es ganz und gar abwegig, wenn dies als Einladung zu Vertraulichkeiten oder respektlosem Verhalten interpretiert wird.

Wundern Sie sich also nicht, wenn im überfüllten Coffeeshop in der Warteschlange jemand auf netteste Weise mit Ihnen plaudert, aber alles andere als begeistert reagiert, wenn Sie ihn später fragen, ob Sie sich zu ihm an den Tisch setzen dürfen. Das eine ist ein kurzes Zusammentreffen, das man mit Smalltalk meistert. Das andere wäre eine erzwungene längere Begegnung und wird deshalb als unangenehm empfunden. Eher wartet man ab, bis ein Tisch frei wird. In Restaurants ist Dazusetzen ganz verpönt. Hier stoppt einen ohnehin meist schon am Eingang das typische Schild mit der Aufschrift »Please wait to be seated«: Für das Platzieren der Gäste ist das Personal da.

Das Austarieren zwischen Nähe und Distanz drücke sich sogar in der Körpersprache aus, behauptet Judy Priven in ihrem Reise-Ratgeber *Hello! USA:* »Ein Amerikaner erwartet von Ihnen, dass Sie während einer Unterhaltung etwa einen halben Meter von ihm entfernt stehen. Stehen Sie zu weit weg, wird er einen Schritt auf Sie zu machen; rücken Sie ihm zu nahe, wird er zurückweichen.« Machen Sie mal den Test auf einem langweiligen Stehempfang! Schon beim Stadtbummel kann man beobachten, dass Amerikaner auf dem Gehsteig demonstrativ einen Bogen umeinander machen und sich mit einem gemurmelten »Excuse me!« gegenseitig für die kleine Unannehmlichkeit entschuldigen.

Auch *friendship* bedeutet nicht unbedingt dasselbe wie Freundschaft. Im Vergleich zu Deutschland wird das Wort hier regelrecht inflationär gebraucht – und das nicht erst, seit Facebook die Menschen sogar ohne eine einzige persönliche Begegnung zu »Freunden« werden lässt. Trifft man jemanden wieder, den man erst eine Woche zuvor zufällig bei einem Grillfest kennengelernt hat, kann es durchaus sein, dass man bereits als »my friend« begrüßt wird. Amerikaner unterscheiden nicht so genau zwischen Freunden und Bekannten; das deutsche Ideal der Seelenverwandtschaft finden sie ziemlich pathetisch. Man sieht das eher pragmatisch: Einige wenige Freundschaften sind vielleicht fürs Leben, aber die meisten sind funktional und situationsgebunden. So kommt es vor, dass Nachbarn über Jahre hinweg fast jedes Wochenende miteinander verbringen, dass sie aber nie wieder etwas voneinander hören, sobald eine von beiden Familien wegzieht.

Selbst die Liebe ist in Amerika eine Sache für sich. Hier liebt man einfach alles und jeden, von Ehegatten und Kindern über den Hund bis hin zu Designerjeans, Basketball und Spaghetti. Obwohl sich das auch in Deutschland mehr und mehr einzubürgern scheint, bleibt das Wort Liebe dort doch eher auf starke zwischenmenschliche Gefühle bezogen. McDonald's hingegen hat die Aussagen »I'm lovin' it« und »Ich liebe es« sogar als Handelsmarken für Werbezwecke schützen lassen. Wo derart mächtige Gefühle für Fastfood im Spiel sind, tut man gut daran, nicht jedem »I love you« gleich substantielle Bedeutung zuzumessen.

Umgekehrt müssen Sie allerdings damit rechnen, dass ein Amerikaner oder eine Amerikanerin es als *date* verstehen wird, wenn Sie mit ihm oder ihr ausgehen – auch wenn Sie womöglich nur ganz freundschaftlich ein Bier trinken oder ins Kino gehen wollten. Ein *date* ist nicht unbedingt dasselbe wie ein Rendezvous. Es ist eine erste Verabredung mit dem Ziel, sich näher kennenzulernen und herauszufinden, ob man womöglich zueinander passt.

*Dating* ist eine pragmatische amerikanische Erfindung. Im Einwanderungsland USA war man schon immer viel zu sehr damit beschäftigt, sich eine Existenz aufzubauen, um sich mit den Ungewissheiten der Paarfindungs-Rituale aus der Alten Welt abzugeben. Warum seine Zeit mit jemandem verschwenden, der womöglich gar kein Interesse hat? Verläuft das erste *date* vielversprechend, folgen weitere. Die Sprachregelung lautet dann: »I am dating her/him.« Man ist noch kein Paar, probiert aber Schritt für Schritt aus, ob man eins werden könnte. Das kann sich über Monate hinziehen. Je nach Region und sozialem Umfeld fallen die Regeln, nach denen das *dating* abläuft, recht unterschiedlich aus. Und dass es auch in Amerika längst kein unkompliziertes Unterfangen mehr sein muss, davon kann nicht nur Carrie Bradshaw, die Heldin der legendären TV-Serie *Sex and the City,* ein Lied singen.

210

Heute findet *dating* – wie so viele soziale Interaktionen – zu einem guten Teil im Internet statt. Das gilt natürlich längst auch außerhalb der USA, allerdings wurde das Online-Dating ebenfalls in Amerika erfunden und wird deshalb hier schon länger praktiziert. Match.com, einer der Branchenpioniere, ging 1993 in Kalifornien an den Start und lockte die ersten Teilnehmer mit lebenslanger Gratis-Mitgliedschaft. Heute nutzen rund 40 Millionen Amerikaner die Webseiten oder Apps von Diensten wie Match.com, Tinder oder OkCupid, und mindestens jeder zweite US-Bürger hält laut Umfragen das Online-Dating für eine gute Methode bei der Partnersuche. Die Paarfindung scheint es zugleich vereinfacht und erschwert zu haben: Dank elaborierter *matching*-Programme, die den passenden Partner per Logarithmus auswählen, und einer Vielzahl spezialisierter Singlebörsen steigt die Trefferquote, aber auch die Qual der Wahl.

Mittlerweile werden Dating-Apps auch von sehr jungen Amerikanern vermehrt genutzt. Schon gut jede(r) vierte 18- bis 24-Jährige ging 2015 per Smartphone oder Computer auf Partnersuche. Dabei geht es allerdings in aller Regel noch nicht um den Partner fürs Leben. Bei Schülern und Studenten, inzwischen auch bei jüngeren Berufstätigen beobachtet man zunehmend die Praxis des sogenannten *hook-up.* Das sind spontane, unverbindliche Verabredungen, meistens – aber nicht notwendigerweise – zum Sex. *Hooking-up* geht mit Freunden oder Bekannten, durchaus aber auch mit jemandem, den man gerade erst auf einer Party oder eben beim Online-Dating getroffen hat. Wichtig ist, dass daraus keine Verpflichtungen entstehen. Beim klassischen *dating* kommt das Kennenlernen zuerst und der Sex zuletzt, wie es die US-Soziologin Kathleen Bogle formuliert. Beim *hook-up* ist es genau umgekehrt: »Man kommt erst einmal zur Sache und entscheidet hinterher, ob man sich vielleicht näher kennenlernen will.« Ein Paar ist man jedenfalls erst, wenn man das auf Facebook verkündet hat.

Was vor allem religiöse Gruppen in den USA als gefährlichen

Verfall von Sitten und Moral anprangern, ist für Soziologen in erster Linie die Folge eines demographischen Trends: Auch in den USA ist das Durchschnittsalter, in dem man heiratet und eine Familie gründet, in den letzten Jahrzehnten kräftig angestiegen. 2017 waren Männer bei ihrer (ersten) Hochzeit im Schnitt knapp 30, Frauen 27 Jahre alt. Junge Amerikaner kümmern sich heutzutage zuerst um ihre Karriere und ihr soziales Netzwerk, bevor sie an eine feste Bindung denken. Seit Internet und Mobilfunk die Kontaktmöglichkeiten vervielfacht haben, ist es noch einfacher, die Zeit bis zur ernsthaften Partnersuche mit Gelegenheitssex zu überbrücken.

Doch ob mit oder ohne *Dating-App* – für die meisten Amerikaner bleibt die Heirat das Ziel, zumindest das Fernziel. Dabei zählt die Hochzeit in einer der berühmten *wedding chapels* von Las Vegas noch immer zu den Klassikern, auch wenn sich zuletzt deutlich weniger Paare in der Hochzeits-Hauptstadt trauen ließen als noch um die Jahrtausendwende. Auf jeden Fall aber muss es etwas Besonderes sein, und das heißt nicht selten: besonders teuer. Schon der Verlobungsring mit Diamant ist ein immenses Statussymbol. Am Tag der Hochzeit muss dann einfach alles stimmen. Die Planung lässt selbst vernünftige Menschen zu hysterischen Flatterwesen werden – von allen anderen ganz zu schweigen. So hat in Manhattan ein Brautpaar seine Floristin auf 400 000 Dollar Schadenersatz verklagt, weil sie für 26 435,14 Dollar Blumenschmuck in der falschen Farbe geliefert hatte. In den Tagen vor der Hochzeit soll die Braut der Floristin um die 200 E-Mails mit Änderungswünschen geschickt haben. Dafür gibt es hier sogar einen Terminus Technicus: *Bridezilla,* das Brautmonster.

Spätestens auf Ihrer ersten amerikanischen Party werden Sie feststellen, dass auch Geselligkeit in den USA etwas anders funktioniert. Mein erstes Erlebnis dieser Art war eine Cocktailparty in einem Washingtoner Vorort, und trotz einer sehr förmlichen, schriftlichen Einladung steckte ich an dem besagten Abend als einzige in Etuikleid und Stöckelschuhen. Alle anderen waren ganz selbstverständlich von einem *casual dress code* ausgegangen. Man trug Polohemden, Khakihosen und Turnschuhe. Ein Mann hatte einen Anzug an – aber nur, weil er direkt von einem Geschäftstermin gekommen war.

Niemand ließ sich allerdings etwas anmerken. »Du musst meine Freundin Alice kennenlernen, sie ist auch Journalistin«, sagte der Gastgeber und stellte mich einer jungen Frau vor. Die fragte mich kurz aus – woher ich stamme, wo ich arbeite, in welches Fitnessstudio ich gehe. Dann ging sie mit einem »It was nice meeting you« ihrer Wege. Aber schon stellten sich zwei andere Gäste vor, und die Fragerei fing wieder von vorn an. Fast zwei Stunden lang ging das so. Um kurz nach neun (die Party war bis neun Uhr angesetzt) begannen sich die ersten zu verabschieden. Keine Viertelstunde später war der letzte Gast gegangen. Ich fuhr mit dem Gefühl eines angebrochenen Abends nach Hause, an dem ich kein einziges richtiges Gespräch geführt hatte.

Als ich später einem amerikanischen Bekannten davon erzählte, fragte der einigermaßen erstaunt zurück: »Über was, um alles in der Welt, willst du denn auf einer Party groß reden?« Parties sind Smalltalk-Territorium. Da soll man sich amüsieren – und niemand soll sich kritisiert oder gar gekränkt fühlen. Kontroverse Themen wie Politik und Religion werden deshalb konsequent gemieden. In einem Land mit teilweise extrem gegensätzlichen Wertvorstellungen ist das alles andere als abwegig. Man spricht über Sport, die Arbeit, Schulen (wenn man Kinder hat), Kinofilme oder das Wetter. Und das nicht zu lange. Die Gesprächspartner werden häufig gewechselt. Vielleicht ergibt sich ja auch ein interessanter Kontakt. »Working the crowd«, nennt man das in der Politik, im Geschäftsleben und durchaus auch im Privaten.

Gute Gastgeber verteilen ihre Gäste so geschickt wie ein Fußballtrainer seine Spieler auf dem Platz: Niemand bleibt ohne Manndeckung, keiner steht im Abseits. Wundern Sie sich nicht, wenn Sie in eine längere Unterhaltung vertieft sind und der Gastgeber Ihren Gesprächspartner plötzlich mit einer charmanten Ausrede entführt. Wahrscheinlich befürchtet er nur, dass sich mindestens einer von Ihnen beiden zu Tode langweilt. Auch Sie wird er umgehend mit einem neuen Gesprächspartner versorgen.

Natürlich läuft nicht jede Party oder Einladung in den USA derart förmlich ab. Auch hier kann man wilde Feten erleben, wo der Alkohol in Strömen fließt. Auch hier gibt es Dinnerpartys, bei denen man sich bis weit in die Nacht die Köpfe heißdiskutiert. Doch das ist selbst unter guten Freunden selten. Und sogar bei denen ist es absolut nicht üblich, unangemeldet vorbeizuschauen. Spontane Einladungen darf man deshalb nicht allzu wörtlich nehmen, erst recht nicht bei der ersten Begegnung. Das »Du musst uns bald besuchen!« ist oft nur eine Höflichkeitsfloskel.

Schriftliche Einladungen sind dagegen eine ernste Sache, denn ein geselliges Zusammensein wird in der Regel lange im Voraus geplant und aufwendig vorbereitet. Beliebt sind zum Beispiel große *holiday parties* in der Weihnachtszeit, zu denen man Nachbarn, Freunde und Bekannte einlädt. Fast immer wird um eine verbindliche Antwort innerhalb einer bestimmten Frist gebeten. Häufig laden amerikanische Gastgeber auch zu einer *potluck party* ein, bei der jeder ein Gericht für das Buffet beisteuert. Mit *potluck* assoziiert man dabei zweierlei: Einmal die wörtliche englische Bedeutung, wonach die Zusammenstellung eines Essens, für das jeder etwas mitbringt, reine Glückssache ist. Oft wird dieses gesellschaftliche Format aber auch auf die Tradition des Potlatch bei den Indianervölkern des Pazifischen Nordwestens zurückgeführt. Bei einem solchen »Fest des Schenkens« war es der Gastgeber, der seine Gäste großzügig bedachte. Die revanchierten sich dann bald mit einem eigenen Potlatch.

Im heutigen Nordamerika sind es die Gäste, die etwas mitbringen – auch wenn es sich nicht um eine *potluck party* handelt. Eine gute Flasche Wein ist das mindeste. Ist ein Zeitrahmen angegeben, halten sich alle relativ strikt daran. Und selbst wenn man ohne ausdrückliches Zeitlimit zum Dinner eingeladen ist, geht man spätestens nach drei Stunden oder nach dem Kaffee, der zum Abschluss angeboten wird. Nichts finden Amerikaner schlimmer als *late stayers* – Gäste, die man nicht wieder loswird.

Auch im Restaurant ist ein Dinner selten eine abendfüllende Sache. Man arbeitet viel, man will Zeit für die Familie haben. Deshalb verabredet man sich eher um sechs oder sieben als um acht, und nach dem Essen gibt es allenfalls noch einen kurzen Drink an der Bar. Zumindest in kleineren Städten gehen selbst am Wochenende relativ früh die Lichter aus. Anders als private Gastgeber sind amerikanische Kellner da rabiat. Wenn sie lärmend die Stühle hochstellen, bleibt kein Zweifel über den bevorstehenden Feierabend.

Nach derart vielen Verallgemeinerungen sei vorsichtshalber noch einmal gesagt: Solche Faustregeln sind nur bedingt belastbar. In jeder Region der USA findet sich eine Vielfalt sozialer Nischen mit je eigenen Konventionen. Das hat dann wieder seine eigenen Tücken. So hatte ein aus München stammendes Ehepaar an einem Oktoberwochenende Arbeitskollegen aus seiner amerikanischen Firma zum Dinner eingeladen. Passend zur Saison servierten sie bayerische Weißwurst mit Kraut und Bier. Doch aus dem zünftigen Abend wurde nichts: Mehrere Gäste waren Moslems aus Asien, die weder Schweinefleisch noch Alkohol konsumierten.

### *Think Positive:* Die zupackende Gesellschaft

»Can we fix it? – Yes, we can!«
(Titelsong der US-Kinderfernsehserie *Bob the Builder*)

Als in den USA vor ein paar Jahren die Schweinegrippe grassierte, sollten alle Kinder dagegen geimpft werden. In einer örtlichen Schulturnhalle gab es eine *H1N1 Flu Clinic,* eine öffentliche und kostenlose Impfung. Am selben Morgen hatte die *New York Times* aber einen Bericht gebracht, wonach der Impfstoff in den USA knapp werde. Als wir an der Schule ankamen, reichte die Schlange schon einmal um den Block.

Es war kühl draußen, langsam wurde es Abend. Die Kinder tobten herum, die Eltern standen Schlange. Es begann leicht zu regnen. Vorwärts ging es nur im Schneckentempo. Viele trugen lediglich Shorts und T-Shirts, und den Ersten wurde es mächtig kalt. Aber bis auf ein paar kleinere Kinder quengelte kein Mensch. Selbst als ein Mitarbeiter der Gesundheitsbehörde erklärte, als Nasenspray sei der Impfstoff bereits ausgegangen, murrte niemand. »Er kann das auch nicht ändern«, sagte die Frau hinter mir. Sie hieß Nancy, war Psychiaterin und hatte abends noch einen Termin, den sie wohl nicht mehr schaffen würde.

Eine halbe Stunde später hatten wir die Schulcafeteria erreicht. Doch auch hier war noch kein Ende der Schlange in Sicht. »Okay, Jungs«, sagte Nancy zu ihren beiden Söhnen. »Wir probieren jetzt etwas aus.« Sie drängten sich Richtung Turnhalle durch. Nach zehn Minuten kam einer der Jungen zurück. »Meine Mom ist Ärztin, sie hat sich den Impfstoff geben lassen und uns selbst die Spritzen gesetzt«, sagte er stolz. Na toll, dachte ich. So *richtig* vorgedrängelt war das ja nicht, aber trotzdem … Wir warteten weiter, ich inzwischen auf gut Deutsch: ziemlich sauer. Aber ich habe es mir nicht anmerken lassen. Denn niemand in der überfüllten Schule beklagte sich. Alle ertrugen das Schlangestehen mit einer Gelassenheit, als hätten sie Yoga im Hauptfach studiert – bis auf Nancy, dachte ich missgünstig.

Nach über zwei Stunden hatten wir es endlich geschafft. Die erschöpften Krankenschwestern lächelten noch, sie nahmen sich Zeit für Angsthasen. An einem der Tische saß Nancy, die Psychiaterin. Sie füllte Formulare aus und Impfspritzen ab. »Ich dachte, so geht es wenigstens ein bisschen schneller«, sagte sie. Und ich schämte mich.

Amerikaner meistern ihren Alltag mit einer bemerkenswerten Mischung aus Geduld, Hilfsbereitschaft und Tatkraft. Zeit ist auch hier kostbar. Trotzdem sieht man es einfach nicht so verbissen, wenn es mal irgendwo nicht wie am Schnürchen läuft. Die Frage: »Ich will nur die paar Sachen hier kaufen – lassen Sie mich vor?«, habe ich noch an keiner amerikanischen Supermarktkasse gehört. Eher wird einem umgekehrt der Vortritt angeboten. Doch insgesamt kommt – die für Deutsche nicht ganz untypische – Ungeduld hier gar nicht gut an. Mag der Beamte am Postschalter noch so ein Umstandskrämer sein: Schon vernehmliches Stöhnen darüber, dass es langsam vorangeht, ruft bei den anderen Wartenden eher hochgezogene Augenbrauen als Zustimmung hervor.

Umgekehrt könnte man sagen, dass man die Geduld auch wirklich braucht. Sitzungen zum Beispiel können sich hinziehen: In einem Komitee wird jedes Mitglied angehört, und niemand will eine Entscheidung fällen, solange auch nur einer fehlt. Kritik wird selten direkt formuliert, weil das als negativ und entmutigend gilt. Egal, was Sie tun: Jeder wird Ihnen erst einmal wortreich versichern, wie großartig Sie das machen. Erst ganz zuletzt wird man Ihnen nahelegen, vielleicht eine winzige Kleinigkeit zu ändern. Als ich für einige Monate bei einem lokalen TV-Sender in Iowa arbeitete, lobte der Chefredakteur meinen ersten Beitrag in den höchsten Tönen. Tolle Bilder, wunderbare Interviews. Erst dann kam er auf sein eigentliches Anliegen zu sprechen: Mein Englisch sei zwar ausgezeichnet, mein deutscher Akzent aber leider zu stark, um ihn den Zuschauern zuzumuten. Deshalb müsse eine amerikanische Kollegin den Text sprechen. Konnte er das nicht gleich sagen?, dachte ich damals. Aber aus seiner Sicht wäre das schlechter Stil gewesen. Man darf daraus keinesfalls schließen, dass Fehler und Versäumnisse in der Sache nachsichtiger behandelt würden. Doch wer einem Amerikaner ohne Umschweife erklärt, dass er etwas falsch macht, riskiert, dass ihn sein Gegenüber für rüde und angriffslustig hält.

Einen langen Atem braucht auch, wer bei den hiesigen Behörden einen Führerschein beantragen muss, vom Finanzamt eine Steuerbescheinigung benötigt oder mit seiner Krankenversicherung über die Bezahlung von Arztrechnungen verhandelt. Es ist mir ein Rätsel, warum ausgerechnet die USA als unbürokratisch gelten. Schon die endlosen, automatisierten Telefonmenüs (»Wenn Sie eine Frage zu Ihrer Steuererklärung haben, sagen Sie bitte ›Steuererklärung‹. – Ich habe Sie nicht verstanden. Wenn Sie eine Frage zu Ihrer Steuererklärung haben ...«) sind eine Geduldsprobe für sich.

Was mit den vielen Daten geschieht, die man auf langen Formularen einreicht oder am Telefon mitteilt, bleibt ein Amtsgeheimnis. Weiter verarbeitet werden sie offenbar nicht, denn bei jedem Termin und bei jedem Telefonat fängt man wieder ganz von vorne an. Es hat mich mehr als ein halbes Dutzend Besuche im örtlichen *Motor Vehicle Department* gekostet, bis ich vom Staat New Jersey einen Führerschein und eine Zulassung für mein in Texas gekauftes Auto bekam.

Der Umgangston amerikanischer Behördenvertreter lässt die sonst übliche Freundlichkeit oft vermissen. Lustlos heruntergeleierte Standardantworten werden auch nach der dritten Bitte um Erläuterung einfach nur Wort für Wort wiederholt, barsche Anordnungen dulden keinen Widerspruch. Und es ist faszinierend zu beobachten, wie aus stolzen amerikanischen Bürgern bisweilen eingeschüchterte Untertanen werden, wenn sie es mit Polizisten oder Finanzbeamten, kurz: *the authorities* zu tun haben. Es nutzt aber gar nichts, sich aufzuregen. Man kommt nur mit freundlicher Beharrlichkeit ans Ziel. Am allerwenigsten empfiehlt es sich, sich mit amerikanischen Gesetzeshütern anzulegen. In den USA tragen viele Menschen Waffen, und dass auf Polizisten im Dienst geschossen wird, ist leider nicht selten. Deshalb fackeln die Beamten nicht lange, wenn auch nur der leiseste Verdacht auf Widerstand aufkommt. Bei einer Verkehrskontrolle kann schon ein unaufgeforderter Griff nach dem Führerschein in der Jackentasche dazu führen, dass man Sie mit gezückter Pistole zum Verlassen des Autos auffordert und erst einmal gründlich nach Waffen durchsucht.

Zumindest außerhalb der Amtswelt werden Sie hingegen das Klischee von der großen Hilfsbereitschaft der Amerikaner stets aufs Neue bestätigt finden. Als wir im Sommer 2006 zunächst mit dem, was in acht Koffer passte, von Berlin nach Princeton zogen, waren Nachbarn und neue Kollegen gleich zur Stelle. Bis zum Abend hatten wir Kinderbett und Hochstuhl, eine zwei Meter lange Holzbank, Wolldecken, Töpfe und Pfannen, Geschirr und Besteck zusammen, ohne dass wir auch nur um eine einzige Leihgabe hätten bitten müssen. Betty hatte uns einen Kalender mit den Mülltagen und anderen kommunalen Terminen besorgt, Judi eine Einladung zum nächsten Treffen des Newcomers Club of Princeton in den Briefkasten gesteckt. Nützliche Kontakte vermitteln Amerikaner besonders gern. Denn ohne *social networking* läuft hier wenig – sei es bei der Jobsuche oder bei der Wahl des richtigen Klempners.

Hier mag die Erfahrung der *Frontier* noch im kollektiven Gedächtnis stecken, als man für das Überleben in der Wildnis auf gegenseitige Hilfe angewiesen war. Überdies lebt man in einem Land, in dem die staatliche Versorgung eher knapp ausfällt. Zusammen mit den starken religiösen Wurzeln der Gesellschaft führt das zu einer ausgeprägten Bereitschaft, für sich selbst zu sorgen, soweit man dazu in der Lage ist – aber eben auch anderen zu helfen, die das aus irgendeinem Grund nicht können. Wohltätigkeit ist patriotische Pflicht und moralische Verantwortung.

So zeichnen sich wahrhaft große Amerikaner auch als großzügige Spender und Stifter aus. Häufig wollen sie über die reine Wohltätigkeit hinaus vorbildliches Verhalten belohnen und Hilfe zur Selbsthilfe leisten. Andrew Carnegie schuf Anfang des 20. Jahrhunderts nicht nur seine Stiftung für den Internationalen Frieden, sondern auch den Hero Trust Fund. Diese Stiftung unterstützte die Familien von Rettungskräften, die im Einsatz verletzt oder getötet worden waren. Um Bildung für alle zugänglich zu machen, finanzierte der Stahlmagnat zudem Tausende öffentliche Bibliotheken. »Dieses Land hat mir geholfen, es zu etwas zu bringen«, schrieb Carnegie 1889 in seinem Buch *Das Evangelium des Reichtums*. »Jetzt ist es an der Zeit, etwas zurückzugeben.«

In der jüngeren Vergangenheit haben Microsoft-Gründer Bill Gates und seine Frau mit der milliardenschweren Bill & Melinda Gates Foundation die größte Privatstiftung der Welt geschaffen. Gemeinsam mit dem legendären Investor Warren Buffett hat Bill Gates außerdem mehr als 100 US-Milliardäre zu dem Versprechen überredet, einen Großteil ihres Vermögens zu spenden. Ihre Kampagne mit dem Titel »*The Giving Pledge*« haben unter anderem Star-Wars-Produzent George Lucas, die Starmoderatorin Oprah Winfrey und Facebook-Gründer Mark Zuckerberg unterschrieben. Diese neue Generation amerikanischer »Philantrokapitalisten« hat sich noch mehr vorgenommen als ihre Vorbilder aus dem 19. Jahrhundert, nämlich die Wohltätigkeit selbst zu verbessern. Nicht allein das Geld, auch das Know-how hinter ihrem wirtschaftlichen Erfolg soll die Probleme der Welt von heute lösen. »Wir wollen unser Wissen, unser Netzwerk und unsere Beziehungen nutzen, um ein Maximum an Gutem zu bewirken«, formulierte Laurene Powell Jobs, die Witwe des Apple-Gründers Steve Jobs.

Zyniker mögen darin vor allem ein Manöver der Superreichen sehen, ihr Vermögen vor dem Fiskus zu retten. Oder auch ein Spiel um Macht, wie etwa bei Larry Ellison, dem Gründer des IT-Konzerns Oracle. Der hat vor einigen Jahren eine ganze hawaiianische Insel gekauft, um dort die Utopie einer technologiegesteuerten, perfekten Gesellschaft zu verwirklichen; als Versuchskaninchen dienen die Inselbewohner. Dieses Projekt mag den technologieskeptischen Deutschen besonders verdächtig erscheinen. Doch es gibt eben gerade in Amerika eine Menge Leute, die erfolgreichen, innovativen Unternehmern einfach mehr zutrauen als dem Staat – und das nicht nur in Wirtschaftsfragen.

Auch weniger wohlhabenden Amerikanern ist das (Zurück-)

Geben ein Anliegen. Im Schnitt spendet jeder US-Bürger umgerechnet fast 750 Euro pro Jahr; in Deutschland kommen pro Kopf nicht einmal 100 Euro zusammen. Zehntausende Collegeabsolventen bewerben sich jedes Jahr für das 1990 geschaffene »Teach For America«-Programm, um zwei Jahre lang in öffentlichen Schulen ärmerer Gegenden zu unterrichten. Dass man dabei auch den eigenen Vorteil im Blick hat – Spenden sind auch in den USA von der Steuer absetzbar, und die »Teach For America«-Erfahrung macht sich gut im Lebenslauf –, ist selbstverständlich. Doch zusätzlich engagiert sich jeder zweite Amerikaner ehrenamtlich. Geschätzte acht Milliarden Stunden freiwilliger, unbezahlter Arbeit kommen so jedes Jahr zusammen. Der soziale Druck ist erheblich: Es vergeht kaum ein Tag, an dem man nicht zum *volunteering* oder zum Spenden für irgendeinen guten Zweck aufgefordert wird. Man soll für einen *fundraising event* Plätzchen backen, beim Aufbau eines neuen Schulspielplatzes helfen oder Winterkleidung für Kriegsveteranen spenden.

Bei aller Hilfsbereitschaft begreift die große Mehrheit der Amerikaner Wohltätigkeit aber vor allem als Starthilfe. Jeder kann ohne eigene Schuld in Not geraten. Aber auf Dauer gilt die Devise »to pull oneself up by one's bootstraps« – man soll sich an den eigenen Stiefelriemen hochziehen. Der Glaube, dass dies in Amerika bei gutem Willen auch jedem möglich sei, ist ein Grundbaustein der nationalen Identität.

Die Maßstäbe haben Sachbuch-Bestseller wie Napoleon Hills *Think and Grow Rich!* (deutsch: *Denke nach und werde reich!*) aus dem Jahr 1937 gesetzt. Hill hatte zuvor 20 Jahre lang die Biographien mehrerer hundert Millionäre erforscht und daraus eine Erfolgsmethodik abgeleitet. Sein Fazit lautete: Wer reich werden will, muss nicht nur Ausdauer und Fachkenntnisse mitbringen. Er muss vor allem an sich selbst glauben – und sein Unterbewusstsein positiv programmieren. Hill riet den Amerikanern, zuerst einen detaillierten Plan auszuarbeiten, wie und in welcher Frist sie wie viel Geld verdienen wollten. Dann sollten sie sich unverzüglich daran machen, den Plan in die Tat umzusetzen. Obendrein verschrieb der Autor autosuggestives Training: Jeden Morgen und jeden Abend müsse man sich seinen Erfolgsplan erneut laut vorlesen. Zumindest Hill selbst ist mit dieser Erfolgsphilosophie – oder vielmehr mit ihrem Verkauf – reich geworden. Und bis heute leben zahlreiche Fernsehprediger, *life coaches* und Motivationstrainer von der Kultur des *positive thinking*.

Doch die Begeisterung für das positive Denken kann den *American Dream* ins Perverse steigern: Wenn man nur intensiv genug daran glaubt, so heißt es nun, erreicht man alles – von einem besseren Job über einen besseren Körper bis hin zu besseren Beziehungen. Umgekehrt gilt dann: Wer seinen Job verliert oder mit seiner Firma scheitert, ist grundsätzlich selbst schuld. Er oder sie hat eben nicht ausreichend an den eigenen Erfolg geglaubt.

Indes scheinen sich immer weniger Amerikaner imstande zu fühlen, Reichtum, Erfolg und Glück herbeizudenken. Jedes Jahr sitzen in meinen Universitätskursen mehr Studenten und vor allem Studentinnen, die schon seit der Schulzeit regelmäßig Panikanfälle haben und nur noch mit starken Beruhigungsmitteln über die Runden kommen. Meditations-Apps, die bei einer solchen Panikattacke den Atem beruhigen sollen, stehen hoch im Kurs. Sogar in der Schulklasse meines 12-Jährigen sind bereits mehrere Mädchen wegen Angststörungen in psychologischer Behandlung. Eine Statistik des National Institute for Mental Health bestätigt, dass sich darin ein Trend ausdrückt: Mehr als ein Drittel aller Mädchen und gut ein Viertel aller Jungen zwischen 13 und 17 leiden unter *anxiety;* insgesamt stellen Ärzte jedes Jahr 40 Millionen US-Bürgern diese Diagnose. Noch in den 1990er Jahren waren Depressionen die Volkskrankheit Nummer eins, und Amerika war die *Prozac Nation,* wie der Titel von Elizabeth Wurtzels autobiographischem Bestseller in Anspielung auf das gängigste Antidepressivum lautete. Heute greifen die US-Bürger eher zu Beruhigungsmitteln wie Xanax und Paxil.

Dazu grassiert eine neue Drogen-Epidemie in Neuengland, in den Appalachen und anderen Regionen, die seit Jahren wirtschaftlich und sozial in der Krise sind. In Deutschland hörte man erstmals 2014 davon, als der beliebte Schauspieler und Oscar-Preisträger Philip Seymour Hoffman (Capote; Die Tribute von Panem) in New York an einer Überdosis Heroin starb. Mittlerweile zählt man in den USA jedes Jahr mehr Drogentote als Verkehrstote. 2016 starben über 60 000 Amerikaner an einer Überdosis sogenannter Opioide. Dazu zählen neben Heroin – das in Amerika billiger ist als Zigaretten – auch starke Schmerzmittel wie Fentanyl oder Oxycodon. Eine Überdosis Oxycodon kostete im April 2016 den Popstar Prince das Leben. Der Musiker war seit Jahren abhängig von solchen Medikamenten, die er in großen Mengen zu Hause hortete. Heute stehen ganze Kleinstädte vor dem Zusammenbruch, weil Feuerwehr und Gesundheitsdienste mit der Rettung und Versorgung der vielen Junkies nicht mehr nachkommen. Polizisten, Lehrer und Bibliothekare mussten lernen, wie man Süchtigen nach einer Überdosis das Gegenmittel Naloxon spritzt. Durch den Massenkonsum von Opioiden ist zuletzt sogar die durchschnittliche Lebenserwartung der Amerikaner gesunken. Und auch wenn strukturschwache Regionen besonders stark betroffen sind: Die Drogenkrise macht weder an sozialen Schranken noch an Staats- oder Altersgrenzen halt. Nicht wenige Süchtige greifen dabei zu einem Cocktail aus Opioiden und Beruhigungsmitteln. Einziger Gewinner der Krise ist die Pharmaindustrie. Sie scheffelt mit beiden Produkten Milliarden.

Sind die USA also nicht mehr das Land der Pioniere und Optimisten, sondern das Land der Angsthasen, die in den Drogenrausch fliehen? Von einer »Nation der Heulsusen« ist in konservativen Medien vor allem mit Blick auf Amerikas Jugend gern die Rede. Zwischen Helikopter-Eltern, Wohlfühl-Schulen und ständigem positiven Feedback auch ohne besondere Leistung sind demnach bereits Generationen verwöhnter Kids herangewachsen, die einfach nichts mehr aushalten. »Wir sind ein verweichlichtes und unzufriedenes Land geworden«, hieß es in einem Leserbrief an die *Pittburgh Post-Gazette* vom Mai 2017: »Zu wenig Rückgrat!« Andere erklären sich die Angstzustände junger Amerikaner eher mit dem wachsenden Leistungsdruck an Schulen und Hochschulen, kombiniert mit dem sozialen Druck, sich den eigenen Wert durch möglichst viele *likes* auf Facebook und Instagram immer aufs Neue bestätigen zu lassen.

Zumindest teilweise ist das Problem wohl auch darauf zurückzuführen, dass selbst Medikamente mit hohem Suchtpotential in den USA allzu leicht verfügbar sind. Milde Schmerzmittel wie Ibuprofen kann man in jedem Supermarkt im Dutzend billiger kaufen, und rezeptpflichtige *painkiller* werden schon bei Knieschmerzen verschrieben. Eine in München lebende amerikanische Schriftstellerin berichtete einmal in der *New York Times*, wie schockiert sie war, als sie nach einer ambulanten gynäkologischen Operation von ihren deutschen Ärzten mit ein paar Ibuprofen-Tabletten nach Hause geschickt wurde. »Sowas konsumiere ich schon bei leichtem Kopfweh wie Bonbons«, schrieb sie. »Ich bin dann von meiner Frauenärztin zum Chirurgen und zuletzt sogar zum Anästhesisten gelaufen. Wenigstens einer von denen musste doch einsehen, dass ich jetzt etwas Stärkeres brauchte als eine Tasse Kräutertee und den guten Rat, meinem Körper die nötige Ruhe zu gönnen!« Schmerzen auszuhalten, das ist im amerikanischen Alltag einfach nicht vorgesehen – und deshalb muss man in den USA für die härtesten Drogen oft gar nicht zum Dealer gehen. Es reicht ein Griff in den Medizinschrank.

## Baseball, Super Bowl, *Soccer Mom:* Die Welt des Sports

»Baseball, it is said, is only a game. True. And the Grand Canyon is only a hole in Arizona. Not all holes, or games, are created equal.« (Der amerikanische Kolumnist und Baseballfan George F. Will)

Im August 2009 wurde Senator Edward »Ted« Kennedy, der letzte der drei großen Kennedy-Brüder, auf dem Soldatenfriedhof von Arlington beigesetzt wie schon John F. und Robert »Bobby« Kennedy vor ihm. Zuvor hatte Edward Kennedy Jr., genannt »Medium Teddy«, in Boston eine bewegende Trauerrede auf seinen Vater gehalten. Darin berichtete er von den Sommerwochenenden auf Cape Cod, wenn sein Vater freitags am späten Nachmittag aus Washington kam und dann stets sofort mit dem Segelboot aufs Wasser wollte. Stundenlang hätten sie für die nächste Regatta Wendemanöver geübt, während zu Hause das Abendessen kalt wurde und alle anderen Segler ihre Boote längst wieder im Hafen festgemacht hatten. »Dad, warum sind wir immer die Letzten hier draußen?«, fragte der Sohn eines Abends. Ted Kennedy antwortete: »Die meisten anderen Segler sind klüger und haben mehr Talent als wir. Aber wir werden trotzdem gewinnen. Denn wir arbeiten härter und sind besser vorbereitet.«

Zwischen dem Kennedy-Clan und der amerikanischen Durchschnittsfamilie liegen Welten. Regattasegeln vor Cape Cod ist kein Volkssport in den USA. Und doch teilen Millionen Amerikaner die Erfahrung, von der diese Kennedy-Anekdote erzählt. Sie erkennen die Botschaft wieder, auch wenn sie ihnen eher beim Baseball oder Basketball, beim Football oder Fußball, beim Lacrosse oder Eishockey vermittelt worden ist. Sport ist in den USA eine Erziehung fürs Leben, und in den meisten Familien ist er deshalb weit mehr als nur Zeitvertreib. Trainiert wird immer auch eine Mentalität, der Charakter des Einzelnen und sein Verhalten in der Gruppe. Für amerikanische Kinder sind die Eltern oft die ersten Trainer, und später wird nicht selten der *coach* zur wichtigsten erzieherischen Instanz außerhalb der Familie.

Als der deutsche Soziologieprofessor Eugen Rosenstock-Huessy nach Hitlers Machtergreifung 1933 in die Vereinigten Staaten floh, stellte er bald fest, dass seine neuen amerikanischen Studenten in Harvard ihn nicht richtig verstanden. An seinem Englisch lag das nicht. Es waren seine Beispiele aus Literatur und Mythologie, die einfach nicht funktionierten. Erst als er Zuflucht zu Analogien aus der Sportwelt nahm, fiel im Seminarraum der Groschen. Er habe deshalb seine gesamte soziologische Lehre auf die Erfahrungen seiner Studenten bei Training und Spielen zugeschnitten, erläuterte Rosenstock-Huessy. Denn die Welt des Sports umfasse alle Interessen und Gefühle, Werte und Moralvorstellungen eines 20-jährigen Amerikaners.

Das gilt noch heute, wie der Philosophieprofessor Michael A. Gillespie in seinem 2009 erschienenen Essay *Players and Spectators: Sports and Ethical Training in the American University* feststellt. In der ethischen Erziehung Amerikas mischen sich demnach drei große sportliche Traditionen der westlichen Kultur: Von den griechischen Athleten stammen Tugenden wie Mut, Robustheit und Ausdauer, aber auch das Streben nach individuellem Erfolg oder gar Ruhm. Die Römerzeit mit ihren kolossalen Arenen und Gladiatorenkämpfen war Vorbild für die Inszenierung des Sports als Spektakel im College- und Profisport. Von den Briten schließlich übernahmen die Amerikaner das Mannschaftsspiel nach Regeln, den Teamgeist und das ehrenhafte Prinzip des Fairplay.

Zu sagen, dass Amerikaner sportbegeistert sind, wäre also eine Untertreibung. Dem Sportspektakel frönen sie praktisch überall. In jeder Bar in der Stadt, jedem *diner* auf dem Land und in jedem Studententreff auf dem Campus läuft mindestens ein Fernseher, auf dem irgendein Spiel, ein Golfturnier oder ein Autorennen übertragen wird. In jeder Universitätsstadt ziehen am Wochenende die Anhänger der lokalen College-Mannschaften in die Stadien und machen das Spiel zum Gemeinschaftserlebnis. Gekleidet in den Farben ihrer Mannschaft, bejubeln sie *touchdowns*, *homeruns* oder *slam dunks* (Korbleger). Welche Anziehungskraft diese Spiele haben, sieht man schon an den gigantischen Sportstätten. In Iowa City zum Beispiel passen mehr als 70 000 Zuschauer in das Kinnick-Stadion der University of Iowa. Das sind doppelt so viele Menschen, wie an der Universität studieren, und fast 10 000 mehr, als die ganze Stadt Einwohner hat.

Trotz ihrer Dimensionen geht es in den US-Sportstätten beschaulich zu. Amerikaner aller Klassen sitzen bei Hotdogs, Bier und Softdrinks zusammen und kommentieren das Spiel – aber dass ganze Stadionkurven unter Schlachtgesängen erzittern, kommt selten vor. Bisweilen müssen Bigbands und Cheerleader-Truppen nachhelfen, um dem Publikum etwas Begeisterung zu entlocken. Das Hooligan-Phänomen ist selbst in den Arenen der Profi-Mannschaften so gut wie unbekannt.

Wenn in den Supermärkten ganze Stapel footballförmiger Schokoladenkuchen mit weißen Zuckerguss-Nähten auftauchen, steht der Super Bowl bevor. Das Endspiel um den Titel des besten professionellen Footballteams der Nation ist ein alljährliches Fest vor dem Fernseher, das man mit Familie und Freunden feiert. 2010 war dafür ein Traumjahr. Denn dieser Super Bowl bediente wie kaum ein anderer die amerikanische Vorliebe für Superlative: Das Endspiel sollte darüber entscheiden, ob der All-American-Star Peyton Manning durch einen Sieg seiner Mannschaft, der Indianapolis Colts, zum erfolgreichsten Quarterback aller Zeiten aufsteigen würde. Die Familie Manning war bereits *die* Football-Familie der USA: Peytons Bruder Eli spielte als Quarterback bei den New York Giants, Vater Archie Manning war Quarterback bei den New Orleans Saints. Und ausgerechnet die Saints wurden dann auch noch Finalgegner der Colts im Super Bowl XLIV!

Aus dem persönlichen Triumph Peyton Mannings ist bei jenem Super Bowl nichts geworden. Doch dafür sahen die Amerikaner am 7. Februar 2010 das symbolische Comeback einer zerstörten und demoralisierten Stadt: Die Underdogs aus New Orleans besiegten die Favoriten aus Indianapolis. New Orleans fiel in einen einzigen großen Glückstaumel und machte seinem Ruf als feierfreudigste Metropole der USA zum ersten Mal seit dem Hurrikan Katrina wieder alle Ehre. 106,5 Millionen Zuschauer verfolgten das Spiel an den Fernsehschirmen – mehr als je zuvor bei einer einzelnen Sendung gezählt worden waren. Peyton Manning ist ein Platz unter den großen Spielmachern im amerikanischen Football-Pantheon aber trotzdem sicher: 2016 gewann er als 39-Jähriger mit seinem neuen Team, den Denver Broncos, den Super Bowl 50 (im 50. Jubiläumsjahr hat die Profi-Liga NFL ausnahmsweise auf die sonst üblichen lateinischen Ziffern verzichtet, denn »Super Bowl L« hätte zu sehr nach T-Shirt-Größe ausgesehen). Damit ist er der älteste Quarterback, der je den Titel geholt hat.

Seit 50 Jahren ist Football, der knochenharte Kampf um Geländegewinn, in den USA die beliebteste Sportart. Mögen seine Kritiker auch beklagen, dass Football Amerikas schlechteste Eigenschaften repräsentiert (der Kolumnist George Will definierte das Spiel als »Gewalt, unterbrochen von Komiteesitzungen«): In Umfragen bezeichnet ihn gut jeder Dritte als seinen Lieblingssport. Für Baseball begeistert sich in diesem Maße heute nicht einmal mehr jeder zehnte Amerikaner. Und doch gilt das Spiel mit seinen Duellen zwischen *pitcher* und *batter* als *der* amerikanische Sport schlechthin. Jedes Kind weiß, dass mit dem Lied »Take me out to the ball game« nur ein einziges Ballspiel gemeint ist. Die Refrainzeile »I don't care if I never get back« folgt dem verlockenden Ewigkeitsversprechen eines Spiels, bei dem es kein Zeitlimit gibt.

Für den Literaturprofessor und Präsidenten der Universität Yale A. Bartlett Giamatti, der bis zu seinem Tod im September 1989 als *Commissioner of Baseball* auch die amerikanische Profi-Liga managte, war jedes einzelne Spiel die sportliche Verwirklichung des amerikanischen Traums. »Baseball löst das Versprechen ein, das Amerika sich selbst gegeben hat: Das Individuum hochzuschätzen und zugleich das übergeordnete Wohl der Gemeinschaft anzuerkennen«, schrieb er in seinem Buch *Take Time for Paradise: Americans and Their Games* (1989). »Es sendet seine Spieler aus zu den Bases und gibt ihnen die Freiheit, da draußen in einer Welt voller Gefahren Großes zu vollbringen, bevor sie wieder zurückkehren. [...] Jedes Spiel erneuert das Versprechen, dass wir alle frei sein können, dass jeder sein Ziel erreicht.«

Für amerikanische Kinder ist jedoch häufig weder Football noch Baseball der Sport, den sie als Erstes aktiv betreiben. Die meisten zieht es zum Basketball – einem Spiel, das Tradition mit einem hohen Coolness-Faktor kombiniert. Nicht umsonst gehört der Korb über dem Garagentor zur Standardausrüstung amerikanischer Einfamilienhäuser, und Streetball, die akrobatisch-individualistische Variante dieses schnellen Spiels, hat heute weit über die *inner cities* der Großstädte hinaus Kultstatus. Zu Beginn war es vor allem die Jugendorganisation YMCA, die anglo-amerikanische Version des Christlichen Vereins Junger Männer, die Basketball in den USA populär machte. Seit den Zeiten des legendären »New York Renaissance«-Teams aus Harlem gilt Basketball überdies als wichtiges Vehikel zur Emanzipation und zum sozialen Aufstieg junger Afro-Amerikaner. Tatsächlich können begabte, aber mittellose Spieler durch ein Sportstipendium den Sprung in eines der amerikanischen Elite-Colleges schaffen. Doch damit ist noch längst kein Studienabschluss (oder gar ein lukrativer Vertrag mit einem Profiteam) garantiert. Und so sind es auch, wie der 2008 gedrehte Dokumentarfilm *Sneaker Stories* zeigt, weder die Streetball-begeisterten *kids* in Amerikas Großstadtvierteln noch die *student athletes* an den Universitäten, die am meisten vom Basketball-Mythos profitieren. Die großen Gewinner sind vielmehr die Profiliga NBA und ein Turnschuhfabrikant wie Nike, der den Ausnahmeathleten Michael Jordan als Werbeträger einsetzte und damit Rekordumsätze machte.

Gleich hinter Basketball und noch vor Baseball hat sich inzwischen ein weiterer Ballsport als Alternative etabliert: Vor allem in den Vorstädten werden viele Grundschulkinder heute zuerst zum *soccer* angemeldet. Anfangs spielten hauptsächlich Mädchen, doch seit der Football wegen der vielen Fälle von Gehirnerschütterungen mit verheerenden Spätfolgen zumindest als Schulsport in Verruf geraten ist, ist *soccer* auch bei den Jungen – und ihren besorgten Eltern – populärer geworden. Ausgerechnet um den europäischen Fußball, der als Zuschauersport in den USA noch bis vor kurzem kaum jemanden hinter dem Ofen hervorlockte (wenn überhaupt, dann zog hier nur der Frauenfußball), kann sich das gesamte Wochenende einer amerikanischen Familie drehen. Nicht selten werden zwei Kinder gleichzeitig zu verschiedenen Auswärtsspielen gefahren und angefeuert.

Noch in den 1970er Jahren begeisterten sich allenfalls Immigranten für Fußball, und man zählte US-weit keine 130 000 fußballspielenden Kinder. Heute hat allein die größte US-Jugendliga mehr als drei Millionen Mitglieder, und laut Fifa kicken rund 24 Millionen amerikanische Kinder und Jugendliche zumindest gelegentlich. Als Zuschauersport hat der Fußball bei den unter 55-jährigen Amerikanern den Baseball in der Beliebtheit bereits überrundet und liegt fast gleichauf mit Basketball. Und so kommt es, dass ausgerechnet der Fußball jenem Klischee den Namen gab, das seit Mitte der 1990er Jahre als Inbegriff der Vorstadtmutter gilt: *Soccer Mom.*

Meinungsforscher und Wahlkampfstrategen hatten die *Soccer Mom* im Wahljahr 1996 entdeckt. Bis dahin hatte sie ganz unauffällig ihre Kinder im Minivan oder im Kombi zum Spielfeld gefahren, Schienbeinschoner zurechtgezurrt und aufgeschlagene Knie verpflastert. Dann bewarb sich Susan B. Casey, eine erfahrene Wahlkampfmanagerin, mit dem Slogan »A Soccer Mom for City Council« um einen Sitz im Stadtrat von Denver – und wurde prompt gewählt. Auf einmal war die *Soccer Mom* in allen Medien. Zwei Jahre zuvor hatten die weißen Männer aus den *suburbs,* wütend über die Bundesregierung, über Steuern und Waffengesetze, den Republikanern bei der Kongresswahl einen Erdrutschsieg beschert. Diesmal, so hieß es, würden die Frauen der *angry white males* über das politische Geschick des Landes entscheiden – so wie schon ihre Wahl beim Einkauf über den Markterfolg von Produkten entschied. Der Fernsehsender NBC nahm sie als eigene Wählerkategorie in seine Umfragen auf. Und tatsächlich verhalfen die Fußballmütter der Nation dem Demokraten Bill Clinton dann zum Sieg bei der Präsidentschaftswahl. *Soccer Mom* wurde Wort des Jahres 1996.

Um dessen Relevanz und Bedeutung wird seitdem gestritten. Dabei geht es um Rassenklischees und Geschlechterrollen, um die Definition von Familie und um die Schwierigkeit, in einer fragmentierten Gesellschaft überhaupt noch Gruppen mit ausreichend gemeinsamen Merkmalen zu identifizieren. Ist die typische *Soccer Mom* eine Hausfrau, die das Geldverdienen dem Ehegatten überlässt und ihren ganzen Ehrgeiz in die Aufzucht der Kinder steckt? Oder ist es nicht doch eher die geschiedene Alleinerziehende mit Vollzeitjob, die sich im täglichen Kampf um die Balance zwischen Job und Kindern aufreibt? Handelt es sich gar um eine ideologische Wortschöpfung, die das Klischee der weißen Hausfrau im Vorstadtidyll pflegt?

Wie immer man politisch dazu stehen mag: Statistisch ist die *Soccer Mom* eher *Working Mom* als reine Hausfrau, selbst wenn sie verheiratet ist. Die wenigsten amerikanischen Familien können von einem einzelnen Einkommen leben. Auch sind Babypausen und Erziehungszeiten in den USA deutlich weniger großzügig bemessen als in Deutschland, so dass die meisten Mütter einige Monate nach der Geburt eines Kindes wieder arbeiten gehen. Nur gut ein Drittel aller verheirateten Frauen mit kleinen Kindern ist nicht berufstätig.

Mit 1,9 Kindern pro Frau liegt die Geburtenrate in den USA höher als in Deutschland mit 1,5 Kindern. Nur wenige amerikanische Frauen entscheiden sich bewusst für ein Leben ohne

Nachwuchs. Doch die vierköpfige Kernfamilie ist auch hier längst nicht mehr die Norm. Ehepaare mit eigenen Kindern stellen heute nur noch ein Fünftel aller Haushalte; 1970 waren es noch gut 40 Prozent. Vier von zehn Babys werden inzwischen von unverheirateten Frauen geboren, bei afroamerikanischen Babys sind es sogar sieben von zehn. Vor einiger Zeit habe ich eine Freundin, die zwei Kinder von zwei verschiedenen Samenspendern allein großzieht und sich als *single mother by choice* bezeichnet, zu einem Familientreffen begleitet: Ein Dutzend Frauen, die alle Kinder vom selben Spender haben, waren aus allen Teilen der USA von Massachusetts bis Colorado zusammengekommen. Die Frauen – teils Alleinstehende, teils lesbische Paare – hatten sich per Internet gefunden und beschlossen, dass die Kinder ihre biologischen Halbgeschwister kennenlernen sollten. »Die typische amerikanische Familie«, stellte die US-Zensusbehörde kürzlich fest, »gibt es nicht mehr.«

Die angeblich typische *Soccer Mom* sehe ich – selbst Fußball-Mutter in Aktion – jedes Wochenende am Spielfeldrand. SUV-Fahrerin, stets in Sneakers und Sport-Outfit, immer strahlend (außer wenn sie ein schlechtes Vorbild für ihre Kinder sieht, unbehelmte Mütter auf dem Fahrrad zum Beispiel). Immer die Erste, wenn der Eltern- und Lehrerverband ihrer Schule Freiwillige sucht. Nie kommt sie ohne eine Extraportion gesunder Snacks, weil Kinder zwei Stunden Fußball oder anderthalb Stunden Schachklub unmöglich ohne Nahrungszufuhr überstehen können. Stets ist sie in Cheerleader-Stimmung (»This is so exciting! Aren't you having fun, guys?!«), und immer in Eile, weil ihre Tochter in 20 Minuten beim Klavierunterricht sein muss. Nur eines kann man sich bei ihr so gar nicht vorstellen: dass sie sich für Fußball an sich begeistert.

Dasselbe gilt für die Mehrzahl der anderen Eltern auf dem Feld. Fußball ist gut für den Teamgeist, aber er ist nicht der Sport, aus dem amerikanische Träume gemacht sind. Schon deshalb ist die *Soccer Mom* keine feste Größe. Meinungsforscher und Politstrategen haben längst neue Profile in Umlauf gebracht: die *Security Mom* zum Beispiel, die ihre Kinder überall in Gefahr sieht, sei es durch Gift in Lebensmitteln oder durch entlassene Sexualstraftäter. Seit der amerikanische Traum von gleichen Aufstiegschancen für alle mit der statistisch erfassten Realität immer weniger übereinstimmt, haben auch die *Waitress Mom* und die *Walmart Mom* Konjunktur – als Symbole für die wachsende Zahl jener Frauen, die hart (mit)arbeiten und rechnen müssen, um ihre Familien über die Runden zu bringen.

Fußball liefert in Amerika eben – noch – nicht den besten Stoff für Legenden. Dafür ist traditionell der Baseball zuständig. 2009 wurde zum Beispiel William Winokurs Buch *The Perfect Game* verfilmt, das die wahre Geschichte vom Aufstieg einer Baseball-Jungenmannschaft in den Armenvierteln der mexikanischen Industriestadt Monterrey zum Sieger der *Little League World Series* des Jahres 1957 in den USA erzählt. Niemand hätte sich eine bessere Fabel ausdenken können. Die Jungen aus Mexiko üben mit ihrem Gemeindepriester auf einer Industriebrache. Am Sonntag nach der Messe fiebern sie am Radio mit, wenn ihre Helden – die Brooklyn Dodgers – spielen. Angel Macias, der begabte *pitcher* des Teams, gewinnt Cesar Faz als Trainer, als der seinen Job im US-amerikanischen *Major League Baseball* verliert und nach Monterrey zurückkehrt.

Zu ihrem ersten Spiel auf US-amerikanischem Boden fahren die Jungen mit einem Dreitagesvisum und ohne Gepäck – in der Erwartung, spätestens am folgenden Tag besiegt wieder nach Hause zu fahren. Doch wenige Wochen später ist die Mannschaft aus Monterrey bereits Sieger im Staat Texas. Beim Endspiel der World Series in Pennsylvania macht Angel Macias die Sensation perfekt: Während er seine Bälle wirft, erreicht kein einziger Spieler der gegnerischen Mannschaft auch nur die erste *base.* Das nennt man im Baseball ein *perfect game,* und Macias ist bis heute der einzige *Little-League*-Spieler, dem je ein solches Spiel gelang.

Die mexikanischen Underdogs lernen aber auch ihre Lektion

fürs Leben. Im Film sagt Angel Macias zu seinem verliebten Trainer: »Wenn du Maria für dich gewinnen willst, musst du dich mehr anstrengen.« »Liebe ist nicht dasselbe wie Baseball«, gibt der zurück. »Ist es doch!«, antwortet Angel ohne Zögern.

So weit die US-Version dieser Geschichte, wie sie der Film noch einmal voller Nostalgie für die große Zeit des Baseballs und der amerikanischen Werte in Erinnerung ruft. Es war die Zeit, als der *American Way of Life* über den Faschismus in Deutschland und über den Imperialismus in Japan triumphiert hatte. Es war der Höhepunkt des amerikanischen Jahrhunderts. Doch diese Zeiten sind vorbei, wie die amerikanische Kolumnistin Mary McGrory nach Vietnam und Watergate befand. Und auch sie hat die Lage der Nation mit den Begriffen des Sports beschrieben: »Baseball ist das, was wir waren. Football ist das, was wir geworden sind.«

Dass der erste amerikanische Nationalsport zumindest in Neuengland auch heute noch politische Welten bewegen kann, hat sich allerdings in Massachusetts gezeigt. Dort wurde nach Ted Kennedys Tod sein Nachfolger für den Senat gewählt. Niemand räumte den Republikanern bei dieser Nachwahl ernsthafte Chancen ein. Massachusetts ist eine demokratische Hochburg, und überdies ging es um den »Kennedy-Sitz«. Doch die Kandidatin der Demokraten, Martha Coakley, war sich ihrer Sache allzu sicher. Sie drückte sich vor dem Wahlkampf. Sie buchstabierte sogar ihren Heimatstaat falsch.

Die Wahl hätte sie womöglich dennoch gewonnen – hätte sie nicht ein besonderes Sakrileg begangen: Als sich der frühere *pitcher* der Boston Red Sox, Curt Schilling, positiv über ihren republikanischen Konkurrenten Scott Brown äußerte, bezeichnete Coakley ihn als Yankee-Fan. Der Aufschrei in Massachusetts war bis Washington zu hören. Denn erstens ist die Rivalität zwischen den Yankees aus New York und den Red Sox aus Boston nicht irgendein sportlicher Wettstreit. Und zweitens ist Curt Schilling nicht irgendein Baseballspieler. Er ist eine lebende Legende. Ihn als Yankee-Fan zu bezeichnen, ist mindestens so unerhört, als bezichtigte man Franz Beckenbauer der Parteinahme für 1860 München.

Die Erzrivalität der beiden Teams reicht fast ein Jahrhundert bis in die Zeit des Baseball-Gotts Babe Ruth zurück. Ruth, »The Bambino«, spielte für die Red Sox, als sie 1918 die World Series gewannen. Doch dann verkauften ihn die Bostonier an die Yankees – und holten 85 Jahre lang keinen Titel mehr. Erst Curt Schilling brach den »Fluch des Bambino«: Er machte die Red Sox 2004 wieder zu Weltmeistern. In einem Spiel hielt er trotz einer Fußverletzung so lange durch, bis seine roten Socken blutrot wurden. Eine dieser *bloody sox* ist heute in der Baseball Hall of Fame ausgestellt.

Wenige Tage nach ihrem Baseball-Ausrutscher verlor Martha Coakley die Nachwahl in Massachusetts – und die Demokratische Partei ihre sichere Mehrheit im US-Senat. »And it's one, two, three strikes you're out of the ol' ball game«, spottete ein Blogger aus Massachusetts.

# *Students:* Bildung und Ausbildung

»An investment in knowledge always pays the best interest.«
(Benjamin Franklin, 1706–1790)

Jedes Jahr hält an einem Wochenende im Frühsommer ein selt-
samer Dresscode Einzug in Princeton. Stattliche Herren schlüp-
fen in grell orangefarbene Blazer mit schwarzem Streifenmuster.
Zierliche ältere Damen streifen Handschuhe mit aufgenähten
Tigerkrallen über. Wenn überall auf dem Campus wild kostü-
mierte Herrschaften unterwegs sind, wenn die gesamte Stadt in
Schwarz und Orange getaucht ist, bis die Augen flimmern, dann
ist weder Karneval noch Halloween: Es sind *Reunions.*

Macht ein Jahrgang von Princeton-Studenten seinen Abschluss,
treffen sich kurz vorher die Alumni, die Absolventen früherer
Jahre. Mit ausgelassenen Ritualen feiern sie ihre Alma Mater.
Schwarz und Orange sind die Farben der Princeton University,
der Tiger ist ihr Maskottchen, und die College-Sportler nennen
sich Princeton Tigers – deshalb die vielen Raubkatzen-Kostüme.
In der *P-Rade* ziehen die Ex-Kommilitonen mit Blasmusik durch
die Stadt. Sprechchöre ertönen, die »Princeton Locomotive« zum
Beispiel, und das klingt dann so: »Hip! Hip! Rah! Rah! Rah! Tiger!
Tiger! Tiger! Sis! Sis! Sis! Boom! Boom! Boom! Ah!«

Die ganze Universität hat kaum mehr als 8000 Studenten.
Doch jedes Jahr kommen um die 20 000 Alumni, oft mit Familie.
Und wenn auch nicht jeder Ehemalige so regelmäßig erscheint
wie Malcolm Warnock, der 1925 seinen Abschluss machte und
danach bis zu seinem Tod 2012 keine einzige *Reunion* verpasste –
die Devise heißt: einmal Princetonier, immer Princetonier.

236

Die Amerikaner haben sich die Demokratie durch Revolution und Krieg gegen die Monarchie erkämpft. Hier zählen weder Kronen noch Grafentitel. Amerikas Aristokratie ist die Elite der höheren Bildung. Das gilt insbesondere für Absolventen der acht *Ivy-League*-Universitäten im Nordosten, unter denen die *Big Three* noch einmal eine Sonderklasse bilden: Von George Washingtons direktem Nachfolger John Adams bis Barack Obama haben allein 14 der 44 bisherigen US-Präsidenten ihr Examen entweder in Harvard, Yale oder Princeton gemacht.

Die Bezeichnung Efeu-Liga wird meist von den efeuumrankten Campusgebäuden dieser Hochschulen abgeleitet. Außer den Großen Drei sind das noch die University of Pennsylvania, die Columbia- und die Cornell-Universität in New York, das Dartmouth-College in New Hampshire und die Brown-Universität in Rhode Island. Seit Mitte des 20. Jahrhunderts tragen sie ihre Sportwettkämpfe offiziell als *Ivy League* aus. Ihre Sonderstellung verdanken sie ihrer (für amerikanische Verhältnisse) uralten Tradition und ihrer einzigartigen historischen Bedeutung. Mit Ausnahme der Cornell-Universität in Upstate New York sind die *Ivy League Schools* alle älter als die Vereinigten Staaten selbst. Der Campus dieser Hochschulen ist jeweils eine Welt für sich. In ihrem eigenwilligen Bauten-Sammelsurium finden sich Bibliotheken von Frank Gehry, Studentenwohnheime von I. M. Pei und andere Solitäre berühmter Architekten. Daneben erinnern zinnenbewehrte Mauern, viktorianische Giebel und neogotische Türme an Oxford und Cambridge. Harvard, 1636 von der Massachusetts Bay Company gegründet, war die erste Universität und zugleich die erste Körperschaft auf amerikanischem Boden. Nassau Hall, das Hauptgebäude der Princeton University, war lange das größte Steingebäude der nordamerikanischen Kolonien. Während des Unabhängigkeitskrieges tagte hier gut vier Monate lang der Kontinentalkongress.

Entsprechend verbindet man mit diesen acht Hochschulen nicht nur akademische und sportliche Höchstleistungen, sondern auch ein enormes gesellschaftliches Elitebewusstsein. Die meisten *Ivy League Schools* waren zunächst nahezu exklusive Männer- und *WASP*-Domänen. Hier studierten *White Anglo-Saxon Protestants,* weiße Protestanten mit englischen Vorfahren. Katholiken, Juden und Farbigen blieb bis weit ins 20. Jahrhundert hinein der Zugang entweder komplett verwehrt, oder er wurde ihnen zumindest schwergemacht. Für Frauen richtete man Schwester-Colleges ein, die den Hochschulen der Männer zugeordnet waren. Eine dieser *Seven Sisters* ist das Wellesley College in Massachusetts, an dem Hillary Clinton ihren Abschluss machte. Allein Cornell vergab seine Studienplätze schon seit seiner Gründung 1865 unabhängig von Geschlecht, Rasse oder Religion.

Heute ist *diversity,* die ethnische und kulturelle Vielfalt, auch für die vormals konservativsten unter den Efeu-Ligisten oberstes Gebot. Den gesellschaftlichen und politischen Wandel Amerikas während des letzten halben Jahrhunderts sieht man bei der *P-Rade* der Princetonier sozusagen an sich vorbeiziehen: Zuerst kommen die älteren Jahrgänge, ausnahmslos weiße Männer. In ihren Reihen fahren Frauen höchstens als *trophy wives* unter breitkrempigen Strohhüten auf einem Golfwägelchen mit. Erst bei den Absolventen der frühen 1970er Jahre marschieren weibliche Alumni mit, denn 1969 wurden erstmals Frauen als *undergraduates,* als College-Studenten im Grundstudium, zugelassen. Und je weiter sich die Absolventenjahrgänge der Gegenwart nähern, desto bunter wird die Mischung der Ex-Studenten, die Princeton – wie auch die übrigen Elite-Unis – mittlerweile aus aller Welt rekrutiert.

Im Rennen um die Spitzenplätze auf den Universitätsranglisten haben die *Ivy League Schools* natürlich längst Konkurrenz bekommen, durch die kalifornische Stanford University zum Beispiel, die University of Chicago oder das MIT in Boston. Für jede dieser Hochschulen gilt: Wer hier nach vier Jahren College-Studium seinen Abschluss macht, dem stehen in der Regel alle Türen offen, sei es in der Wirtschaft, in Politik und Verwaltung

238

oder auch für eine akademische Karriere. Darüber hinaus ist die Zugehörigkeit zu einem Elite-College eine soziale Währung, die in Amerika nicht weniger zählt als Reichtum oder *celebrity* – und das will etwas heißen. Man kann das zum Beispiel bei der Passkontrolle am Flughafen erleben, wenn die strenge Miene des US-Grenzbeamten nach einem Blick auf das Visum eines jungen indischen Studenten gleich deutlich freundlicher wird: »Oh, you're going to Yale? Great school!«

Kein Wunder also, dass viele junge Amerikaner und Einwanderer seit Generationen alles daran setzen, um einen dieser begehrten Studienplätze zu ergattern. Und eins hat sich bei allem Wandel über die Jahrhunderte nicht geändert: Die Nachfrage ist groß, das Angebot aber knapp. In Deutschland entscheidet sich erst während des Studiums, wer zu den Besten zählt. In den USA ist es genau umgekehrt: Die Selektion findet schon vor der Aufnahme in die Top-Hochschulen statt. Danach kann nicht mehr allzu viel schiefgehen. Die alles entscheidende Frage lautet also: Wie kommt man rein? Und das wiederum ist, anders als oft vermutet, keineswegs nur eine Frage des Geldes.

### *Public or Private:* Amerikas Schulsystem

»My parents said to me, ›Finish your dinner. People in China and India are starving.‹ I find myself wanting to tell my daughters, ›Finish your homework. People in India and China are starving for your job.‹«
(Thomas L. Friedman, *Doing Our Homework,* 2004)

Frisch in Amerika angekommen, wurde ich mit meinem damals anderthalbjährigen Sohn in eine *playgroup* eingeladen. Diese Nachbarschafts-Spielgruppe, rund ein Dutzend Mütter mit Kleinkindern, traf sich einmal pro Woche. Doch während sich die

Knirpse um Plüschdinos und Holzeisenbahnen zankten, hatten ihre Mütter längst einen ganz anderen Wettbewerb im Blick. Über nichts diskutierten sie leidenschaftlicher als über die Frage: Welche Schule ist die richtige? Eine der staatlichen Grundschulen? Eine Privatschule, die schon im Vorschuljahr 20000 Dollar und mehr kosten kann? Die öffentliche *charter school* mit ihrem anspruchsvollen Lehrplan, in die man nur per Losverfahren hineinkommt? Oder soll man seine Kinder gleich selbst unterrichten?

Die Frage nach der besten Schule treibt heute fast jede amerikanische Familie um. Das hat Gründe. Die besten Karrierechancen bietet der Abschluss an einem renommierten College. Doch um dort einen Studienplatz zu bekommen, reicht ein Highschool-Diplom allein nicht aus. Entscheidend sind die Ergebnisse nationaler Standardtests *(ACT* oder *SAT)* und Aufnahmeprüfungen der einzelnen Hochschulen. Wer schlechte Schulen besucht hat, fällt spätestens bei dieser Auslese durch den Rost.

Zudem denken amerikanische Eltern in Bildungsfragen ganz individualistisch. Für sie lautet die relevante Frage: Welche Erziehung ist die beste für das je einzelne und besondere Kind? Wo gibt es den originellsten Musikunterricht, wo die kleinsten Klassen? Wo werden Kinder mit Lese- und Schreibschwächen besonders gefördert, und welche Schule vermittelt neben dem Fachwissen auch die richtigen Werte? All diese Spezialitäten kann man auf dem großen Markt der amerikanischen Schulen heute kaufen. Und die Angebotsvielfalt macht selbst wieder Druck. »Für mich war es noch ganz selbstverständlich, zur *public school* zu gehen«, sagte Evelyn, Juristin mit Yale-Examen. »Doch jetzt, wo es so viele Alternativen gibt, werde ich das Gefühl nicht los: Wenn ich meine Tochter dorthin schicke, wird sie eingehen wie eine Primel.«

Theoretisch ist Amerikas Schulsystem einheitlich und denkbar einfach. Mit fünf Jahren wird man eingeschult, zunächst in die Vorschulklasse, die hier Kindergarten heißt. Von der ersten bis zur fünften Klasse geht man zur Grundschule, dann folgen drei Jahre *junior high-* oder *middle school* und zuletzt vier Jahre Highschool. Alle lernen gemeinsam, es gibt weder Gymnasien noch Sonderschulen. Erst in der Highschool wird eine Art Leistungskurs-System für die besten Schüler angeboten. Überall in den USA zelebriert man den *school spirit,* die Identifikation der Kinder mit ihrer Schule: Uniformen gibt es zwar in staatlichen Schulen nicht, doch die Schüler werden regelmäßig dazu aufgefordert, zum *spirit day* Kleidung in den Schulfarben zu tragen. Die *prom,* die traditionelle Abschlussfeier der Highschool, gilt als Meilenstein im Leben amerikanischer Jugendlicher.

In der Praxis aber sind die Schulen so verschieden wie Tag und Nacht. Die öffentlichen Schulen sind in erster Linie Sache der Einzelstaaten. Weder Lehrpläne noch Budgets sind einheitlich geregelt. So kann es vorkommen, dass ein Schulbezirksleiter im ländlichen Utah jeden Cent umdreht und in Krisenzeiten Lehrer entlassen muss, während sein Kollege gleich nebenan in Wyoming die besten Lehrer mit Prämien anwirbt und jedem Grundschulkind einen Nobel-Laptop spendiert, weil dieser Staat mit seinen reichen Öl- und Gasvorkommen im Geld schwimmt.

In vielen Staaten werden große Teile der Schulbudgets aus den örtlichen Grundsteuern bestritten, was mit dazu beiträgt, dass die ärmsten Bezirke die schlechtesten Schulen haben. In sozialen Brennpunkten der amerikanischen Innenstädte zählt es schon als Erfolg, wenn die Schüler überhaupt zum Unterricht kommen – und sei es nur ein, zwei Tage pro Monat, so dass sie wenigstens in der Statistik nicht als *dropouts,* als Schulabbrecher, auftauchen. Mehr als acht von zehn Amerikanern schaffen im nationalen Durchschnitt das Highschool-Diplom, aber in vielen Städten liegt die Quote deutlich niedriger. Außerdem heißt ein solches Diplom durchaus nicht in jedem Fall, dass sein Inhaber auch nur halbwegs flüssig lesen und schreiben kann. Laut offizieller Statistik sind 32 Millionen Amerikaner, das ist jeder siebte Erwachsene in den USA, funktionale Analphabeten.

Dass die eigenen Schulen im internationalen Vergleich inzwischen schlecht abschneiden, ist in den USA ein Dauerthema. Amerikas Bildungssystem galt einmal als das beste der Welt. Nun heißt es, die 15-Jährigen im benachbarten Kanada seien ihren US-Altersgenossen im Schnitt bereits um ein ganzes Schuljahr voraus. Auch ehrgeizige Förderprogramme konnten diesen Trend bislang nicht umkehren. In Newark hat es ein bildungspolitisch ausgesprochen ambitionierter Bürgermeister selbst mit einer 100-Millionen-Dollar-Spende des Facebook-Gründers Mark Zuckerberg nicht geschafft, die Schulen der Stadt auf Vordermann zu bringen.

Wie das Schulsystem zu reparieren ist, bleibt umstritten. Die einen fordern eine bessere Lehrerausbildung. Andere prangern die mächtigen Gewerkschaften an, die selbst die schlechtesten Lehrer vor der Entlassung schützten. Die nächsten sehen die Hauptverantwortung bei den Eltern, die ihren Kindern Videospiele in die Hand drücken, statt Bücher vorzulesen. Laut einer Studie der gemeinnützigen Gesellschaft Common Sense Media sitzen die 8- bis 12-Jährigen in den USA im Schnitt sechs Stunden, die 13- bis 18-Jährigen sogar neun Stunden pro Tag vor dem Fernseher, dem Computer, ihrem Smartphone oder anderen elektronischen Geräten. Sogar der Sport wird bisweilen verantwortlich gemacht, weil nicht wenige amerikanische Jugendliche ihr tägliches Mannschaftstraining und ihre Wettkämpfe wichtiger nehmen als ihre schulischen Leistungen. Dabei ist der Sport aber oft auch selbst wieder Mittel zum Zweck: Wer an seiner Schule als Spitzensportler glänzt, kann sich auch auf diesem Weg einen Platz an einer der besten Universitäten erkämpfen.

Zuletzt hat eine Kommission aus Vertretern aller Bundesstaaten nationale Richtlinien für den Englisch- und Mathematikunterricht ausgearbeitet, um den Flickenteppich der Schulbildung wenigstens etwas mehr zu vereinheitlichen. Doch Texas, Virginia und eine Handvoll anderer Staaten machen nicht mit, und Minnesota hat die nationalen Standards zwar für Englisch übernommen, aber nicht für Mathematik. Damit nicht genug, stehen die

Schulen auch noch unter ideologischem und politischem Druck. So versuchen christliche Fundamentalisten durchzusetzen, dass neben der Darwin'schen Evolutionstheorie auch die biblische Schöpfungslehre auf den Lehrplan kommt. In Texas fordern Konservative, dass Amerikas Wirtschaftsordnung in Schulbüchern nicht mehr Kapitalismus, sondern »System des freien Unternehmertums« genannt wird. Texanische Indianer und Latinos wollen die Rolle ihrer Bevölkerungsgruppen in der Geschichte des Staates ebenfalls besser gewürdigt wissen – und so weiter.

Das politische Hickhack der letzten Jahrzehnte hat kaum dazu beigetragen, das Vertrauen der US-Bürger in ihr öffentliches Schulsystem zu stärken. Dem entzieht sich die Oberschicht schon seit jeher, indem sie ihre Kinder auf exklusive und teure Privatschulen schickt. Wer mit einem knapperen Budget wirtschaften muss, hat im Wesentlichen zwei Möglichkeiten: in eine Gegend mit guten öffentlichen Schulen zu ziehen, oder die Kinder zu Hause selbst zu unterrichten.

*Home schooling* praktiziert eine wachsende Zahl von Familien in den USA. Anders als in Deutschland verpflichtet der Gesetzgeber die Bürger in den USA nicht dazu, ihre Kinder zur Schule zu schicken. Rund 1,6 Millionen oder knapp drei Prozent aller schulfähigen Kinder lernen zu Hause Lesen, Schreiben und Rechnen. Oft sind religiöse Motive ausschlaggebend. Doch nicht selten wollen Eltern, die an einen bestimmten Wohnort gebunden sind, ganz einfach dem niedrigen Lernniveau oder auch dem sozialen Milieu der örtlichen Schulen entfliehen. »Wir müssen die Kids vor dem Mist schützen, der in den Schulen heutzutage zählt«, sagt Paul, unser Automechaniker und Vater zweier Teenager. »Einmal haben wir das Geld für eine Privatschule zusammengekratzt, aber dort war es keinen Deut besser. Es ging nur noch darum, wer das schickste Handy und die angesagtesten Markenklamotten hat.«

Nun ist aber auch in Amerika der Hausunterricht nicht jedermanns Sache. Und so ziehen die meisten bildungsbewussten

Eltern entweder in einen Schulbezirk mit gutem Ruf – oder sie setzen alles daran, ihrem Kind einen Aufnahmeplatz in einer besseren Schule zu sichern, die außerhalb ihres Wohnbezirks liegt. Dafür werden Ranglisten konsultiert und Schulleiter umgarnt, Vierjährige in Vorbereitungskurse geschickt und Bewerbungsunterlagen mit professioneller Hilfe zusammengestellt. In Manhattan jonglieren Eltern mit Zahlencodes wie PS 41, PS 6, PS 290 und PS 199 – New Yorks *public schools* sind durchnummeriert, und die besten Grundschulen können sich vor dem Ansturm kaum retten. Nicht einmal ein Wohnsitz im richtigen Bezirk garantiert mehr einen Platz; die Schulen haben lange Wartelisten. Von dort aus schafft man später vielleicht einmal die Aufnahmeprüfung für die renommierte Stuyvesant Highschool, die wiederum mehr Absolventen in die führenden Universitäten des Landes schickt als jede andere Highschool der USA.

Die Furcht der elitebewussten Amerikaner, dass ihren Kindern die beste Schulbildung entgehen könnte, ist längst zum lukrativen Geschäft für Medienkonzerne, Berater, Nachhilfe-Unternehmen und andere Dienstleister geworden. Schon für Dreijährige kann man einen Tutor buchen, der die Kleinen für die Aufnahmeprüfung zu Begabten-Klassen in bestimmten Vorschulen fit zu machen verspricht. Zehnjährige bekommen Post von Bildungsinstituten, deren Hochglanzbroschüren bessere Chancen auf einen der begehrten Elite-Studienplätze versprechen: Durch ein fünftägiges *leadership seminar* für 2000 Dollar zum Beispiel, das talentierte Schüler auf ihre künftige Rolle als Führungskräfte vorbereiten will.

Tatsächlich reichen schon bei der Bewerbung um die begehrtesten Highschools Bestnoten allein nicht mehr aus. Letztlich bleiben die Entscheidungskriterien der Schulen schwer durchschaubar. Soziales Engagement, sei es bei den *Girl Scouts* oder als Helfer in der Kirchengemeinde, ist in jedem Fall gern gesehen. Wer kein Instrument spielt und nicht in mindestens einer Sportart glänzt, hat es schwer. So wurde Theodore, ein 14-Jähriger aus der Nachbarschaft, trotz hervorragender Zeugnisse von zwei angesehenen Privatschulen abgelehnt. Bei der dritten aber bekam er sogar ein Stipendium, weil er auch ein guter Schwimmer ist und die Schule sich unter anderem durch ihr erfolgreiches Schwimmteam profiliert.

Doch noch bevor das Highschool-Diplom errungen, der Abschlussball gefeiert und die *prom queen* gekrönt ist, geht für viele junge Amerikaner der Bewerbungsmarathon erst richtig los. Jetzt wird für die Standardtests gebüffelt, an Bewerbungsunterlagen und Probe-Essays gefeilt. Denn was man studiert hat, zählt im späteren Leben weit weniger als die Antwort auf die Frage: »*Where* did you go to college?«

### *Campus Life:* Das College fürs Leben

»Join the United States and join the family –
But not much in between unless a college.«
(Robert Frost, *Build Soil – A Political Pastoral,* 1932)

Fast zwei von drei US-Bürgern besuchen irgendwann in ihrem Leben ein College – auch wenn nur knapp die Hälfte von ihnen dort tatsächlich einen Abschluss macht. Diese Hochschulen sind unter anderem deshalb so wichtig, weil viele davon (auch) als Berufsschulen fungieren. In den USA gibt es weder Handwerkskammern noch Meisterprüfungen. Klempner oder Elektriker wird man durch *training on the job,* aber eine zweijährige berufsnahe Ausbildung am örtlichen *Community College* kann die Chancen auf einen guten Job verbessern. Amerikanische Krankenschwestern haben häufig sogar vier Jahre College und einen Bachelor-Titel vorzuweisen. Auch deshalb ist in den USA der Anteil der Studierenden vor allem im Vergleich zu Deutschland so hoch: Ein angehender Krankenpfleger, womöglich auch ein künftiger Schreiner zählt hier nicht als Lehrling oder Azubi, sondern als *student.*

Doch ob *professional schools* (Fachhochschulen) oder *liberal arts colleges* (geisteswissenschaftlich orientierte Hochschulen): College ist nicht gleich College. Zwischen der Krankenpfleger-Ausbildung an einem Gemeinde-College und der Columbia University Nursing School liegen Welten, genauso wie zwischen dem Bachelor-Abschluss einer durchschnittlichen Staatsuniversität und Harvard.

Wenn sich amerikanische Schulabgänger bei den begehrtesten Colleges um einen Studienplatz bewerben, steht die ganze Familie unter Stress. Campusbesuche werden organisiert, Empfehlungsschreiben gesammelt und Bewerbungsgespräche geübt. Eltern gehen auf Zehenspitzen, wenn die 17-Jährigen noch bis spätabends über den Büchern sitzen. Stundenlang wird über Details diskutiert: Soll man um das letzte verlangte Empfehlungsschreiben die Geigenlehrerin bitten, oder ist der Hockeytrainer wichtiger? Bringt es Pluspunkte, nach einem Bewerbungsgespräch eine *thank-you note* zu schicken? Wer ganz sichergehen will, heuert einen persönlichen College-Berater an. Nicht selten werden Schulfreunde plötzlich zu Konkurrenten, wenn sich herausstellt, dass sie sich an denselben Universitäten bewerben. »Wir sind froh, wenn dieser Irrsinn endlich vorbei ist« – solche Stoßseufzer hört man in dieser Phase häufig. Dafür werden Sie in den USA kaum glücklichere Gesichter sehen als die der Bewerber und ihrer Eltern, wenn die Zusage von einem der begehrten Colleges kommt.

In keinem europäischen Land verwenden Schulabgänger so viel Zeit und Mühe auf die Suche nach dem richtigen Studienplatz wie in den USA. Doch auch umgekehrt gilt: Nirgendwo in der westlichen Welt werben die renommierten Universitäten intensiver um die besten Schulabgänger. Diese bewerben sich häufig bei mehreren Hochschulen zugleich. Zu den Mehrfachbewerbungen werden die Schüler von den Colleges kräftig ermuntert.

Deren Platz auf den nationalen Ranglisten bemisst sich nämlich unter anderem daran, dass sie am Schluss möglichst viele qualifizierte Bewerber *ablehnen* können.

Für jeden Studenten, den sie aufnehmen, haben Amerikas Hochschulen zuvor mehrere tausend Dollar in Werbung und Aufnahmeverfahren investiert. Ein wachsender Prozentsatz der Erstsemester in Harvard, Yale und Co. stammt aus dem Ausland. Für die privaten Forschungsuniversitäten ist Exzellenz das Hauptkriterium, nicht der Pass. Auf der anderen Seite kommen aber auch die Elitehochschulen ohne politische Korrektheit heute nicht mehr aus. Deshalb gibt es für Afroamerikaner und andere Minoritäten spezielle Förderprogramme, und bei gleicher Qualifikation werden sie gegenüber Weißen bevorzugt aufgenommen. Amerikaner asiatischer Abstammung werden hingegen nicht mehr als förderungswürdige Minderheit behandelt. Sie sind im Bildungssystem der USA die erfolgreichste Bevölkerungsgruppe – und an den US-Hochschulen ohnehin schon überproportional vertreten. Gegen die Harvard-Universität läuft deshalb eine Sammelklage im Namen asiatischer Studenten, die dort trotz Bestnoten nicht aufgenommen wurden und das als klaren Fall von Diskriminierung sehen. Inzwischen ermittelt sogar das US-Justizministerium in der Sache.

Ausnahmen werden auch für Spitzensportler gemacht: Wer auf dem Footballfeld oder im Basketball-Court für seine Universität kämpft, muss an der akademischen Front meist etwas weniger schwitzen. Wie wichtig der College-Sport für die Marken der Hochschulen ist, zeigt sich an den Spitzenverdienern. Das gilt übrigens nicht nur für die privaten, sondern auch für staatliche Universitäten. So bezog im Jahr 2014 nicht etwa ein Nobelpreisträger, ein Präsident oder ein Finanzmanager das höchste Einkommen im Vergleich aller öffentlichen US-Universitäten, sondern der Football-Cheftrainer der University of Alabama. Das dortige Bryant-Denny-Stadion ist mit über 100 000 Sitzplätzen eine der größten Sportsstätten für College-Football in den USA.

Mit Umzugskartons und großen Erwartungen treffen die Neuen, die *freshmen,* dann im Spätsommer in ihrem College ein. Man zieht in ein Studentenwohnheim auf dem Campus, teilt sein Zimmer mit einem *room mate* und isst in den *dining halls,* den großen Gemeinschafts-Speisesälen. Schon dadurch unterscheidet sich das amerikanische Studentenleben beträchtlich von dem in Deutschland. Zudem haben Studenten in den USA ein immenses Arbeitspensum zu bewältigen. Die Listen der zu schreibenden Seminararbeiten sind lang, die Leselisten noch länger. Der akademische Hochleistungsdruck lässt wenig Zeit für Nebenjobs und andere Aktivitäten. Das heißt aber nicht, dass man keinen Dampf ablässt: *Binge drinking* am Wochenende, zu Deutsch Komasaufen, ist Harvard-Forschern zufolge für mindestens zwei von fünf College-Studenten eine regelmäßige Übung – und ein Alptraum für die Universitätsverwaltungen.

Eine mögliche Alternative zum Wohnen auf dem Campus ist das *Greek life,* das Leben in einer der Studentenverbindungen, deren Namen traditionell aus zwei oder drei griechischen Buchstaben wie *Sigma Chi* oder *Phi Beta Kappa* bestehen. Manche dieser *fraternities* und *sororities* stehen allen Klassen, Rassen und Religionen offen; andere sind hochexklusive Gemeinschaften. Ihre Mitglieder haben Zugang zu bestimmten Gesellschaftskreisen, und ein Netzwerk von Ehemaligen erleichtert später den Start ins Berufsleben.

Was die einen als soziale Heimat und/oder Starthilfen für die eigene Karriere sehen, sind für die anderen ärgerliche Relikte aus vormodernen Zeiten. Besonders umstritten ist das *hazing,* wie man die brutalen Aufnahmerituale mancher Verbindungen nennt. Fast immer sind große Mengen Alkohol im Spiel, und fast jedes Jahr kommen dabei Studenten ums Leben. So starb der 19-jährige Timothy Piazza im Februar 2017 an der Pennsylvania State University, nachdem er beim Aufnahmeritual der *Beta Theta Pi*-Burschenschaft eine Alkoholvergiftung und schwere innere Verletzungen davongetragen hatte. 26 Mitglieder dieser Verbindung mussten sich danach wegen Totschlags, Körperverletzung und unterlassener Hilfeleistung vor Gericht verantworten.

In Princeton sind manche *eating clubs,* wie eine örtliche Sonderform der Studentenverbindung heißt, als letzte Bastionen eines arroganten *WASP*-Elitarismus oder als Clubs für die Söhne und Töchter der Ostküsten-Vorstandschefs verschrien. Sie betreiben eine strenge soziale Auslese, und das verträgt sich nicht gut mit der *diversity*-Politik der Universität. Attraktiv und umstritten zugleich sind die Verbindungen aber auch hier vor allem als Zentren des studentischen Nachtlebens. Vor ihren Anwesen stehen an Partyabenden die Nichtmitglieder Schlange. Es heißt, dass der von Studenten konsumierte Alkohol zum überwiegenden Teil aus den Bierfässern der *eating clubs* fließt. Viele Studenten sind jünger als 21 und dürfen damit noch keinen Alkohol trinken. Doch wer könnte das auf so einer Party schon kontrollieren? Entsprechend steht es zwischen den Studentenverbindungen und ihrer Alma Mater nicht immer zum Besten, und das nicht nur in Princeton.

Berichte über Sex, Drugs & Rock'n'Roll auf dem Campus verkaufen sich besser als Geschichten vom Pauken und Büffeln – vor allem, wenn sich der amerikanische Bestseller-Autor Tom Wolfe des Themas annimmt. In seinem 2004 erschienenen College-Roman *I Am Charlotte Simmons* geht es hoch her. Charlotte, eine ebenso hübsche wie naive Erstsemesterin, teilt sich das Zimmer mit einem Oberklassen-Partygirl, verliert im hedonistischen Treiben zusehends die Orientierung und geht zuletzt dem attraktiven Verbindungsstudenten Hoyt auf den Leim, der ihr nur als Sextrophäe nachsteigt. Eine von Wolfes Quellen war die eigene Tochter, die auf das Duke-College ging.

Wie es der Zufall wollte, wurde ausgerechnet die Duke-Universität kurz darauf zum Schauplatz eines Skandals, in dem das Leben die Fiktion noch in den Schatten zu stellen schien: Drei weiße College-Sportler sollten auf einer ausgeuferten Party angeblich eine schwarze Striptease-Tänzerin vergewaltigt haben. Der Duke-

Lacrosse-Skandal ging im Frühjahr 2006 durch die Presse. Darin vereinten sich sämtliche Klischees über die Elite-Colleges als Kernorte der Rassen- und Klassengegensätze in der US-Gesellschaft: Auf der einen Seite die *jocks*, die Söhne reicher weißer Eltern, die bei Tag den Snob-Sport Lacrosse betreiben und nachts im dekadenten Luxus schwelgen. Auf der anderen Seite eine alleinerziehende Afroamerikanerin und eine überwiegend schwarze Lokalbevölkerung, für die das Partyleben der verwöhnten College-Kids seit jeher eine Provokation darstellt.

Der Fall war, wie sich bald herausstellte, zum überwiegenden Teil das Konstrukt eines korrupten Bezirksstaatsanwalts namens Michael Nifong. Öffentliche Ankläger werden in den USA häufig direkt gewählt, und Nifong stand zu jener Zeit im Wahlkampf gegen zwei afroamerikanische Konkurrenten. Da kamen die Anschuldigungen der Striptease-Tänzerin gerade recht für ein zynisches Spiel mit Ressentiments. Der spektakuläre Fall sollte Nifong als Anwalt der Schwachen profilieren. Um die Anklage gegen die drei Studenten trotz wachsender Zweifel aufrechtzuerhalten, ließ er unter anderem entlastendes Beweismaterial verschwinden. Zuletzt übernahm der Generalstaatsanwalt von North Carolina den Fall und zog die Anklage zurück, die sich als unhaltbar erwiesen hatte. Nifong verlor sein Amt und seine Zulassung als Anwalt. Doch der Skandal war auch eine »dunkle Stunde für die Medien und die akademische Welt«, wie es im Juni 2006 selbstkritisch in der *New York Times* hieß. »Zu viele hatten es allzu eilig, den Duke-Fall in die 300-jährige Geschichte der brutalen Misshandlung schwarzer Frauen durch weiße Männer einzuschreiben.«

Der Duke-Lacrosse-Skandal bot aber auch Anlass für zahlreiche Hintergrundberichte über das Studentenleben an Amerikas Elite-Colleges, die direkt aus Wolfes Roman stammen könnten. So war im Magazin *Rolling Stone* unter dem Titel »Sex and Scandal at Duke« von einer »booze-fueled culture of the never-ending hook-up« die Rede. Übersetzt bedeutet das in etwa »alkoholgetränkte Kultur des immer neuen, unverbindlichen Sex«, und das bringt uns zurück zu den College-Sportlern und *frat boys*. Die Sport-Stars der Studentenverbindungen mögen nicht immer die glänzendsten akademischen Vorbilder sein. Doch auf dem sozialen Campus sind sie eine Art Götter. Diese Jungs, Lacrosse-Spieler in Duke, Basketballer in Yale oder Football-Spieler in Princeton, gelten als *hot*. Sie sind es, die von Studentinnen umschwärmt werden und auswählen können, und nicht umgekehrt. Für andere junge Männer sind sie beneidetes Vorbild.

18-Jährige können auf dem Campus selbst nicht so leicht heiße Feten veranstalten. Sie können nicht einmal Bier kaufen, weil sie im Laden einen Ausweis vorzeigen müssten. In den Studentenwohnheimen ist Alkohol sowieso verboten; dasselbe gilt für die Verbindungshäuser der *sororities*. An Samstagabenden tauschen weibliche *freshmen* deshalb ihre Flip-Flops mit hochhackigen Pumps und stöckeln zum Oktoberfest oder zur Schaumparty in einem *frat house*, dem Sitz einer Studentenverbindung für Männer. Was sie erwartet, sind freie Drinks, *beer pong* (eine Kombination aus Tischtennis und Zielschießen auf volle Biergläser) und *hook-ups* – spontane One-Night-Stands, die nicht unbedingt eine Nacht lang dauern. »Ich hänge an der Bar mit netten älteren Studenten rum, von denen mich später vielleicht einer mitnimmt«, beschrieb eine Erstsemesterin in einer Studentenzeitung ihre erste *frat party*-Erfahrung an der Universität Yale. »Wie komme ich danach wieder zum Campus zurück?«

Besorgten Eltern standen die Haare zu Berge. Man hatte alles investiert, um die Kinder auf ein gutes College zu bringen. Wurden sie dort etwa gar nicht gebildet, sondern verdorben? Ein Professor der Duke-Universität hält das für eine Frage der Balance. Da sei auf der einen Seite ein *Night Duke*, wo das Soziale, die Szene und der Sex dominierten, erklärte er im *Rolling Stone*. Am nächsten Morgen aber wachten dieselben Studenten in *Day Duke* wieder auf. Sie putzten sich die Zähne, gingen ins Seminar und arbeiteten wie die Verrückten, um in ihren Hausarbeiten und

Tests mindestens ein *straight A* zu bekommen, eine glatte Eins. Im College steht man im Wettbewerb – in jeder Hinsicht.

Die exzessive Partykultur hat jedoch mit dazu beigetragen, dass sich an Amerikas Hochschulen eine lautstarke Kampagne gegen sexuelle Gewalt auf dem Campus artikuliert hat. Deshalb kommt heute kein College mehr ohne eine aktive Präventionspolitik aus. Wer mit Studenten zu tun hat, und sei es auch nur als Gastdozent für ein Semester, muss mindestens ein *sexual harassment awareness training* durchlaufen, also einen Kurs belegen, in dem man seine Aufmerksamkeit für verschiedene Formen der Belästigung schärfen und das richtige Verhalten in heiklen Situationen üben soll. Vor einigen Jahren hat die Regierung Obama die Universitäten ultimativ dazu aufgefordert, schärfer gegen eine Kultur sexueller Übergriffe auf dem Campus vorzugehen. Seitdem ist die Zahl der sogenannten *Title IX*-Verfahren sprunghaft angestiegen. Dieser *Title IX* – zu Deutsch: Paragraph 9 – des amerikanischen Hochschulgesetzes verbietet Diskriminierung wegen des Geschlechts an allen Einrichtungen, die von der Bundesregierung Geld bekommen. Das gilt in aller Regel auch für private Unis. Sexuelle Gewalt und Belästigung werden als besonders schwere Formen der Geschlechterdiskriminierung verstanden.

An der New Yorker Columbia-Universität zum Beispiel kümmern sich nicht weniger als 23 Fallmanager, Ermittler und Verwaltungsangestellte um Verfahren nach *Title IX*. Die richten sich sowohl gegen Professoren als auch gegen Studenten. Es handelt sich dabei aber nicht um ordentliche Rechtsverfahren, sondern um nichtöffentliche Verwaltungsakte, in deren Rahmen sich die Beschuldigten kaum verteidigen können. Schon deshalb ist diese Praxis höchst umstritten. Problematisch ist auch die Definitionsfrage: Was als sexuelle Gewalt zählt und was nicht, ist alles andere als klar festgelegt. Auf der einen Seite fordert nun die #MeToo-Bewegung, dass schon kleinste Übergriffe mit maximaler Härte geahndet werden und dass man grundsätzlich den mutmaßlichen Opfern glaubt. Auf der anderen Seite wehren sich zum Beispiel Elterninitiativen dagegen, dass ihre Söhne von rachsüchtigen Ex-Freundinnen im Nachhinein zu Sextätern erklärt werden. Gefordert wird vor allem ein faires, rechtsstaatliches Verfahren für die Beschuldigten, deren berufliche Existenz und Zukunft auf dem Spiel steht.

Dieser Kulturkampf tobt heute auf fast jedem Campus in den USA. Nach Ansicht der Feministin und Medienwissenschaftlerin Laura Kipnis ist die Anti-Diskriminierungskampagne dabei längst in sexuellen Verfolgungswahn gekippt. Leidtragende seien auch und ausgerechnet jene jungen Frauen, die man eigentlich schützen wollte, schreibt Kipnis in ihrem 2017 erschienenen Buch *Unwanted Advances: Sexual Paranoia Comes to Campus.* Statt den Studentinnen Selbstvertrauen zu vermitteln und Handlungsspielräume zu schaffen, reduziere man sie in einer hysterisierten Debatte ganz auf den Status wehrloser Opfer. Vom anderen Ende des politischen Spektrums aus nahm die Bildungsministerin der Regierung Trump, Betsy DeVos, die *Title IX*-Verfahren unter Beschuss: Sie hat die bestehende Praxis für gescheitert erklärt und neue Richtlinien angekündigt.

Auf welche Seite dieser Debatte sich die Studenten auch stellen mögen, und ob es sie nun eher in die Bibliothek oder in die Partyszene zieht: Am Ende zählt für sie alle nur eins, nämlich die *finals,* die Abschlussarbeiten des akademischen Jahres. Wer bis dahin außer Komasaufen und Verführungskünsten nichts gelernt hat, dem geht es wie Hoyt, jenem *frat boy* aus Tom Wolfes Roman: Er ist draußen.

Zurück also zum nüchternen, akademischen Teil des Studentenlebens. Vier Jahre dauert in der Regel ein *undergraduate*-Studium am College. Vor allem während der ersten beiden Jahre ist das Fächerspektrum deutlich breiter gestreut als bei einem deutschen Universitätsstudium. Abschluss ist der Bachelor, nach dem es die meisten ins Berufsleben zieht. Wer bleibt, wird *graduate student* und kann zum Beispiel an einer *professional school* einen weiteren akademischen Grad wie Master of Business Administration (MBA) oder Master of Architecture erreichen. Einen Doktortitel kann man an den Forschungsuniversitäten erwerben. Doch den macht hier eigentlich nur, wer eine akademische Karriere anstrebt. So sind unter den praktizierenden Ärzten in den USA nur wenige promoviert, und in der Geschäftswelt bringen akademische Titel längst nicht dasselbe Prestige wie in vielen europäischen Ländern. Die besten Studenten der Elitehochschulen werden oft schon vor dem Examen von Firmen und Kanzleien angeworben. So marschierten (zumindest bis zur jüngsten Finanzkrise) fünf bis sechs von zehn Princeton-Absolventen von der *P-Rade* direkt zur Wall Street.

Dass die große Mehrheit der Ehemaligen ihrem jeweiligen College ein Leben lang verbunden bleibt, ist das Ergebnis von vier Jahren organisierter Intensität in einem besonders prägenden Lebensabschnitt. Das harte Arbeitspensum unter intensiver Anleitung und Betreuung, das enge Miteinander in bewusst spartanischen Quartieren, die vielen feierlichen Rituale, die Football-Turniere gegen konkurrierende Colleges – all das wird von den Hochschulen orchestriert, um das bestmögliche Ergebnis für alle Beteiligten zu erzielen. Dazu gehört auch die sorgfältige Zusammenstellung der Studenten für jeden neuen Jahrgang. Und deshalb geht es in den Auswahlverfahren eben nicht nur um Noten und Geld. Gut möglich, dass ein künftiger Ingenieur trotz bester Schulnoten und Testergebnisse nicht genommen wird, weil der Uni noch Anwärter für den *English Major,* also für einen Anglistik-Abschluss, fehlen. Oder dass von zwei gleich starken Bewerbern der Oboe-Spieler aus Florida ausgewählt wird, weil im Jahrgang bereits ausreichend Kalifornier und Violinisten vertreten sind. Hier zählt neben dem Einzelnen stets auch die Gruppe, kurz: die richtige Mischung. Aus zufriedenen Studenten sollen wirtschaftlich erfolgreiche, stolze und dankbare Alumni werden, die dann ihrerseits wieder dafür sorgen, dass Ruhm und Reichtum der Universität fortbestehen.

Nicht wenige Absolventen starten aber zunächst mit Schulden

ins Berufsleben. Einschließlich Studiengebühren, Kost und Logis kostete ein Jahr an einem privaten US-College zuletzt im Schnitt knapp 35 000 Dollar. Harvard, Princeton oder Stanford verlangen über 70 000 Dollar. Damit kostet ein Jahr an einer privaten Elite-Universität deutlich mehr, als der Durchschnittsamerikaner verdient. Wer den nötigen Grips, aber nicht das nötige Geld mitbringt, bekommt allerdings finanzielle Unterstützung von diesen Hochschulen. Auch staatliche Finanzhilfen für einen College-Besuch sind möglich. Insgesamt beziehen zwei von drei *undergraduates* in den USA Beihilfen, die aber nur in den seltensten Fällen alle Kosten decken. Wer dann nicht auf seine Familie bauen kann, ist auf Studienkredite angewiesen – ein Riesengeschäft für spezialisierte Banken wie den Branchenriesen Sallie Mae. Ende 2017 belief sich die Summe aller Studentenkredite laut US-Notenbank auf 1,5 Billionen Dollar. Das ist deutlich mehr als die Kreditkartenschulden sämtlicher US-Bürger. Im Schnitt verließ zuletzt jeder Studentenkreditnehmer das College mit über 37 000 Dollar Schulden.

Neben den Privatunis existiert aber auch in den USA ein Netz staatlicher Hochschulen, die den deutschen Universitäten im Grunde recht ähnlich sind. Sie sind öffentliche Einrichtungen und haben ein solides, zum Teil sogar ausgezeichnetes Lehrangebot. Eine günstige Alternative sind sie vor allem deshalb, weil man als Einwohner des jeweiligen Staates deutlich niedrigere Studiengebühren zahlt. Die University of Iowa zum Beispiel verlangt von auswärtigen Studenten 30 600 Dollar; für Iowaner beläuft sich die Rechnung aber nur auf knapp 9000 Dollar pro Jahr. Dafür gibt es hier unter anderem eine renommierte Universitätsklinik und eine der besten juristischen Bibliotheken des Landes.

Durch die Finanzkrise und die Überschuldung vieler US-Staaten sind die öffentlichen Universitäten in den vergangenen Jahren allerdings unter Druck geraten. Die Kosten sind auch für Studenten aus den jeweiligen Bundesstaaten stark angestiegen. Selbst eine internationale Top-Universität wie Berkeley musste drastische Sparprogramme auflegen, als der Staat Kalifornien seine Zuschüsse für die Hochschulen 2009 um mehr als 800 Millionen Dollar zusammenstrich. Die Berkeley-Professoren bekamen weniger Gehalt, und für Studenten aus Kalifornien verteuerte sich das Studium mit einem Schlag um gut ein Drittel. Zuletzt konnte die Universität nur noch 13 Prozent ihres laufenden Etats mit staatlichen Mitteln bestreiten. Diese Erosion des öffentlichen Hochschulsystems trägt ganz wesentlich dazu bei, dass der sonst so unverwüstliche Optimismus der US-Bürger über die Aufstiegschancen des Einzelnen innerhalb der amerikanischen Gesellschaft zuletzt so stark gelitten hat.

Will man sich das College sparen und es trotzdem zu etwas bringen, dann bleibt als Vorbild eine weitere große amerikanische Tradition: Der Selfmademan, der vom Leben selbst lernt. »Ein Walfänger war mein Yale und mein Harvard«, sagte schon Herman Melville, der nie ein College besucht hat und dennoch einer der ganz großen amerikanischen Schriftsteller geworden ist. Amerikas Geschichte kennt eine ganze Reihe von Protagonisten, die es auch ohne Examen nach ganz oben geschafft haben – von George Washington über den Ölmagnaten John D. Rockefeller, den Erfinder Thomas Alva Edison und den Automobiltycoon Henry Ford bis zum Apple-Gründer Steve Jobs, der sein Studium nach nur einem Semester abbrach. Der in Deutschland geborene, milliardenschwere Silicon-Valley-Investor Peter Thiel, der den Online-Bezahldienst PayPal mitgegründet hat, lobte 2011 sogar ein Startgeld von $100 000 für Studenten aus, die das College an den Nagel hängen und stattdessen ein Unternehmen gründen.

In der Politik macht sich sogar regelrechtes *college bashing* bisweilen ganz gut: Wenn sich zum Beispiel ein Kandidat bei seinen Wählern als *regular guy* verkauft, der die Sorgen und Nöte der einfachen Leute viel besser versteht als das bildungselitäre Establishment. Doch bei allem Schimpfen auf die Hochschulen im Allgemeinen und die *Ivy-League*-Snobs im Besonderen – *ein* Ort der Bildung ist in den USA über jede Kritik erhaben: die *public li-*

*brary.* Nicht jeder mag es so ausdrücken wie der legendäre Rockmusiker Frank Zappa. Doch der hat die Vorliebe der Amerikaner für die demokratischste aller Bildungseinrichtungen wie folgt auf den Punkt gebracht: »Wenn du flachgelegt werden willst, geh' aufs College. Wenn du was lernen willst, geh' in die Bibliothek.«

## *America Reads:* Bibliotheken und Lesekultur

»I don't believe in colleges and universities. I believe in libraries.« (US-Science-Fiction-Autor Ray Bradbury in einem Interview vom Juni 2009)

Nehmen wir an, Sie suchen einen neuen Job. Vielleicht auch einen Kurs für Unternehmensgründer, weil Sie sich selbstständig machen wollen. Sie brauchen Hilfe bei Ihrer Steuererklärung, oder Sie müssen ein Dokument vom Notar beglaubigen lassen. In Deutschland müssten Sie dafür zum Arbeitsamt, zur Industrie- und Handelskammer, zum Steuerberater und zum Notar. In den USA finden Sie mit ein bisschen Glück Hilfe zu all diesen Fragen an einem einzigen Ort, und das auch noch kostenlos: in der öffentlichen Bibliothek. Ach ja, und Kinderbetreuung gibt es bei der *story time* (Vorlesestunde).

Auch in Amerika sind *public libraries* in erster Linie Einrichtungen, wo man Bücher und Filme ausleiht, Zeitschriften liest, im Internet surft und im Zweifel auch professionelle Hilfe bei der Informationsbeschaffung findet. Doch öffentliche Bibliotheken fungieren darüber hinaus häufig als eine Art Bürgerzentrum – wie Kirchen und Wohltätigkeitsorganisationen.

Viele berühmte Amerikaner erzählen ähnliche Geschichten wie der Science-Fiction-Autor Ray Bradbury *(Fahrenheit 451):* Während der Großen Depression hatten seine Eltern nicht genug Geld, um ihn aufs College zu schicken. »Stattdessen bin ich zehn

Jahre lang drei Tage pro Woche in die Bibliothek gegangen. Bibliotheken waren meine Lehrer und Erzieher.« Bücher und eine gute Bibliothek seien seine Universität gewesen, sagte auch der Bürgerrechtler und Prediger Malcolm X. Und der Unternehmer Andrew Carnegie, der allein in den USA an die 3000 Bibliotheken gestiftet hat, schwärmte um die Wende zum 20. Jahrhundert: »Es gibt auf der Welt keine bessere Wiege der Demokratie als die Freie Öffentliche Bibliothek.«

Bis heute gilt es in den USA als eine der nobelsten philanthropischen Aufgaben, öffentliche Bibliotheken zu stiften oder eine Bücherei seines Heimatortes mit Spenden zu unterstützen. Auch die wohl berühmteste unter ihnen, die New York Public Library mit ihren fast 90 Filialen und ihrem trutzigen Hauptgebäude unweit des Empire State Building, ist als Stiftung und nicht als staatliche Gründung entstanden. Die Initiative ging Ende des 19. Jahrhunderts vom Gouverneur des Staates New York und demokratischen Präsidentschaftskandidaten Samuel J. Tilden aus.

Sein Vermögen hatte Tilden als Anwalt der mächtigen Bahngesellschaften gemacht; als Politiker hatte er gegen die verbreitete Korruption seiner Zeit gekämpft. Nach seinem Tod wollte er den Löwenanteil seines Vermögens in die Bildungsdemokratie investiert sehen: 2,4 Millionen Dollar sollten aus seinem Nachlass in Einrichtung und Betrieb einer neuen, öffentlichen Bibliothek in New York City fließen. Nach heutigem Wert wären das mehr als 65 Millionen Dollar. Tildens findiger Nachlassverwalter John Bigelow schmiedete 1895 ein öffentliches Bibliotheksimperium aus diesem Vermögen und zwei bestehenden Bibliotheken der Stadt, die in finanziellen Schwierigkeiten steckten. Andrew Carnegie legte später noch gut fünf Millionen Dollar für Filialen obendrauf – mit der Auflage, dass die Stadt New York künftig mit Steuergeld für deren Erhalt sorgen müsse.

In dieser Kombination funktioniert die New York Public Library bis heute: als ein sehr amerikanisches Modell des *public private partnership*, teils öffentlich, teils privat finanziert und verwaltet. Ihren Besitzern, den Bürgern, wächst eine solche Bibliothek als Geschenk aus ihrer Mitte womöglich noch ein wenig mehr ans Herz, als es eine rein staatliche Einrichtung je könnte. Wie sonst ließe sich erklären, dass Carrie Bradshaw, die ultimative New Yorkerin aus *Sex and the City,* ihre Hochzeit ausgerechnet in der New York Public Library feiern will?

US-weit gibt es knapp 17 000 öffentliche Bibliotheken, wenn man alle Zweigstellen und Büchermobile mitzählt. Zusammen mit den Schul-, Universitäts- und Museumsbibliotheken kommt man auf 120 000. Alles in allem hat Amerika damit fast vierzehnmal so viele Bibliotheken wie McDonald's-Filialen. Jeder US-Bürger geht rein statistisch fünfmal pro Jahr in die *public library.* Ein Viertel der US-Teenager nutzt die Bibliothek mindestens einmal pro Woche, und vielen einkommensschwachen Haushalten bietet sie den einzigen Zugang zu Computern und Internet.

Diesem großen Netz der Bibliotheken ist es maßgeblich zu verdanken, dass Amerikas ausgeprägte Buch- und Lesekultur trotz elektronischer Rund-um-die-Uhr-Unterhaltung lebendig geblieben ist. Eltern lassen schon ihre Zweijährigen bei der *story time* der Kinderbibliothekare zuhören. Schulbibliothekare bringen Grundschulkindern bei, wie man Signaturen liest. Siebenjährige schreiben *book reports* als Hausaufgaben und diskutieren im *book club* ihrer Stadtbücherei mit Gleichaltrigen über ein Buch, das alle zuvor zu Hause gelesen haben.

Bei den Erwachsenen hat vor allem Oprah Winfrey dieses kollektive Leseerlebnis populär gemacht. Was immer Amerikas erfolgreichste Talkmasterin für ihre Fernsehshow *Oprah's Book Club* auswählte, wurde ein Bestseller. Inzwischen gibt es Buchklubs für jeden, vom Klassikliebhaber bis zum Krimifan, lokal oder online. Auch ich wurde bald nach unserem Einzug feierlich in den Hawthorne Avenue Book Club unserer Straße aufgenommen. In der Stadtbibliothek sind zwei große Büchertische allein für *book group selections* reserviert. Und selbst im Zug von New York City nach Trenton diskutieren die Mitglieder eines Pendler-Buchclubs auf der Heimfahrt vom Büro ihre Lektüre.

Nun gibt es auch in Amerika viele Leute, die im Zeitalter von Suchmaschinen, Online-Lexika und E-Books ihren Bibliotheken den baldigen Tod voraussagen. Wer braucht noch eine *public library*, wenn das drahtlose Internet überall verfügbar ist? Wer braucht noch Bibliotheksbücher, wenn Wikipedia als Universal-Enzyklopädie überall abrufbar ist und Google Books auf dem besten Weg ist, alle Bücher dieser Welt zu digitalisieren?

Gerade in Amerika gibt es aber auch viele, die solchen Prognosen vehement widersprechen. Eines ihrer besten Argumente ist der Augenschein. Wann immer man hier eine Bibliothek betritt, ist sie gut besucht von allen Altersstufen. Wann immer irgendwo eine Filiale geschlossen werden soll, hagelt es Proteste. Gewiss werden gerade junge Nutzer inzwischen eher von den Computerterminals der Bibliotheken als von ihren Büchern angelockt. Aber hier geht es stets auch um Gemeinschaft, um einen zentralen Ort, der allen gehört.

Und so wächst trotz knapper Finanzen auch die New York Public Library weiter. Eine ihrer jüngsten Filialen ist seit März 2010 in Battery Park City an der Südspitze Manhattans zu besichtigen: Ein lichtdurchflutetes Gebäude auf dem neuesten Stand der grünen Architektur mit Regalen aus recyceltem Karton und hellen Holzfußböden, für die man Reste aus der Industrieproduktion verwendet hat. Von den Lesesesseln aus schweift der Blick durch Panoramafenster über den Hudson River. Knapp die Hälfte der 6,7 Millionen Dollar Baukosten stammte aus den Kassen der Stadt und des Staates New York. Den Rest hat die Investmentbank Goldman Sachs gestiftet, die in Battery Park City ihren Hauptsitz hat. »Fancy architecture for a fancy neighborhood«, wie es in einer Kritik hieß? Gewiss. Aber es ist kein Museum für Moderne Kunst und auch kein »Medienzentrum«. Es ist eine öffentliche Bibliothek.

# *We, the People:* Die Politik

»It is the function of the citizen to keep the government from falling into error.« (Robert H. Jackson, Bundesrichter des Obersten US-Bundesgerichts, 1950)

Im November 2008, fast noch frisch eingewandert, erlebten wir unsere erste große US-Wahl aus der Nähe. Und was für eine! Etwas würde sich ändern, es lag in der Luft: *change.* Obamas Name vor der aufgehenden Sonne auf Wahlplakaten in Dutzenden Princetonischer Vorgärten. Feierstimmung auf den Straßen, am Wahlabend und am Tag danach – alles ein großes Versprechen: *Yes, We Can!*

Acht Jahre und zwei Präsidentschaftswahlen später hätte der Kontrast nicht größer sein können. *Change* gab es auch diesmal – aber was für einen! Gerade noch hatte sich ganz Princeton über einen älteren Mann lustig gemacht, der jeden Tag auf einem Klappstuhl ganz allein vor dem Haupteingang der Universität gesessen und ein Trump-Plakat hochgehalten hatte. Es war das einzige weit und breit gewesen. Und nun war der Politclown mit der knallgelben Haarspray-Frisur, dieser Maulheld aus dem Trump Tower, der sich damit gebrüstet hatte, ein *pussy*-Grabscher zu sein, auf dem Weg ins Weiße Haus. In meinen Seminaren saßen am Morgen nach der Wahl weinende Studenten. »Ich kann es einfach nicht fassen«, sagte Matt, ein *freshman* aus Long Island. »Ich warte immer noch darauf, dass der Typ im Fernsehen endlich die Maske abnimmt und verkündet, er sei Schauspieler und das alles sei nur ein Scherz gewesen.«

Acht Jahre lang hatte fast niemand hier bemerken wollen, was sich in anderen Lebenswelten Amerikas an Widerstand und Ressentiment gegen den kulturellen und politischen Ost-küsten-Mainstream zusammenbraute. Denn wenn es für das Feindbild vieler Trump-Wähler einen Mikrokosmos gab, dann hier, zwischen der Wall Street in New York und der Pennsylvania Avenue in Washington, mitten im Korridor der Autobahn I-95, der Hauptverkehrsader des Nordostens: eine Hochburg der Minderheiten-Advokaten, Klimaschützer, Anti-Waffen-Lobbyisten, Professoren-Kommentatoren und *New York Times*-Leser – der *liberals* eben. Die ihrerseits kein Hehl aus ihrer Verachtung für den »weißen Abschaum« machten, der aus ihrer Sicht Trumps Wahlkampf-Arenen gefüllt hatte.

Eine gängige Interpretation des politischen Erdbebens war dann auch schnell gestrickt: Die weiße, arme und ungebildete Landbevölkerung in der Mitte Amerikas hatte sich von einer reaktionären Allianz aus Populisten, Rassisten, religiösen Rechten und Fox News dazu verführen lassen, einen politischen Analphabeten ins Weiße Haus zu schicken. Als deren Ziel galt der Erhalt der Herrschaft weißer Männer in Amerika. Als Drahtzieher galt Trumps damals engster Berater Steve Bannon, der Chefstratege der *alt-right,* der mit seiner »Breitbart«-Webseite schon die Welt der Online-Nachrichten revolutionierte und nun dasselbe mit der Nation vorhatte.

Doch dieses Bild ist zumindest unvollständig. Die Eckdaten vom November 2016 kennen Sie sicher aus den deutschen Medien: Hillary Clinton gewann in den Städten und an den Küsten, Trump räumte auf dem Land in der Mitte und in den Vorstädten ab. Clinton holte bei den Minderheiten und bei den Frauen die Mehrheit, Trump bei den Weißen und bei den Männern. Allerdings stimmte auch die Mehrheit der weißen Frauen für Trump. Und nicht nur die meisten weißen Amerikaner ohne höhere Bildung wählten ihn, sondern auch eine – knappe – Mehrheit der Weißen mit College-Abschluss.

Unter dem Strich konnte Trump aber trotzdem nicht mehr weiße Wähler für sich gewinnen als der Republikaner Mitt Romney vier Jahre zuvor – und der hatte gegen Barack Obama verloren. Den Ausschlag gaben folglich nicht die Trump-Wähler, sondern die Nichtwähler: In vielen Staaten blieben Hunderttausende, die noch 2012 für Obama gestimmt hatten, 2016 zu Hause. Millionen weiße *und* farbige Amerikaner wollten Trump nicht, verweigerten aber auch Clinton ihre Stimme. Dasselbe galt für fast acht Millionen Wähler, die ihr Kreuz bei unabhängigen Bewerbern oder bei Kandidaten von Drittparteien machten, was fast sechs Prozent der abgegebenen Stimmen entsprach. Damit ist klar, dass diese Wahl mindestens so sehr von Hillary Clinton verloren wie von Donald Trump gewonnen wurde. Sie war weder die große rechtspopulistische Revolte, die man in liberalen Kreisen beschwor, noch der politische Erdrutschsieg, den Trump für sich reklamiert hat.

Gut ein Jahr nach Trumps Regierungsantritt zog dann auch – man wagt es kaum zu sagen – wieder so etwas wie Normalität in den politischen Alltag ein. Zwar ging es personalpolitisch im Weißen Haus noch immer drunter und drüber, und Trump erregte mit seinen haarsträubenden Twitter-Kommentaren weiterhin die Gemüter. Jenseits dieser Possen, mit denen er seine angriffslustigen Stammwähler bei Laune hielt, verfolgte der Geschäftsmann im Weißen Haus jedoch eine bemerkenswert pragmatische Politik, die sich weitgehend an altbekannten Zielen der republikanischen Partei orientierte: weniger Regulierung der Wirtschaft und insbesondere der Finanzindustrie, weniger Verbraucher- und Umweltschutz, Ausstieg aus der unter Obama eingeführten allgemeinen Krankenversicherung, mehr Kohle- und Ölförderung, mehr Geld für das Militär, nicht zu vergessen die Berufung möglichst vieler konservativer Bundesrichter. Mächtig Druck machte er aber auch bei den US-Unternehmen, im eigenen Land mehr Arbeitsplätze zu schaffen – sonst eher ein Anliegen der Demokraten. Und Steve Bannon wurde nach einem halben Jahr gefeuert, ganz im Stil von Trumps ehemaliger Fernsehshow *The Apprentice.*

Mit der Steuerreform vom Dezember 2017 hat Trump außerdem einen Coup gelandet, der schnell Früchte trug. Unter anderem wurde die Unternehmenssteuer deutlich von 35 auf 21 Prozent gesenkt; Firmen, die im Ausland erwirtschaftete Gewinne aus Steuerparadiesen wie Irland oder den Cayman-Inseln in die USA zurückführen, müssen darauf sogar noch weniger zahlen. Man schätzte, dass US-Firmen um die drei Billionen Dollar im Ausland geparkt hatten. Mehr als 250 Milliarden davon gehörten allein dem iPhone-Hersteller Apple. Bereits Mitte Januar 2018 kündigte der Konzern aber an, er werde den größten Teil davon in die USA transferieren, 38 Milliarden Dollar Steuern nachzahlen und 30 Milliarden Dollar im Inland investieren. Zudem will Apple 20 000 neue Arbeitsplätze schaffen. Der Online-Versandhändler Amazon hat sogar 100 000 zusätzliche Jobs in den USA angekündigt. Dass der US-Arbeitsmarkt Ende 2017 insgesamt boomte, und dass die Arbeitslosigkeit bei schwarzen Amerikanern und Latinos auf ein Rekordtief sank, passte da gut ins Bild – auch wenn dieser Trend schon seit 2010 anhielt und deshalb allenfalls zu einem kleinen Teil auf Trumps Konto ging.

Doch der Chef eines eher dubiosen Casino- und Immobilienimperiums wurde nicht vorrangig deshalb gewählt, weil man ihm in wirtschaftspolitischen Fragen oder auch in irgendeinem anderen Bereich besonders viel Sachverstand zugetraut hätte. Trump kam in erster Linie an die Macht, weil er disruptiv ist. Einen klugen Kommentar dazu findet man bei dem Filmemacher und Bestseller-Autor Michael Moore. Der hatte – anders als fast alle Meinungsforscher und Experten – Trumps Sieg schon Monate vor der Wahl vorausgesagt. Moore ist ein linksliberaler Aktivist; sein Dokumentarfilm *Bowling for Columbine* über den Amoklauf zweier Schüler an der Columbine Highschool in Littleton (Colorado) im April 1999 wurde mit einem Oscar ausgezeichnet. Im Juli 2016 nannte er auf seiner Internet-Homepage »fünf Gründe, warum Trump gewinnen wird« – darunter das »Hillary-Problem«, also die große Antipathie gegen Clinton selbst unter Demokraten, und die zornige Stimmung in den Industrieregionen des Mittleren Westens, die er mit Blick auf die ähnlich motivierte Anti-EU-Bewegung in England als »Our Rust-Belt Brexit« beschrieb.

Und dann, so Moore, sei da noch der »Jesse-Ventura-Effekt«. Jesse Ventura war ein Profi-Wrestler ohne jede politische Erfahrung, den die Bürger von Minnesota 1999 zu ihrem Gouverneur wählten – »nicht weil sie dumm waren, nicht weil sie ihn für ein verkapptes politisches Genie hielten. Sie taten das einfach, weil es in ihrer Macht stand.« Die Wahlkabine war der letzte Ort in Amerika, an dem der einzelne Bürger noch frei und unbeobachtet, ohne Hierarchiezwänge oder Konformitätsdruck, nach seinem eigenen Willen handeln konnte. Moore beschrieb Minnesota als einen der politisch klügsten Staaten der USA, dessen Einwohner über eine gute Portion schwarzen Humors verfügten: »Ventura zu wählen, war für sie die Gelegenheit, dem kaputten System eins auszuwischen.« Denn von den Parteieliten war aus ihrer Sicht nichts mehr zu erwarten. Dasselbe werde auf nationaler Ebene mit Trump geschehen, folgerte der Filmemacher. Millionen Amerikaner wollten ihn nach Washington schicken, einfach nur, damit er den Laden aufmischt. Das sei dem TV-Entertainer besser zuzutrauen als jedem anderen Kandidaten, so Moore – »und ein guter Teil des Wahlvolks hätte nur zu gern einen Logenplatz, um *diese* Reality-Show zu sehen«.

Mit der Rolle des passiven Zuschauers wollte sich indes ein anderer Teil des amerikanischen Wahlvolks nicht begnügen. Schon einen Tag nach Trumps Amtseinführung marschierten in Washington hunderttausende Frauen mit rosa »Pussyhats« und Protestplakaten auf, um dem *bully,* dem Schulhof-Tyrannen im Weißen Haus, zu trotzen. Bürgerrechtsorganisationen machten gegen sein Einreiseverbot für Muslime aus bestimmten Ländern und gegen die Abschiebung illegaler Einwanderer mobil. Wo immer ein Urnengang anstand, sei es auf kommunaler oder auf einzelstaatlicher Ebene, zogen engagierte *liberals* für die Kandidaten der Demokratischen Partei in den Wahlkampf. Und bei Emily's List, einer Organisation zur Förderung weiblicher Kandidaten, meldeten sich 2017 mehr als 22 000 Amerikanerinnen, die politisch aktiv werden wollten – 22-mal so viele wie ein Jahr zuvor. »Trommelt eure Freunde zusammen. Werdet Mitglied einer lokalen Gruppe oder gründet eure eigene. Geht in die Büros eurer Kongressabgeordneten und lasst sie wissen, dass ihr aufpasst«, schrieben die ehemaligen Kongressmitarbeiter Ezra Levin, Leah Greenberg und Angel Padilla in ihrem interaktiven Online-Handbuch *Indivisible: A Practical Guide for Resisting the Trump Agenda.* »Trump und die Republikaner im Kongress sind angetreten, um ein bigottes und demokratiefeindliches Programm durchzusetzen, das uns alle in Gefahr bringt. Aber wir Amerikaner haben die Macht, das zu verhindern. Wir wissen das, denn wir haben es schon erlebt.« Als Vorbild für die Radikalisierung der *liberals* sollte ausgerechnet jene Bewegung dienen, ohne die Trump womöglich nie Präsident geworden wäre: die Tea Party.

### *Activists:* Politik als Protest

»I looked at the monuments and realized that I was not there as a tourist this time, but as an activist. I, like millions of others, was becoming the new American radical.« (Jennifer Stefano, Journalistin aus Philadelphia, über ihre Teilnahme an einer Demonstration der Tea Party auf der National Mall in Washington, 2010)

Im Februar 2009 rief ein zorniger Fernsehreporter die Amerikaner zum Widerstand auf. »Unsere Gründerväter, Männer wie Thomas Jefferson und Benjamin Franklin, würden sich im Grabe umdrehen, wenn sie sehen könnten, was wir in diesem Land gerade machen«, polterte Rick Santelli vor laufender Kamera auf dem Parkett der Terminbörse in Chicago, der politischen Heimat des frisch eingeschworenen US-Präsidenten Barack Obama. »This is America!«, rief er seinen Zuschauern zu. »Es ist Zeit für eine Tea Party in Chicago!«

Es war die Stunde der *bailouts,* der finanziellen Rettungsaktionen. Das Land steckte in der schwersten Wirtschafts- und Finanzkrise seit der Großen Depression. Noch unter Präsident Bush hatte die US-Regierung diverse Großbanken und den Versicherungsriesen AIG vor dem Zusammenbruch gerettet. Nun wankte Amerikas Autoindustrie. Von den *Big Three* in Detroit standen zwei, GM und Chrysler, trotz staatlicher Notkredite vor der Pleite. Und jetzt wollte die neue Regierung Obama weitere Steuermilliarden ausgeben, um überschuldete Amerikaner vor dem Verlust ihrer Häuser zu bewahren. »Die Regierung belohnt schlechtes Verhalten!«, zürnte Santelli. »Wie viele von euch wollen für eure Nachbarn bezahlen, die sich ein Badezimmer mehr gegönnt haben und sich jetzt ihre Hypothek nicht mehr leisten können?«

Wie ein Virus verbreitete sich Santellis »Schimpftirade des Jahres« über das Internet. Allein auf dem Videoportal YouTube schauten sich mehr als eine Million Menschen den Clip an. Tausende Kommentare kursieren im Netz. Manche kritisierten Santellis »faux populism«, der sich ausgerechnet gegen Familien in Not richte und nicht gegen die Banken und Wall-Street-Broker als eigentlich Verantwortliche für die Misere. Aber der TV-Mann bekam auch viel Beifall: Die Amerikaner wollten nicht noch mehr Verstaatlichung und Wohlfahrtsstaat, sie »hungern nach einer Alternative, für die es sich zu kämpfen lohnt«, hieß es zum Beispiel in der konservativen *National Review.* »Santelli fordert eine neue Tea Party zur Rettung des Kapitalismus. Recht hat er!« Und tatsächlich wurden in den folgenden Wochen und Monaten quer durch Amerika *tea parties* veranstaltet – Demonstrationen, Sit-ins oder Protestkundgebungen gegen *bailouts, big spending* und vieles mehr. Eine der ersten fand in Boston statt, am Ort der originären Tea Party.

Protestbewegungen haben in Amerika Tradition. Bisweilen haben sie auch eine beachtliche Wirkung. Das gilt nicht erst seit der Anti-Vietnamkriegs- und der Bürgerrechtsbewegung des 20. Jahrhunderts. So gingen in den 1880er Jahren aus Bauernrevolten in den USA die sogenannten *populists* hervor, die sich selbst als Bewegung der »einfachen Leute« gegen die übermächtigen Kartelle aus Banken, Industrie, Eisenbahngesellschaften und politischen Parteien ihrer Zeit definierten. 1891 gründeten die *populists* die People's Party, und Positionen aus deren Parteiprogramm finden sich auch in der Rhetorik moderner Populisten wieder – zum Beispiel die Rede von den »biased media«, den parteiischen Medien. Das gilt übrigens gleichermaßen für Bernie Sanders, Hillary Clintons größten Konkurrenten bei den Demokraten, wie für Donald Trump. Populismus gibt es auf der Linken wie auf der Rechten, denn seine Hauptunterscheidung ist die zwischen den Mächtigen, Privilegierten und Korrupten auf der einen Seite und dem einfachen Volk auf der anderen. Die Populisten-Partei selbst bestand nur wenige Jahre. Doch ihr Ziel hatte sie bis dahin zumindest teilweise erreicht: Viele ihrer Forderungen hatte die Demokratische Partei übernommen und damit in den politischen Mainstream geholt.

Aus Protest warfen 1773 auch die Kolonisten in Massachusetts mehrere Ladungen steuer- bzw. zollpflichtigen britischen Tees ins Bostoner Hafenwasser. Auslöser war die Steuerpolitik des Mutterlandes. Dabei ging es den Neu-Engländern weniger ums Geld als vielmehr ums Prinzip: »No taxation without representation«, keine Besteuerung ohne angemessene Vertretung im britischen Parlament, lautete das Credo. Was bald als Boston Tea Party bekannt wurde, gilt als Schlüsselereignis in der Vorgeschichte der amerikanischen Revolution, auch wenn wohl nur die Wenigsten schon damals die Unabhängigkeit der 13 Kolonien von England im Sinn hatten.

Die Tea Party des 21. Jahrhunderts hatte auf den ersten Blick wenig mit ihrem historischen Vorbild gemein. Zu den Hippies der 1960er und 1970er Jahre schien sie noch weniger zu passen. Den meisten Lärm machten Aktivisten am ultrarechten Rand. Mit unflätigen Reden und bizarren Lügen bekämpften sie jede Initiative der Obama-Regierung: Gesundheitsreform, Klimaschutz, Regulierung des Finanzsektors. Die vielen Gruppen und Netzwerke der Bewegung waren zum Teil miteinander zerstritten. Im Grunde kamen die Tea-Party-Aktivisten nur auf einen einzigen gemeinsamen Nenner: Widerstand gegen *big government*, gegen einen interventionistischen Staat und ein politisches Establishment, durch das sie sich nicht vertreten fühlten.

Ein ausgefeiltes politisches Programm war das nicht. Aber ihr Einfluss auf die Republikaner machte sich bald bei Wahlen auf staatlicher und lokaler Ebene bemerkbar. »Tea-Party-Kandidaten, die einst als Randphänomen der konservativen Koalition galten, sind nun unstreitig ein Kernelement der modernen republikanischen Partei«, hieß es schon 2012 in der *New York Times*. Und dass im Vorfeld der Präsidentschaftswahl 2016 Außenseiter wie Donald Trump und der texanische Senator Ted Cruz die gemäßigten Kandidaten der Parteispitze aus dem Rennen werfen konnten, ging nicht zuletzt auf das Konto dieser zornigen Minderheit.

Was ist mit diesen Amis los?, wunderte man sich in Europa. Kaum waren sie vernünftig geworden und hatten nach dem sinistren George W. Bush einen anständigen Demokraten zum Präsidenten gewählt, da sahen sie ihr Land schon wieder am Abgrund stehen und riefen nach einem starken Mann, der in Washington endlich mal richtig aufräumt. Warum wollten sie sich nicht vor der Gier der Banken schützen lassen? Warum sahen sie nicht ein, dass eine Krankenversicherung für alle eine gute Sache ist? In Deutschland, Frankreich oder Griechenland gingen die Leute auf die Straße, weil sie wollten, dass der Staat mehr für sie tat. In Amerika protestierten sie gegen den Staat, wenn er ihnen zu helfen versuchte.

Doch wie bei so vielem gilt eben auch und gerade in der Politik: Was man in Europa gut und richtig findet, lässt dem Durchschnittsamerikaner die Haare zu Berge stehen – und umgekehrt. Schon im 18. Jahrhundert machten der britische Premierminister Lord North und das Parlament in London den Fehler, die Andersartigkeit der politischen Kultur in den Kolonien zu unterschätzen. Man machte den Tee billiger, beharrte aber auf der Teesteuer und erklärte den Bürgern in Nordamerika, dass sie durch die Stände und anderen Körperschaften des britischen Rechts sehr wohl im Parlament vertreten seien. Was wollten diese *Sons of Liberty* mehr? Nun, für sie zählten nur direktere Formen der Demokratie, wie sie sich inzwischen vor Ort in Gestalt von Gemeindeversammlungen und eigenen Parlamenten etabliert hatten. Deshalb kauften die Kolonisten von Massachusetts bis Georgia weder britischen Tee noch das britische Repräsentationsmodell. Sie wollten sich partout nur von Abgeordneten vertreten lassen, die sie direkt wählen konnten, und von Steuern hielten sie generell nicht viel. Jahrzehntelang hatten die Briten die Siedler weitgehend autonom schalten und walten lassen. Was fiel diesen Machthabern im fernen London ein, ihnen nun auf einmal hineinzuregieren?

Die Furcht vor Fremdbestimmung durch einen fernen, anonymen Staat war auch nach dem Unabhängigkeitskrieg nicht besiegt. Gemeinsam hatte man gegen die Krone gewonnen, sollte man nun etwa den Teufel durch den Beelzebub ersetzen? Das Projekt der Vereinigten Staaten von Amerika blieb lange eine Zitterpartie. Knapp vier Monate lang rangen die Delegierten der Verfassungsgebenden Versammlung 1787 in Philadelphia hinter verschlossenen Türen um die Verteilung der Macht zwischen Bund und Einzelstaaten. Heraus kam ein Kompromissgebilde, das nicht einmal alle ursprünglich 55 Delegierten unterschrieben hatten. Ob die Einzelstaaten die neue Verfassung ratifizieren würden, war völlig offen. Das Papier war ohnehin eine unerhörte Eigenmächtigkeit: Ursprünglich hatte die Versammlung von Philadelphia nur die *Articles of Confederation* überarbeiten sollen, die Grundlage des Staatenbundes während des Krieges. Widerstand ließ denn auch nicht auf sich warten: »Wer hat ihnen die Vollmacht gegeben, von ›Wir, das Volk‹ statt von ›Wir, die Staaten‹ zu sprechen?«, schäumte etwa der Antiföderalist Patrick Henry in Virginia. Wie also den Bürgern nun begreiflich machen, dass sie gleich den großen Schritt von der losen Konföderation zur Union mit vergleichsweise starker Zentralregierung wagen sollten?

Man darf sich diese Aufgabe mindestens genauso schwierig vorstellen wie die der heutigen Europapolitiker, die Euroskeptiker in den Nationalstaaten für die Brüsseler Kommission oder für eine Verfassung der Europäischen Union zu begeistern. Nicht umsonst brauchten drei der klügsten Köpfe Nordamerikas – Alexander Hamilton, James Madison und John Jay – all ihre rhetorische Kunst und nicht weniger als 85 lange Zeitungsartikel, um vor allem den Bürgern des bevölkerungsreichen Staates New York die neue Verfassung zu erläutern und die Föderation, also den Bundesstaat, schmackhaft zu machen. Ihre *Federalist Papers* sind eine große theoretische Schrift zur modernen Demokratie, aber auch ein Meisterwerk der politischen Überzeugungskraft.

So bahnbrechend die amerikanische Verfassung war (der am Ende doch alle 13 ehemaligen Kolonien zustimmten): Allzu viel Macht zumindest über den Alltag ihrer Bürger hatten die einzelnen Staaten dem Bund darin nicht abgetreten. Die Überzeugung, dass Freiheit und Interessen des Einzelnen wie auch das Gemeinwohl in den meisten Fällen bei lokalen und einzelstaatlichen Institutionen am besten aufgehoben seien, ist bis heute ein fester Bestandteil der politischen Mentalität in den USA. Demokratie gedeiht nicht von oben. Sie braucht ihre *grass roots,* die direkte Verwurzelung in der lokalen Gemeinschaft.

## *Who's the Boss?* Ein Präsident, 90 000 Verwaltungseinheiten

»I like this Washington more than the other Washington.« (Bernie Sanders, Bewerber um die demokratische Präsidentschaftskandidatur, beim Wahlkampf in Washington, Iowa, 2016)

Amerikaner staunen bisweilen nicht schlecht darüber, wie sehr sich viele Deutsche über US-Präsidenten wie George W. Bush und Donald Trump ereifern – oder, wie im Fall Barack Obamas, für ihn begeistern können. Im Sommer 2008 kam meine Nachbarin Debbi mit einem Zeitungsfoto herüber, auf dem ein junger Mann unter der Berliner Siegessäule ein Schild mit der Aufschrift »Obama for Kanzler« hochhielt. Sie war verblüfft. Eine Viertelmillion Menschen in Deutschland hatten Barack Obama zugejubelt? »Ich glaube fast, ihr erwartet mehr von unseren Präsidenten als wir selbst«, so Debbis Schlussfolgerung.

Damit hat sie nicht ganz unrecht. Warum berichten deutsche Medien monatelang in aller Ausführlichkeit über den gesamten US-Wahlkampf einschließlich Vorwahlen und Kandidatenkür, während in den USA bei den meisten Präsidentschaftswahlen nicht viel mehr als die Hälfte der Bürger zu den Urnen geht?

Lässt man die latente Amerika-Faszination in Deutschland einmal beiseite, dann ist die Antwort ganz simpel: Es handelt sich um ein Missverständnis. Wir Deutschen sehen den US-Präsidenten als »mächtigsten Mann der Welt«. Er steht an der Spitze der vorerst einzigen Supermacht und ist Oberbefehlshaber der schlagkräftigsten Streitkräfte unter der Sonne. Und hat der mächtigste Mann der Welt nicht auch automatisch zu Hause das Kommando? Eben nicht: Im eigenen Land hat der US-Präsident vergleichsweise wenig zu sagen. Das gilt zumindest im Normalbetrieb, also jenseits von nationalen Krisen. Und wie so vieles in der amerikanischen Politik haben auch das die Verfassungsväter ausgetüftelt.

Wie schon erwähnt: Nachdem die Einzelstaaten 1783 gerade ihre Unabhängigkeit erkämpft hatten, war eine übermächtige Zentralgewalt das Letzte, was sie wollten. Zur Verteidigung, für Außenpolitik und Handel, womöglich auch zur Regelung der Beziehungen der Bundesstaaten untereinander mochte so eine Union ja eine sinnvolle Sache sein. Auch um die gemeinsame Währung, den Dollar, und um die Post konnte sie sich ruhig kümmern. Aus den inneren Angelegenheiten der Einzelstaaten sollte sich der Bund jedoch gefälligst heraushalten – zumindest solange diese sich an die demokratischen Grundregeln hielten. Entsprechend gaben die 13 Staaten nur einen kleinen Teil ihrer Souveränität an die übergeordnete Ebene ab.

Bis heute haben deshalb alle Amerikaner sozusagen eine doppelte Staatsbürgerschaft: Sie sind Bürger der USA und zugleich Bürger des Einzelstaates, in dem sie leben. Einen Pass brauchen sie nur für Auslandsreisen. Personalausweise gibt es hier ebenso wenig wie Einwohnermeldeämter. Im Inland weist man sich in aller Regel mit dem Führerschein seines Heimatstaates aus – dass im Autoland USA jemand keinen Führerschein hat, kommt ja nur selten vor. Die US-Staaten haben eigene Streitkräfte (die Nationalgarden), Polizeibehörden und Gesetzbücher. Sie haben eigene Parlamente und vom Volk gewählte Regierungschefs (die Gouverneure). Letztere sind es, die über die Nationalgarden gebieten und sie im Krisenfall auch als Polizeikräfte einsetzen können, wie etwa während der Rassenunruhen der 1960er Jahre.

Die Einzelstaaten erheben eigene Einkommenssteuern neben denen des Bundes – es sei denn, sie entscheiden sich, wie zum Beispiel Alaska und Florida, bewusst dagegen. Die *sales tax*, die Mehrwertsteuer, ist von Staat zu Staat ebenso unterschiedlich wie die Benzin- oder Tabaksteuern. Auch welche Waffen man besitzen und ob man sie offen oder nur verdeckt tragen darf, ist in einzelstaatlichen Gesetzen sehr unterschiedlich geregelt. Die Staaten sind für Bildung und Gesundheit zuständig und entscheiden, ob Homosexuelle heiraten dürfen. Sie legen fest, wer Alkohol verkaufen und wer ihn trinken darf. Sie setzen sogar eigene Umweltstandards wie Kalifornien oder machen eigene Gesetze zur Eindämmung der illegalen Einwanderung wie Arizona. Auch beim besonders umstrittenen Thema Abtreibung haben sie ein gewichtiges Wort mitzureden: Obwohl Schwangerschaftsabbrüche in den USA seit dem Grundsatzurteil des Bundesverfassungsgerichts im Fall Roe vs. Wade (1973) grundsätzlich erlaubt sind, gelten in vielen Staaten gesetzliche Einschränkungen. Sollte der *Supreme Court* seine Entscheidung revidieren, träten in einigen von ihnen umgehend Abtreibungsverbote in Kraft. So sind zum Beispiel in Illinois und Kentucky so genannte *trigger laws* installiert – Gesetze, die automatisch ein Verbot auslösen würden, wenn »Roe vs. Wade« fiele.

Nun hat der Bund vor allem seit dem Bürgerkrieg Mitte des 19. Jahrhunderts immer neue Zuständigkeiten an sich gezogen. Grundsätzlich gilt aber noch immer die Aufgabenteilung, wonach der Bund hauptsächlich nach außen tätig ist und die einzelnen Staaten nach innen. Das war ein wesentlicher Grund für den Zorn, der Obama wegen seiner Gesundheitsreform entgegenschlug: Nach Ansicht vieler US-Bürger war das einfach nicht seine Sache. Sicher, unter den Reformgegnern sind nicht wenige Hardcore-Kapitalisten, die eine allgemeine Krankenversicherung für sozialistisches Teufelswerk halten. Andere aber wollten schlicht und einfach nicht, dass der bürgerferne Bund diese Aufgabe übernimmt.

Dieser Grundsatzstreit zieht sich durch die gesamte US-Geschichte. Er löste bereits in den ersten Jahren der Republik etwas aus, das die Verfassungsautoren unbedingt hatten vermeiden wollen: Parteienbildung. Die Partei der *Federalists* mit Alexander Hamilton an der Spitze wollte den Bund stärken und eine Nationalbank gründen. Die *Jeffersonian Republicans* sahen darin einen Angriff auf die Autonomie der Einzelstaaten und auf die Grundwerte der Republik. Auf die Verfassung beriefen sich selbstverständlich beide Seiten. Stark vereinfacht könnte man sagen: Die Föderalisten von heute sind die Demokraten, die vor allem soziale Aufgaben vermehrt an den Bund delegieren möchten, während sich die Republikaner gegen den »Usurpator« in Washington stemmen und auf die Souveränität der Einzelstaaten pochen. Wer sich nicht grundsätzlich entscheiden kann, lässt sich als *Independent*, als unabhängiger Wähler registrieren und macht sein Kreuz dann je nach Sachlage mal bei der einen, mal bei der anderen Partei.

Wenn also die republikanische Senatorin Kay Bailey Hutchison aus Texas im Frühjahr 2010 gegen den Plan der Demokraten protestierte, eine nationale Verbraucherschutzbehörde einzurichten und die Banken stärker zu regulieren, konnte man darin einen typischen Fall von republikanischem Wirtschaftsliberalismus sehen. Man sollte aber auch wissen, dass der Verbraucherschutz in Finanzdingen ausgerechnet im sozialpolitisch konservativen Texas bereits seit 1845 gesetzlich verankert ist. Deshalb ist es in Texas zum Beispiel nicht möglich, sein Eigenheim übermäßig zu beleihen. Und dort gab es deshalb auch weder eine Immobilienblase noch ein böses Erwachen danach, wie etwa (fast) nebenan in Arizona oder Nevada. Man hat also ein eigenes System, das funktioniert – und da soll sich der Bund bitteschön nicht einmischen.

Von diesem historisch gewachsenen Affekt zu wissen ist wichtig, wenn man verstehen will, warum nicht nur die Reichen und Superreichen, sondern auch viele kleine Leute in den USA die Republikaner wählen. Zu Recht oder zu Unrecht sehen sie in dieser Partei ein Bollwerk gegen die Begehrlichkeiten Washingtons, das mit immer mehr Programmen und Behörden ihre Freiheiten beschneidet – und dafür auch noch ihr Geld will. Genau diesen Nerv traf schon Ronald Reagan mit seinem viel zitierten Spruch: »Die neun furchterregendsten Worte der englischen Sprache lauten: ›Ich komme von der Regierung und will Ihnen helfen.‹«

Eine besondere Ironie liegt darin, dass *big government* in Amerika unter republikanischer Präsidentschaft zuletzt besonders kräftig gewachsen ist. Niemand anderes als Reagan hat die verhasste Sozialhilfe, die *Social Security* mit einem 165-Milliarden-Dollar-*bailout* vor dem Bankrott gerettet. Das US-Haushaltsdefizit hat sich während seiner Regierung verdreifacht. Auch aus dem versprochenen Bürokratieabbau wurde nichts: Am Ende von Reagans zweiter Amtszeit standen 61 000 zusätzliche *federal workers* auf dem Lohnzettel – und der Pensionsliste – des Bundes. Es blieb dem demokratischen Präsidenten Bill Clinton vorbehalten, in den 1990er Jahren den Haushalt zu sanieren und dafür unter anderem 373 000 Stellen auf Bundesebene zu streichen. In die Verantwortung von Clintons republikanischem Nachfolger George W. Bush wiederum fällt ein massiver Angriff auf die amerikanischen Bürgerrechte unter dem Banner des »Kriegs gegen den Terror«. Das gilt insbesondere für den *USA Patriot Act* vom Oktober 2001, mit dem das Parlament der Exekutive unmittelbar nach den Anschlägen vom 11. September im Bereich der Inneren Sicherheit weitgehend freie Hand gab.

Dass es einfach zu viel Staat in seinem Leben gibt, wenn auch noch der Bund mitmischt – dieses Gefühl hat der Durchschnittsamerikaner aber vor allem deshalb, weil sein Alltag in erster Linie von einem geschäftigen Netzwerk lokaler Behörden und Entscheidungsträger bestimmt wird. Da gibt es nicht nur die klassischen kommunalen Einheiten wie Städte, Gemeindeverbände und Kreise. Hinzu kommen die knapp 13 000 unabhängigen Schulbezirke des Landes. Auch Kliniken, Feuerwehren und öffentliche Verkehrsunternehmen haben ihre eigenen Machtbereiche. Universitäten lassen eigene Polizeikräfte auf ihrem Campus patrouillieren. Überdies genießen die mehr als 550 *dependent domestic nations* der amerikanischen Indianervölker weitgehende Autonomie. Insgesamt zählt die nationale Zensusbehörde USweit um die 90 000 Verwaltungseinheiten.

Dass auch die Kommunen eigene Steuern erheben und eintreiben, versteht sich von selbst – Grundsteuern zum Beispiel, die in den USA höchst unterschiedlich ausfallen können. Aus den kommunalen Steuern werden große Teile der Schulbudgets und der städtischen Polizeikräfte finanziert. Jede Kommune hat ihre eigene Polizei, deren Zuständigkeit dann aber auch an den Stadtgrenzen endet. Hier übernimmt der Sheriff, der Chef der Kreispolizei. Erst auf der Autobahn bekommt man es wieder mit der einzelstaatlichen Ebene zu tun.

Vor allem aber sind die Bürger in den USA deutlich aktiver in die Kommunalpolitik eingebunden als in Deutschland. Das fängt schon damit an, dass nicht nur Bürgermeister und Stadträte direkt gewählt werden, sondern auch eine Menge weiterer Amtsträger: Richter, Staatsanwälte und Sheriffs zum Beispiel (wenn auch nicht überall), Mitglieder von Schulbehörden, Bezirksverwaltungen und anderen *boards* oder *commissions.* Auch über Schul- und Bibliotheksbudgets stimmen vielerorts die Bürger ab. Damit man aber nun nicht alle paar Wochen einen neuen Urnengang ansetzen muss, werden die meisten Abstimmungen in einem Aufwasch mit Wahlen auf Bundes- und einzelstaatlicher Ebene erledigt.

So fanden zum Beispiel die Wähler von El Paso County, Colorado, bei den allgemeinen Wahlen des Jahres 2006 insgesamt 39 Positionen auf ihren Stimmzetteln. Sie waren aufgerufen, nicht nur den Gouverneur und die Kongressabgeordneten zu wählen, sondern auch den Verwaltungsrat der Colorado State University, 17 Richter, den Bezirkssteuerschätzer und andere Verwaltungsbeamte. Außerdem sollten sie über Feuerschutz- und Schulsteuern abstimmen. Bei den Präsidentschafts- und Kongresswahlen zwei Jahre später standen dann insgesamt 14 Vorschläge für neue Gesetze in Colorado auf dem Zettel. Dabei ging es um so unterschiedliche Fragen wie ein faktisches Abtreibungsverbot, das Mindestalter für Abgeordnete im Staatsparlament und die Casino-Öffnungszeiten in drei Gemeinden.

Über die USA verteilt, findet man eine ungeheure Formenvielfalt der direkten Demokratie. Sie reicht von Volksbegehren und Urabstimmungen bis hin zu den *town meetings* in Neuengland und einigen weiteren Staaten, auf denen die wahlberechtigten Bürger einmal im Jahr über alles abstimmen, was in ihrer Stadt ansteht: Wie hoch die kommunalen Steuersätze ausfallen, wie man das Budget verteilt, wer Chef der Feuerwehr wird, welche Straßen zu sanieren sind und wo die neue Stadtbibliothek stehen soll.

Gerade auf der kommunalen Ebene widmen sich die Amerikaner ihren Bürgerpflichten sehr gewissenhaft. Hier ist man seit der Kolonialzeit daran gewöhnt, sich selbst zu organisieren. Dazu gehört über die Kontrolle der Amtsträger und politisch Verantwortlichen hinaus auch eine gewisse gegenseitige Überwachung. Regelmäßig wird zum Beispiel in unserer Lokalzeitung das *police blotter,* das Wachbuch der Polizei, veröffentlicht. Mit vollem Namen, Alter und Wohnort ist dort jeder Delinquent aufgeführt, ob er nun mit Drogen gehandelt oder nur an den Parkbaum gepinkelt hat. Hier kann jeder Bürger erfahren, was die Polizei so treibt – aber eben auch, welche seiner Mitbürger sich zum Beispiel des *DUI*-Vergehens schuldig gemacht haben (*Driving Under Influence,* zu Deutsch: Alkohol am Steuer). Dass diese Mitbürger damit regelrecht an den Pranger gestellt werden, empfindet man gegenüber der Transparenz als das kleinere Übel.

Nun, haben Sie den Präsidenten schon fast vergessen? Sehen Sie, man kommt im amerikanischen Alltag ganz gut ohne ihn zurecht. Wenn man dann noch Bürger einer Großstadt wie New York ist, könnte man sogar glatt übersehen, dass es ihn gibt – es sei denn, man steht auf der 5th Avenue wieder einmal im Stau, weil Donald Trump bei jeder Rückkehr zu seinem Penthouse im Trump Tower von Demonstranten empfangen wird. Aber regieren tut der Präsident hier nicht. Dafür ist der Bürgermeister von New York City zuständig. Das kann er natürlich nicht ohne den Stadtrat, und auch der Gouverneur und das Parlament des Staates New York haben in städtischen Belangen häufig ein Wort mitzureden. Nur mit deren Zustimmung kann der derzeitige Bürgermeister Bill de Blasio zum Beispiel den Plan umsetzen, die verstopften Straßen von Manhattan durch eine City-Maut zu entlasten. Sein Vorgänger Michael Bloomberg ist damit vor einigen Jahren schon einmal gescheitert. Doch dass Sie in New Yorker Bars nicht mehr rauchen dürfen, dass Sie inzwischen sämtliche Avenues in Manhattan auf Radwegen hinauf- und hinunterradeln können und der Broadway über weite Strecken zur Fußgängerzone geworden ist – das und noch einiges mehr geht auf das Konto des milliardenschweren Medienunternehmers, der die Stadt von 2002 bis 2013 regierte. Dafür haben die New Yorker es Bloomberg bei der Wahl von 2009 sogar knapp verziehen, dass er vorher ohne ihre direkte Zustimmung die Wahlgesetze ändern ließ, um eine dritte Amtszeit zu bekommen.

Dass den Amerikanern ihr Bügermeister (oder ihr Stadtrat) näher ist als ihr Gouverneur, und der wiederum näher als der US-Präsident, ist also kein Wunder: Was er entscheidet, betrifft ihr Alltagsleben noch häufiger und direkter. Und auch umgekehrt gilt, wie es der langjährige New Yorker Bürgermeister Ed Koch in den 1980er Jahren ausdrückte: »Wenn Ihnen der Präsident nicht passt, müssen Sie zum Protestieren nach Washington fliegen. Das kostet 90 Dollar. Wenn Ihnen der Gouverneur nicht passt, nach Albany – 60 Dollar. Wenn Sie mich nicht mögen: 90 Cent.« Um vor dem Rathaus zu demonstrieren, reicht eine Busfahrkarte, auch wenn die inzwischen 2,75 Dollar kostet.


### *Balance of Power:* Zwei Parteien, drei Gewalten

»They define a republic to be a government of laws, and not of men.« (John Adams, *Novanglus* No. 7, März 1775)


In der Regel braucht Donald Trump nicht mehr als 140 Zeichen, um die halbe Nation in Empörung zu versetzen. Vor seinen Beleidigungen per Twitter ist niemand sicher – sei es die »Betrüger-Hillary« Clinton, sei es sein Ex-Berater Steve Bannon, dem Trump bescheinigte, dass er »den Verstand verloren hat«. Afro-amerikanische Footballprofis, die sich aus Protest gegen Rassismus und Polizeigewalt bei der Nationalhymne hinknieten, beschimpfte er als »Hurensöhne«. Kaum eine Woche vergeht, in der Trump nicht mit neuen Beleidigungen Schlagzeilen macht. Seine Gegner lesen die Tiraden als *hate speech,* als Frontalangriffe auf den zivilen politischen Diskurs und als Versuche, die amerikanische Nation noch tiefer zu spalten als ohnehin schon.

Seinen Anhängern hingegen gefällt es nur zu gut, dass Trump ein Tabu nach dem anderen bricht. Genau dafür haben sie ihn schließlich gewählt: dass er die aus ihrer Sicht in politischer Korrektheit erstarrten Eliten provoziert. Trumps unflätige Sprüche feiern sie als überfällige Reaktion auf einen »linken McCarthyismus« insbesondere an Amerikas Universitäten, einen moralischen Aktivismus, der ein Denkverbot nach dem anderen ausspricht und ideologisch unliebsame Stimmen einfach niederbrüllt. Da ist auch eine Menge Scheinheiligkeit im Spiel. Diejenigen, die sich lautstark über »Feminazis« und einen linken »Tugendterror« gegen die Meinungsfreiheit beklagen, sind oft dieselben Leute, die am liebsten jeden Amerikaner, der aus Protest das Sternenbanner verbrennt, ins Gefängnis stecken würden.

Aber auch im politisch gemäßigteren Amerika sorgt man sich um die offene Gesellschaft. Ende 2017 gaben bereits fast zwei von drei US-Bürgern bei einer Umfrage an, im derzeitigen politischen Klima ihre Meinung nicht mehr frei äußern zu können, weil andere sie womöglich *offensive,* also beleidigend, fänden. Darunter sind durchaus auch *liberals,* denn wer sich zum Beispiel an konservativen Universitäten für das Recht auf Abtreibung oder für die Homosexuellen-Ehe stark macht, dem geht es auch nicht besser als dem ideologischen Gegner auf einem linken Campus. Der Präsident der Princeton-Universität hat deshalb allen Erstsemestern des Jahres 2018 die Lektüre der Streitschrift *Speak Freely: Why Universities Must Defend Free Speech* verordnet. Darin spricht sich der Verfassungsrechtler Keith Whittington gegen Zensur und intellektuelle *safe spaces* auf dem Campus aus, also gegen Schutzräume, in denen man sich der Zumutung unerwünschten Gedankenguts entziehen kann. *Diversity,* so Whittingtons Argument, muss nicht nur ethnische oder soziale Vielfalt, sondern auch *intellectual diversity* umfassen.

Doch so schnell werden die Wutbürger an beiden Enden des politischen Spektrums den Kulturkampf wohl nicht aufgeben – ebenso wenig wie Trump seine Tiraden. Der 45. Präsident mag in dieser Hinsicht ein Extrem sein, vor allem im Vergleich zu seinem coolen und kultivierten Vorgänger Obama, der niemals aus der Rolle fiel. Grundsätzlich gilt aber seit den ersten Tagen der Republik: In der amerikanischen Politik fliegen die Fetzen. Lieber gar nichts zu sagen, wenn man nichts Nettes zu sagen hat – das gilt in der amerikanischen Kinderstube, aber ganz sicher nicht in der Politik. Hier wird mit derart harten Bandagen gekämpft, dass es dem konsensliebenden Deutschen ganz mulmig wird.

Das liegt eben auch und gerade daran, dass die Meinungs- und Redefreiheit in den USA traditionell einen so hohen Rang hat: Sie ist im ersten Zusatzartikel der Verfassung festgeschrieben, und Institutionen wie die American Civil Liberties Union wachen streng darüber, dass diese Freiheit weder aus politischen noch aus moralischen Gründen eingeschränkt wird. Deshalb dürfen Neonazis hier ebenso ungehindert agieren wie religiöse Fanatiker oder Linksextremisten – solange sie bei Hassreden bleiben und nicht mit anderen Gesetzen in Konflikt geraten. Es gilt (zumindest bisher) die Prämisse, dass Zensur in der Demokratie mehr Schaden anrichten kann als jede Volksverhetzung.

Zudem bringt es eine stark religiös und moralkonservativ geprägte Gesellschaft mit sich, dass die Unterscheidung zwischen Richtig und Falsch in der politischen Debatte schnell zu einem Grundsatzkonflikt zwischen Gut und Böse eskaliert, denken Sie nur an Ronald Reagans »Reich des Bösen« (gemeint war damals die Sowjetunion). Wird der politische Gegner im eigenen Land angegangen, haben Attacken unter der Gürtellinie eine lange Tradition. Schon vor der Präsidentschaftswahl des Jahres 1800 denunzierten Parteigänger des Amtsinhabers John Adams seinen Herausforderer Thomas Jefferson als »Mad Tom«, der sich auf seinem Landsitz Monticello einen »Congo Harem« schwarzer Sklavinnen halte. Jeffersons Parteifreunde konterten, indem sie Adams einen »erbärmlichen Wicht«, einen »abstoßenden Kleinkrämer« und eine »Person ohne jede Fähigkeit oder Tugend« nannten. (Jefferson gewann die Wahl, wenn auch knapp.)

Diese Streitkultur ist aber auch System. Auch sie wurde schon von den Verfassungsvätern sozusagen in der politischen Hardware der Republik verankert, um Tyrannei und Diktatur auszuschließen. Anders als in der deutschen sind in der amerikanischen Verfassung nicht einmal Parteien vorgesehen, um Diskussion und Willensbildung zu ordnen: Die Volksvertreter sollten in jedem Einzelfall ihre eigene Entscheidung treffen – mit Blick auf das Gemeinwohl und auf die Interessen ihrer Wähler. Fraktionszwang ist im Kongress bis heute ein Fremdwort. Für jedes Gesetz müssen die Mehrheiten neu organisiert werden, oft über die Parteigrenzen hinweg.

Dass die beiden etablierten Parteien dabei in aller Regel unter sich bleiben, dafür wiederum sorgt das Mehrheitswahlrecht. Es funktioniert nach dem K.-o.-Prinzip, das heißt: Wer immer in seinem Wahlkreis die meisten Stimmen erringt, ist gewählt, und alle anderen sind aus dem Rennen. Anders als bei dem in Europa üblichen Verhältniswahlrecht gibt es nämlich keine Absicherung über Listenplätze. Entsprechend hat eine Drittpartei *(third party)* in den USA kaum eine Chance, selbst wenn sie insgesamt auf einen relativ hohen Stimmenanteil kommt. Schon Wahlkämpfe funktionieren deshalb anders als in Deutschland. Die deutschen Parteien gehen tendenziell vorsichtiger miteinander um – man kann ja nie wissen, ob man die anderen nicht als Koalitionspartner braucht. In Amerika dagegen heißt es: Wir oder ihr. Das Ziel ist, den Gegner möglichst gründlich zu demontieren.

Davon abgesehen sind Wahlkämpfe in den USA eine teure Angelegenheit. Bezeichnenderweise war der texanische Milliardär Ross Perot der bislang Letzte, der sich als unabhängiger Reformpolitiker einigermaßen erfolgreich um die Präsidentschaft bewarb. 1992 gaben ihm US-weit fast 20 Millionen Amerikaner ihre Stimme, doch reichte es in keinem einzigen Staat zur Mehrheit. Eine politische Bewegung wie die Tea Party oder auch die Religiöse Rechte in den 1980er und 1990er Jahren formiert sich deshalb auch in aller Regel erst gar nicht als eigene Partei mit eigenen Kandidaten. Vielmehr versucht sie, möglichst großen Einfluss auf eine der großen Parteien zu gewinnen.

Schon in der Verfassungsgebenden Versammlung trieb aber nun die kleineren Staaten die Furcht um, dass sie beim politischen Streit von ihren größeren Nachbarn im Bundesparlament jederzeit überstimmt werden könnten. Der US-Kongress bekam deshalb zwei Kammern: Im Senat sind alle Staaten mit jeweils zwei Vertretern gleich stark; das macht bei mittlerweile 50 Staaten 100 Senatoren. Im Repräsentantenhaus bemisst sich die Zahl der Abgeordneten dagegen nach der Bevölkerung der Einzelstaaten. So hat Kalifornien, der Staat mit den meisten Einwohnern, heute 53 von insgesamt 435 Sitzen im *House of Representatives*. Das winzige Rhode Island hat immerhin zwei Sitze, weil sich dort fast 400 Menschen auf jedem Quadratkilometer drängen – während der größte Flächenstaat Alaska, wo jeder Einwohner im Schnitt gut zwei Quadratkilometer für sich hat, nur einen einzigen Abgeordneten nach Washington schicken darf.

Senat und Repräsentantenhaus, das war und ist der Grundgedanke, sollen zusammenarbeiten und sich zugleich gegenseitig in Schach halten. Keine Kammer kann ohne die andere. Zwar gibt es ein paar unterschiedliche Zuständigkeiten – so ist die Initiative für Haushalts- und Steuergesetze ausschließlich den Repräsentanten vorbehalten; dafür dürfen die Senatoren zum Beispiel in der Außenpolitik mitbestimmen. Doch jedes Bundesgesetz muss von beiden Kammern verabschiedet werden. Dafür müssen sie sich irgendwann auf einen identischen Wortlaut einigen. Das kann dauern. Ohnehin bleibt es in den allermeisten Fällen beim Entwurf. So wurden im 113. Kongress von Januar 2013 bis Januar 2015 mehr als 10 000 *bills* (Gesetzentwürfe) eingebracht, aber nur knapp 300 tatsächlich verabschiedet. Genau so war die Sache von Anfang an gedacht: Alle Entwürfe sollten erschöpfend diskutiert werden, damit es nur die besten und wichtigsten tatsächlich zum Bundesgesetz schafften. Dem Senat war dabei die Rolle des besonders gründlich abwägenden Gremiums zugedacht; dafür sollten die Staaten ihre klügsten Köpfe auswählen.

Mit der Entsendung von Senatoren wollte es freilich nicht recht klappen: Oft war die Länderkammer lahmgelegt, weil einzelne Staaten sich nicht auf ihre Kandidaten einigen konnten. Seit 1913 werden deshalb auch die Senatoren direkt vom Volk gewählt. Aber noch heute muss man mindestens 30 Jahre alt sein, um zum US-Senator gewählt werden zu können, während sich um einen Sitz im Repräsentantenhaus schon jugendliche Hitzköpfe ab 25 bewerben dürfen. Dafür haben die Abgeordneten dort aber auch nur zwei Jahre Zeit, bevor sie sich wieder zur Wahl stellen müssen, während Senatoren für jeweils sechs Jahre gewählt sind. Und damit immer nur ein kleiner Teil des Senats wieder bei null anfangen muss, wird im Zwei-Jahres-Rhythmus jeweils nur ein Drittel der Senatoren neu gewählt. Für eine hohe Kontinuität in dieser Kammer sorgen auch die amerikanischen Wähler: Man denke nur an Ted Kennedy, den wortgewaltigen Senator aus Massachusetts mit fast 47 Amtsjahren, oder an Strom Thurmond aus South Carolina, der 2003 als 100-Jähriger nach fast 48 Jahren aus dem Senat ausschied.

Den Rekord im Dauersitzen hat er damit nicht geschafft (den hält bis dato Robert Byrd aus West Virginia, der bei seinem Tod im Juni 2010 sein Senatorenamt bereits seit über 50 Jahren innehatte). Dafür steht Thurmond aber auf der Rangliste der Dauerredner auf Platz eins: Um das Bürgerrechtsgesetz des Jahres 1957 durch einen sogenannten Filibuster zu stoppen, redete er

24 Stunden und 18 Minuten lang ohne Pause. Vorher hatte er ein Schwitzbad genommen – wer das Plenum verlässt, und sei es nur für einen Gang zur Toilette, hat sein Rederecht verwirkt. Thurmond rezitierte die Verfassung, diverse Wahlgesetze und sogar Kochrezepte seiner Großmutter. Bei den Kollegen machte er sich damit nicht gerade beliebt, und das Bürgerrechtsgesetz hat er auch nicht verhindert. Doch obwohl sie Thurmonds Filibuster damals mit Zweidrittelmehrheit hätten beenden können (seit 1975 sind dafür nur noch drei Fünftel, also 60 Stimmen nötig), ließen ihn die übrigen Senatoren gewähren. Denn grundsätzlich sieht man in den USA die unbegrenzte Debattenfreiheit als das höhere Gut an. Lieber gar kein neues Gesetz als eines, das nicht zuvor auf Herz und Nieren geprüft wurde.

Soweit das Ideal. In der Praxis nimmt man in Kauf, dass bisweilen deutlich mehr politische Energie in Verfahrenstricks fließt als in den Austausch inhaltlicher Argumente. »Die Geschäftsordnung des Senats gründet auf der Überzeugung, dass in dieser Kammer lauter Ehrenmänner mit dem guten Willen zur Zusammenarbeit sitzen«, hieß es vor einiger Zeit in einem Leitartikel der *New York Times*. »Aber das war einmal.« Heute werde das altbewährte Regelwerk vorrangig für den parteipolitischen Machtkampf missbraucht. Filibuster sind dabei beileibe nicht die einzige Methode, mit der eine kleine Minderheit oder sogar ein einzelner Senator Beschlüsse verzögern, Abstimmungen verhindern und damit auch mehrheitsfähige Gesetzesvorhaben blockieren kann. Da wären etwa die sogenannten *killer amendments,* auch »Giftpillen« genannt – Anhänge an Gesetzentwürfe, die einzig und allein zu dem Zweck formuliert werden, die gesamte *bill* zu kippen. Mit dieser und anderen Erpressermethoden operieren übrigens auch Abgeordnete des Repräsentantenhauses. Die dürfen nämlich seit 1842 nicht mehr filibustern. Doch war eben gerade der Senat immer (auch) als Bremsklotz gedacht, um übereilte Beschlüsse zu verhindern. Dass man dessen Geschäftsordnung ändert, ist deshalb kaum zu erwarten, selbst wenn es eine Minderheit aus machtpolitischem Kalkül darauf anlegt, das Land unregierbar zu machen.

Damit nicht genug, haben die Verfassungsväter auch noch den Präsidenten und das Parlament sozusagen aufeinander losgelassen. Die Gewaltenteilung ist in den USA an dieser Stelle deutlich strikter als in einer parlamentarischen Demokratie wie der deutschen. Der US-Präsident wird ja nicht vom Parlament gewählt wie der Bundeskanzler, sondern von der Bevölkerung – und zwar indirekt über die 538 Wahlmänner des *Electoral College*. Während kein deutscher Kandidat ohne eigene Mehrheit im Bundestag überhaupt erst Bundeskanzler werden könnte, ist ein demokratischer US-Präsident bei republikanischer Mehrheit im Kongress also durchaus möglich, und umgekehrt. Zusätzlich wird in den USA ein großer Teil des Parlaments jeweils auf halber Strecke zwischen zwei Präsidentschaftswahlen neu gewählt. Und gar nicht selten verpassen die Amerikaner der Partei des amtierenden Präsidenten bei dieser Gelegenheit einen Denkzettel. So büßten die Demokraten nach Obamas umstrittener Gesundheitsreform bei den *midterms* im November 2010 nicht weniger als 62 Sitze im Repräsentantenhaus und sechs im Senat ein.

Diese *midterm elections* sind nur ein Rädchen im Getriebe eines ganzen Systems von *checks and balances,* in dem sich alle drei Gewalten gegenseitig kontrollieren. So hat der Kongress das Monopol bei der Gesetzgebung, seine Gesetze können aber vom Präsidenten – mindestens zeitweise – per Veto gestoppt werden. Auch bei der Ausführung der Gesetze ist der Kongress auf die Erlasse *(executive orders)* des Präsidenten angewiesen. Vor allem im Krisenfall soll der Präsident auch schnell und eigenmächtig handeln können. Als Oberbefehlshaber der US-Streitkräfte kann der Präsident sogar militärische Interventionen anordnen wie Bill Clinton 1999 im Kosovo, ohne dass eine formale Kriegserklärung durch den Kongress vorliegt. Damit sich nun aber kein Präsident allmächtig fühlt, kann er vom Kongress jederzeit wieder zurückgepfiffen werden. Beide Gewalten sollten nach dem Willen der

Verfassungsautoren unabhängig voneinander existieren, zugleich aber zur Kooperation gezwungen werden.

Zusammenarbeiten müssen sie auch im Hinblick auf den Dritten im Bunde, den *Supreme Court:* Kandidaten für das Verfassungsgericht werden vom Präsidenten nominiert, müssen aber vor ihrer Ernennung vom Senat bestätigt werden. Da die insgesamt neun Verfassungsrichter ihr Amt jeweils auf Lebenszeit innehaben, ist jede neue Berufung hart umkämpft. Ein *Supreme Court* mit linksliberaler oder konservativer Tendenz kann die Grundströmung der amerikanischen Politik auf Jahrzehnte hinaus in die eine oder andere Richtung lenken. Obwohl der Oberste Gerichtshof nur auf Anrufung entscheidet, also nicht von sich aus aktiv werden darf, ist er damit ein höchst wichtiger Akteur des politischen Machtkampfs – und das nicht nur auf Bundesebene. Wie man an dem bereits erwähnten Urteil zum Abtreibungsrecht und anderen Grundsatzentscheidungen sieht, kann der *Supreme Court* auch den politischen Handlungsspielraum der Einzelstaaten empfindlich einschränken.

Wer Verfassungsrichter wird, darüber entscheiden deshalb nicht allein die juristischen Fähigkeiten der Kandidaten. Gründlich durchleuchtet wird auch ihre politische Grundeinstellung. Der Präsident muss heute bei jeder Nominierung zudem darauf achten, dass sich alle großen Bevölkerungsgruppen im *Supreme Court* vertreten fühlen. So hat Präsident Obama 2009 mit Sonia Sotomayor erstmals eine Latina als Kandidatin ausgesucht. Sie ist als Tochter puertoricanischer Eltern in der Bronx aufgewachsen und kennt auch das Leben am unteren Rand der Gesellschaft. Vor ihrer Bestätigung musste sich Sotomayor dann in erster Linie gegen Vorwürfe wehren, sie stehe politisch zu weit links und favorisiere Frauen und Minderheiten – weil sie einmal gesagt hatte, eine »weise Latina« mit »reicher Lebenserfahrung« fälle womöglich bessere Urteile als ein weißer Mann, der die Härten des Lebens nicht kennengelernt habe.

Der Vorwurf der Parteilichkeit gegen potentielle oder amtierende Verfassungsrichter ist allerdings so alt wie die Republik. Und auch hier haben die Verfassungsväter einen Sicherheitsmechanismus eingebaut: Treibt es ein Oberster Richter allzu schlimm, kann er durch ein Amtsenthebungsverfahren im Parlament abgesetzt werden. Doch das hat man in der gesamten US-Geschichte noch nie geschafft.

### *Power Center:* Washington, D. C.

»From California to the Carolinas, local potentates with no power to print their own money will be forced to kiss Washington's ring.« (Joel Kotkin, »The Height of Power«, *Washington Post*, 25. Januar 2009)

Im Verlauf der Geschichte hat sich das Gleichgewicht der Kräfte zwischen Präsident, Kongress und *Supreme Court* immer mal wieder in die eine oder andere Richtung verschoben. Das lag zum Teil an den Persönlichkeiten und zum Teil an den Umständen. Im Verhältnis zwischen dem Bund und den Einzelstaaten ist die Tendenz einseitiger: Der Bund hat im Laufe der Zeit vor allem sozialpolitische Aufgaben mit- oder ganz übernommen und damit seinen Machtbereich im Inneren immer mehr ausgedehnt.

Aus Sicht überzeugter Antiföderalisten war die Sozialgesetzgebung des New Deal in den 1930er Jahren der Sündenfall, als Präsident Franklin D. Roosevelt unter dem Eindruck der Weltwirtschaftskrise erstmals ein nationales Rentensystem und andere staatliche Sozialversicherungen durchsetzte. Sie wurden in den folgenden Jahrzehnten mehrfach erweitert. Zusammen mit *Medicare* (der staatlichen Krankenversicherung für ältere US-Bürger) und *Medicaid* (einer von Bund und Einzelstaaten gemeinsam finanzierten Gesundheits-Sozialhilfe für verarmte Amerikaner)

288

ist *Social Security* heute der größte Posten im US-Haushalt – und einer der größten innenpolitischen Streitpunkte.

Für die wachsende Abhängigkeit der Staaten und Städte vom Bund werden viele Gründe genannt, zum Beispiel die Globalisierung, die ein koordiniertes Vorgehen in vielen Wirtschafts- und Lebensbereichen erfordert. Kleinstaaterei ist da oft nur ein Hindernis, vor allem für Unternehmen. Es kommt hinzu, dass viele frühere Machtzentren für den Bund keine ernsthafte Konkurrenz mehr sind: Detroit hängt am Tropf Washingtons, eine Reihe vormals einflussreicher Einzelstaaten ist durch Skandale und Korruption angeschlagen.

Korruption gehört seit jeher zur amerikanischen Politik wie die direkte Demokratie. Das gilt insbesondere in den Metropolen und in den Hauptstädten der Einzelstaaten. Den schlechtesten Ruf haben Illinois, New York State und New Jersey. Die Bürgermeister, Gouverneure und Parlamentarier, die dort wegen Korruption im Gefängnis landeten, sind Legion. In Albany, dem Sitz der New Yorker Staatsregierung, wurden die Vorsitzenden beider Parlamentskammern 2015 fast gleichzeitig wegen Korruption angeklagt und verurteilt; der Republikaner Dean Skelos flog aus dem Senat und der Demokrat Sheldon Silver aus dem Unterhaus. Gewundert hat sich darüber eigentlich niemand. In Illinios jagte das Parlament den demokratischen Gouverneur Rod Blagojevich aus dem Amt: Der hatte versucht, den frei gewordenen Senatssitz Barack Obamas an den Meistbietenden zu verschachern. Im April 2009 wurde Blagojevich vor einem Bundesgericht angeklagt. Sein Vorgänger, der Republikaner George Ryan, saß zu dieser Zeit bereits wegen Korruption hinter Gittern. Mittlerweile leistet ihm Blagojevich dort Gesellschaft: Er wurde 2011 zu 14 Jahren Haft verurteilt.

Ihre schillerndsten Vorbilder finden sich in der Geschichte der sogenannten Parteimaschinen und ihrer Bosse im 19. und frühen 20. Jahrhundert: Allein William »Boss« Tweed, Chef der Demokratischen Geschäftsstelle Tammany Hall in New York, soll die

Stadtkasse durch diverse Betrügereien um 200 Millionen Dollar erleichtert haben; das wären um die acht Milliarden Dollar nach heutigem Wert. Auch andere Bosse füllten ihre privaten Kassen durch Vetternwirtschaft, Ämterverkauf und Bestechungsgeld – Martin »Zar« Lomasney in Boston zum Beispiel oder James »King« McManes in Philadelphia, der über die städtischen Gaswerke und damit über 5630 Jobs im öffentlichen Dienst gebot.

Womit wir auch beim Hauptgrund für den politischen Machtverlust der Einzelstaaten angelangt wären: Geld – oder vielmehr Geldmangel. Denken Sie nur an Kalifornien, wo jahrelang eine Haushaltskrise die andere ablöste, nachdem die Bürger sich per Volksentscheid die Grundsteuern radikal gesenkt hatten. Erst 2016 kam der bevölkerungsreichste US-Staat wieder aus den roten Zahlen. Aus dem Schneider ist er damit aber noch lange nicht, denn mindestens 250 Milliarden Dollar ungedeckter Pensionsverpflichtungen sind im Jahreshaushalt nicht eingerechnet. Doch auch in New Jersey, wo die direkte Demokratie weniger ausgeprägt ist und die Grundsteuern zu den höchsten des Landes zählen, ist die Verschuldung aus dem Ruder gelaufen; ebenso in New York State, in Illinois und anderen Staaten. Auch dort sind es nicht zuletzt Gehalts- und Pensionslasten, die auf die Budgets von Einzelstaaten und Kommunen drücken. Denn kapitalistische Härten treffen zwar die Mehrheit der Arbeitnehmer in der freien Wirtschaft, nicht aber unbedingt den öffentlichen Sektor.

Die Eisenbahngesellschaft Long Island Railroad zum Beispiel, die jedes Jahr gut 80 Millionen Pendler von der gleichnamigen Insel vor der Küste New Yorks nach Manhattan transportiert, bietet ihren knapp 6800 Beschäftigten unter dem wachsamen Blick der Gewerkschaft hochattraktive Arbeitsverträge. So erhalten Lokführer eine Zulage, wenn sie auf einer Schicht Diesel- und Elektroloks, also zwei verschiedene Zugtypen, fahren. Erfahrene Lokführer und Schienenbauleiter kommen mit Zulagen und Überstunden nicht selten auf ein Jahresgehalt von mehr als 250 000 Dollar. Die Pensionäre des öffentlichen Unternehmens, die häufig noch mit einer zusätzlichen Invalidenrente aus Bundesmitteln ausgestattet werden, dürfen auf dem staatseigenen Sunken-Meadow-Golfplatz am Long Island Sound auf Kosten der Steuerzahler ihre Freizeit verbringen.

Dies mag ein extremes Beispiel sein. Selbstverständlich verdient nicht jeder amerikanische Lokführer mehr als eine Viertelmillion Dollar pro Jahr. Doch es zeigt, dass auch im Stammland des Kapitalismus längst nicht alles nach den Regeln der Wirtschaftlichkeit abläuft. Auf lokaler und einzelstaatlicher Ebene arbeiten US-weit rund 20 Millionen Menschen für den Staat; auf Bundesebene sind es weitere 2,8 Millionen. Deren Bezüge waren zuletzt im Schnitt um zehn Prozent höher als Löhne und vergleichbare Leistungen in der Privatwirtschaft.

Noch bis vor wenigen Jahren hatten die US-Gewerkschaften mehr Mitglieder in privaten Unternehmen als im öffentlichen Dienst. Heute ist es umgekehrt. Nur noch 6,5 Prozent der Beschäftigten in der Wirtschaft, aber fast 35 Prozent der *public workers* waren 2017 gewerkschaftlich organisiert. Bei Polizei, Feuerwehr und Lehrern sind es sogar an die 50 Prozent. Das macht es für die Staaten und Städte in Krisenzeiten schwieriger, Stellen abzubauen oder Leistungen zu kürzen. Überdies können sich viele Beschäftigte bereits mit 50 oder 55 Jahren vorzeitig pensionieren lassen. In einer ganzen Reihe von Staaten ist dann das sogenannte *double dipping* gängige Praxis: Frühpensionäre dürfen dort einen neuen Job im öffentlichen Dienst annehmen, so dass sie gleichzeitig eine vorgezogene Pension und ein Gehalt beziehen. So berichtete das Magazin *Forbes* vom Polizeichef einer Kleinstadt in Florida, der mit 42 Jahren in den Vorruhestand ging und nun bis ans Lebensende eine Jahrespension von 65 000 Dollar plus Inflationsausgleich bezieht. Kurz darauf wurde der Mann erneut Polizeichef – in einem Nachbarort.

Zieht man außerdem in Betracht, dass derzeit Millionen Babyboomer in den USA die (Früh-)Pensionierungsgrenze erreichen, ist klar, dass es finanziell bald noch enger wird. Denn ebenso wie in Europa reichen die Rücklagen auch hier hinten und vorne nicht. Kurz und gut: Einzelstaaten wie Kommunen brauchen den Bund und seine Mittel, um ihre Pensionslasten und andere Aufgaben zu stemmen.

Die Machtkonzentration in Washington lässt sich auch statistisch abbilden. Die komplett am Reißbrett entworfene Stadt in der Provinz wuchs nach dem Zweiten Weltkrieg schneller als jede andere Großstadt im Nordosten. Mit dem New Deal und dem amerikanischen Kriegseintritt waren dort neue Militär- und zivile Behörden entstanden. Der Bund regulierte die Banken und die Landwirtschaft. Die neue Supermacht rüstete ihre Streitkräfte aus und baute Autobahnen, sie vergab Aufträge und Forschungsgelder. Wollten Konzerne und Verbände ihre Interessen wahren, mussten sie nun in Washington vorsprechen. Mitte der 1970er Jahre hatten sich D. C. und Umgebung zur reichsten Metropolregion des Landes gemausert – und das, obwohl große Teile seiner Innenstadtbevölkerung zu den Ärmsten zählten. Das Haushaltseinkommen in Greater Washington liegt heute fast 70 Prozent über dem nationalen Durchschnitt.

Man könnte also sagen, dass Washington den Hauptstädten klassischer europäischer Nationalstaaten, Paris oder London etwa, immer ähnlicher geworden ist. Manche sehen darin eine ganz normale und unvermeidliche Entwicklung. Andere schauen mit einer ähnlichen Mischung aus Wut und Ohnmachtsgefühlen nach Washington wie auf der anderen Seite des Atlantiks die Euroskeptiker nach Brüssel. Sie sehen in erster Linie eine exklusive Versammlung, eine verschworene Clique pflichtvergessener Politiker, machthungriger Funktionäre und rücksichtsloser Lobbyisten, die weit entfernt von den Bürgern im Land nur noch für eines arbeitet: ihre eigenen Interessen. »Früher kamen junge Männer um der Macht und der politischen Herausforderung willen nach Washington«, schrieb Robert G. Kaiser, langjähriger Korrespondent der *Washington Post,* vor einigen Jahren. »Sie hatten den Ehrgeiz, das Land und die Welt zu verändern. Heute ist an die Stelle solcher Ideale ein anderes, ebenso vertrautes amerikanisches Begehren getreten: reich zu werden.«

Im Zentrum der Kritik von rechts wie von links steht dabei in erster Linie der Kongress. Dort wird letztlich über die Verteilung der Bundesmittel entschieden, und dort hat sich nach nahezu einhelliger Meinung die Kultur der Gier besonders fest etabliert. »Der US-Kongress ist ein Geldbeschaffungs-Kongress geworden«, hieß es im Februar 2010 in der Zeitschrift *The Nation,* die sich selbst als Flaggschiff der amerikanischen Linken versteht. In Gallup-Umfragen erklärten 2017 im Schnitt immerhin 39 Prozent der befragten US-Bürger, dass Präsident Trump seine Sache gut mache. Dem Kongress wollten das im selben Zeitraum nicht einmal 19 Prozent bescheinigen, und das war nichts Neues: Die Zustimmungsrate für das Parlament liegt schon seit Jahren unter der 20-Prozent-Marke.

Im Grunde ist es auch kein Wunder, dass die Amerikaner immer weniger von der politischen Insider-Klasse halten. Schon Obama wurde 2008 nicht zuletzt deshalb gewählt, weil er *change* versprochen hatte – einen Politikwechsel, der auch das »kaputte« System in Washington reparieren sollte. Nach dem Einzug von Abgeordneten und Senatoren aus der Tea-Party-Bewegung in den Kongress ging aber erst recht nichts mehr, weil das Beharren auf Maximalpositionen die stärkste politische Währung dieser Bewegung ist und Kompromisse dort als Schwäche ausgelegt werden. Seit der Oberste Gerichtshof 2014 die Obergrenzen für Wahlkampfspenden faktisch aufgehoben hat, müssen die Wähler überdies mit ansehen, wie Politiker beider Parteien von einigen wenigen Oligarchen und Lobbygruppen regelrecht gekauft werden. Sie mussten hinnehmen, dass die Grenzen von Wahlbezirken durch das sogenannte *Gerrymandering* so lange im Interesse der einen oder anderen Partei manipuliert wurden, bis zum Beispiel der 7. Wahlbezirk in Pennsylvania auf der Landkarte wie ein Haufen ineinander verknäulter Comicfiguren aussah und als »Goofy-tritt-Donald-Duck«-Bezirk verspottet wurde. 2016 sollten sich die Wähler dann für Kandidaten wie Jeb Bush und Hillary Clinton begeistern, deren Profil nicht unwesentlich darin bestand, dass sie aus politischen Dynastien stammten – anders gesagt: dass ihr Vater und Großvater oder Ehemann auch schon Präsident war. Unter diesen Bedingungen scheint es gar nicht mehr so erstaunlich, dass Donald Trump sich im Wahlkampf durchsetzen konnte. Wenigstens gab er sein eigenes Geld dafür aus, der so ziemlich denkbar größte Kontrast zu einem politischen Insider war er ohnehin, und im Medienspektakel des Wahlkampfs hatte er auch noch einen hohen Unterhaltungswert.

Die Verweigerungshaltung vieler Amerikaner gegenüber der etablierten Politik hat aber auch ganz handfeste Gründe. Der Abstand zwischen der kleinen Schicht der Superreichen und dem Rest der Gesellschaft ist größer geworden als selbst im berüchtigten *Gilded Age,* dem Zeitalter der Räuberbarone. Seit mindestens drei Jahrzehnten müssen die amerikanischen Arbeiter und Angestellten hinnehmen, dass ihre Reallöhne nicht nur nicht steigen, sondern sogar sinken. Gleichzeitig sind die Kosten für eine gute Collegeausbildung explodiert, so dass viele um die Zukunft ihrer Kinder bangen. Vor allem aber hat sich herausgestellt, dass es mit der sozialen Mobilität im Land der angeblich unbegrenzten Möglichkeiten gar nicht so weit her ist: Die Chancen zum gesellschaftlichen Aufstieg sind heute in vielen Ländern größer als in den USA.

Auf diesem Nährboden konnten die Graswurzel-Bewegungen an beiden Rändern des politischen Spektrums wachsen. Rechts steht erneut der zornige Trupp jener US-Bürger, denen schon Ronald Reagan einen *trickle-down*-Effekt versprochen hatte: Wenn sich der Staat nur heraushielt und die Wirtschaft grenzenlos Geld verdienen ließ, würden auch die kleinen Leute davon profitieren. Dass dies noch nicht geschehen ist, liegt ihrer Meinung nach daran, dass es eben immer noch zu viel Regulierung gibt; also weg damit. Gleichzeitig finden sie, dass der Staat ausgerechnet an den Stellen versagt, wo er seine Bürger schützen sollte –

vor illegalen Einwanderern und Terroristen zum Beispiel. Ein extremer Flügel dieser Bewegung hält außerdem alle liberalen Errungenschaften vom Recht auf Abtreibung über die Homo-Ehe bis hin zu »Obamacare« schlicht für Teufelszeug und denkt, dass alle Amerikaner vom Schulkind bis zum Präsidenten ihren Tag mit einem Gebet beginnen sollten.

Auf der linken Seite denkt man naturgemäß das Gegenteil, nämlich dass es zu wenig Regulierung gibt und der Staat nicht für das Seelenheil, sondern für das ökonomische Wohlergehen seiner Bürger zuständig ist. Dort hatten sich die ersten Unzufriedenen nach der Finanzkrise von 2008 in der *Occupy Wall Street*-Bewegung zusammengetan. Weil die Wall-Street-Banker in ihren Wolkenkratzern aber über die Zelte der Besetzer im Stadtpark einfach hinwegsahen, stellte sich die linke Bewegung schon im Vorwahlkampf 2016 neu und breiter auf: Sie scharte sich um Bernie Sanders, der sich selbst einen »demokratischen Sozialisten« nannte (obwohl er mit einem Sozialisten zumindest nach europäischem Verständnis wenig gemein hat). Ganz unerwartet wurde so ein linker Außenseiter zum ernsthaften Konkurrenten für Hillary Clinton, bevor ihn die Parteiführung der Demokraten zum Rückzug zwang. 25 Jahre lang hatte der parteilose Sanders den Staat Vermont zuvor im Kongress vertreten, zunächst als Abgeordneter und seit 2007 als Senator. Diese politische Laufbahn als *Independent* machte ihn gerade in den Augen jüngerer Wähler ebenso glaubwürdig wie seine angriffslustige Haltung gegenüber den Seilschaften der Reichen und Mächtigen in der Republik.

Nun ist überwältigende Unzufriedenheit mit den Regierenden und den Parteien in Washington in der amerikanischen Politik nichts Neues. Deshalb ist es zwar nicht ausgeschlossen, aber auch nicht sehr wahrscheinlich, dass in naher Zukunft ein Unabhängiger oder ein *Third-Party*-Präsident das Land regiert. Schauen wir 100 Jahre zurück: »Diese unsichtbare Herrschaft zu zerschlagen, diese unheilige Allianz zwischen einer korrupten Wirtschaft und einer korrupten Politik aufzulösen, muss heute das erste

Ziel allen staatsmännischen Handelns sein«, hieß es damals im Programm der Progressive Party. Diese Partei war aus der politischen Bewegung der *Progressives* entstanden, und die wiederum speiste sich ganz wesentlich aus einem wachsenden Protest gegen Korruption, mächtige Parteimaschinen, Eisenbahn- und Industriemonopole ihrer Zeit.

Mit dem Ex-Präsidenten und ehemaligen Republikaner Theodore Roosevelt an der Spitze zog die Progressive Party 1912 in den Wahlkampf. Roosevelt besiegte den republikanischen Kandidaten William Howard Taft. Er verlor aber gegen den Demokraten Woodrow Wilson, und insgesamt wurden nur 17 Mitglieder seiner Partei in den Kongress gewählt. Denn auch die Demokratische Partei hatte die Zeichen der Zeit erkannt – und mit Wilson ebenfalls einen Progressiven ins Rennen geschickt. Innerhalb des altbewährten Zweiparteiensystems, fanden die US-Wähler, war auch eine Reformbewegung noch immer am besten aufgehoben. Die Außenseiter von heute gehen deshalb lieber gleich auf Nummer sicher: Trump bewarb sich als Republikaner, und auch Sanders wurde 2015 schnell noch Mitglied bei den Demokraten. Für die Aussicht auf das höchste Amt im Staate nimmt eben auch ein Unabhängiger ein Parteibuch in Kauf.

Was heißt es nun aber für die Politik, wenn niemand »durchregieren« kann und zugleich die ideologischen Gegensätze immer größer werden? Lähmen sich da nicht alle Kräfte und Gewalten nur gegenseitig? Die Antwort haben sich die USA selbst gegeben, und zwar in Gestalt einer eigenen Wissenschaft von der Politik. In Deutschland wird Politik in der philosophisch-juristischen Tradition der Staatsrechtslehre gedacht. In Amerika ist es das pragmatische *policy making* – ein hochdynamisches Handwerk. Das Wissen von der Politik baut in den USA nicht auf Philosophie, Prinzipien und Metaphysik. Es dreht sich um Techniken, Verfahren, Strategie und Taktik, kurz: um die Kunst, Politik überhaupt erst *machen* zu können. Und das wissen nicht nur die Politologen, Meinungsforscher und Präsidenten-Berater. Spätestens seit den Fernsehserien *The West Wing* und *House of Cards* weiß das auch der Bürger.

Beide Serien werfen einen Blick hinter die Kulissen in Washington und zeigen, wie im Westflügel des Weißen Hauses die politischen Macher agieren – vom *deal making* mit Abgeordneten und Senatoren hinter verschlossenen Türen bis zur Kunst der *spin doctors,* einer politischen Story den richtigen Dreh zu geben. Was sofort auffällt: In der Zentrale der Macht sind vom Stabschef bis zu den Pressesprechern alle ständig in Bewegung. Pausenlos rennen sie vom einen zum anderen, sind sie mit allem und jedem beschäftigt, sei es eine internationale Krise oder eine *human touch-*Story, die Image und Quote des Präsidenten beschädigen oder befördern könnte. In diese Dauerdynamik sind auch die Medien eingebunden. Sie sind hier nicht die Allmacht über oder jenseits der Politik, sondern Teil des *policy making*-Prozesses. Es gewinnt nicht automatisch die Partei, die die meiste Sendezeit kaufen kann. Es gewinnt, wer in und mit den Medien am geschicktesten agiert, wer die Medien in das nie stillstehende Mobile der Macht am erfolgreichsten einbinden kann.

Bei allen Gemeinsamkeiten stehen diese beiden Polit-Epen aber auch für den schnellen, disruptiven Wandel der Medien und für den damit eng verbundenen Wandel der politischen Kultur in den USA seit der Jahrtausendwende. In der preisgekrönten Serie *The West Wing* regierte von 1999 bis 2006 bei NBC einmal pro Woche zu fester Sendezeit der fiktionale demokratische Präsident Josiah Bartlett – ein ehemaliger Wirtschaftsprofessor, Technokrat und Familienvater mit klassischer First Lady an seiner Seite, der bei aller politischen Schacherei im Grunde doch stets das Gute will und der Gute ist. Der Polit-Thriller *House of Cards* hingegen, dessen Staffeln die Medienfirma Netflix seit 2013 jeweils komplett zum Streaming freigeschaltet hat, kennt keinen solchen Helden mehr. Im »Kartenhaus« triumphiert der Kongressabgeordnete Francis »Frank« Underwood – ein zutiefst amoralischer und korrupter Antiheld, der alle Register von der Intrige bis zum Mord zieht, um Vizepräsident und schließlich auch Präsident zu werden. Unterstützt – und schließlich überholt – wird er von seiner Ehefrau Claire, einer nicht weniger ehrgeizigen Lobbyistin. Und das Spiel mit den Medien läuft auch nicht mehr unbedingt über die Pressestelle, sondern direkt per SMS zwischen dem manipulativen Politiker und der nicht weniger berechnenden Online-Reporterin Zoe.

Wie zuvor *The West Wing* gilt auch diese Serie als durchaus realistisch: Wird Politik konsequent als Kunst des Machbaren betrachtet, dann ist der handfeste Umgang der Underwoods mit der Macht in Zeiten starker Polarisierung zumindest an Effizienz kaum zu schlagen. Das fand selbst ein echter Präsident: Frank Underwood »kriegt eine Menge geschafft«, sagte Obama einmal mit ironischem Blick auf den tief gespaltenen (echten) US-Kongress. »Ich wünschte, dort liefe tatsächlich alles so gnadenlos effizient.« Ist das jetzt einfach nur noch zynisch – eine Bankrotterklärung der Demokratie, wenn der Staat nur noch mit fiesen Methoden am Laufen gehalten werden kann? Einfach macht es uns Amerika nicht, auch nicht in seinen innovativen Erzählformaten.

### *Disrupt Politics:* Die neue Macht aus dem Silicon Valley

»Governments of the Industrial World, you weary giants of flesh and steel, I come from Cyberspace ... On behalf of the future, I ask you of the past to leave us alone. ... You have no sovereignty where we gather ... We are creating a world where anyone, anywhere may express his or her beliefs, no matter how singular, without fear of being coerced into silence or conformity.«
(John Perry Barlow, »A Declaration of Independence of Cyberspace«, 8. Februar 1996)

Anders als nahezu alle anderen Nationen der Welt haben die Amerikaner nie einen Systemwechsel erlebt. Ihr Land war immer eine Demokratie mit kapitalistischer Wirtschaftsordnung. Weder Arbeiter- und Soldatenräte noch faschistische Brigaden haben dieses Gefüge je ernsthaft ins Wanken, geschweige denn zum Einsturz gebracht. Hier vor allem wurzelt Amerikas Glaube an sich selbst, an die Überlegenheit des eigenen Systems und seiner Institutionen. Der mal unbekümmerte, mal arrogante Überlegenheitsgestus hat Europäer (und nicht nur sie) seit jeher gereizt. Gern würde ein Ausländer vieles in den USA loben, wenn er denn auch etwas kritisieren dürfe, notierte Alexis de Tocqueville am amerikanischen Unabhängigkeitstag des Jahres 1831. Das sei ihm aber »absolut verwehrt«, klagte der Franzose: »Nichts ist ärgerlicher im alltäglichen Umgang des Lebens als dieser reizbare Patriotismus der Amerikaner.«

Fast zwei Jahrhunderte später, am 11. September 2001, rief dieser reizbare Patriotismus jenen »zornigen Unglauben« über die eigene Verwundbarkeit hervor, der die ganze Welt in Freund oder Feind einteilte und für den es, wie der deutsche Journalist Uwe Schmitt schrieb, »keine Zwischentöne, nur noch Brusttöne« gab. Damals war nicht einmal die Selbstkritik amerikanischer Intellektueller geduldet. Das hatte Folgen – Guantanamo, den *USA Patriot Act,* ein fabrizierter Kriegsgrund gegen den Irak. Der damalige *FAZ*-Herausgeber Frank Schirrmacher fand 2008 die Ideale von Demokratie und Freiheit durch George W. Bush so nachhaltig verdreht und zerstört, dass jede Hoffnung auf ihre Rettung nur noch Illusion sein könne.

Fünfzehn Jahre nach 9/11 hat Donald Trump Zorn und Patriotismus auf die Formel »America First« gebracht. Was diese Parole für die künftige Rolle der USA in der Weltpolitik bedeutet, ist ebenso offen wie die Auswirkungen auf die Vereinigten Staaten selbst und auf ihr Selbstverständnis als Nation. Beobachter aus Europa sehen – wieder einmal – vor allem eine Supermacht im Niedergang, auf wilder Flucht in den Isolationismus. Sie trauen es den USA nicht länger zu, ihre inneren Widersprüche zu überwinden und sich auf eine gemeinsame, neue Vision zu einigen wie zuletzt während Reagans konservativer Revolution. »Die große nationale Erzählung ist versiegt«, schrieb der französische Intellektuelle Pascal Bruckner. »Der Stolz ist dahin, die Gesellschaft ist gespalten. Amerika hat verlernt, auf seine Stärken zu vertrauen.« Die USA von 2017 sah Bruckner »gefangen zwischen dem Amboss eines brüllenden Tribuns und dem Hammer der Political Correctness«. Statt der »Goldstandard westlicher Stabilität« und das »Vorbild der Zivilisation« zu sein, bestätigten die Vereinigten Staaten nun »die schlimmsten Klischees des Antiamerikanismus«.

Diese sehr typische europäische Sichtweise, in der sich Besorgnis und Schadenfreude auf kuriose Weise mischen, hat Amerika und die Amerikaner schon oft unterschätzt. Weit eher als in Europa ist man hier seit jeher bereit, Krisen auch als Chancen zu begreifen. Im Juli 1979 zum Beispiel, mitten in der Energiekrise, hielt der damalige US-Präsident Jimmy Carter eine Rede, in der er seinen Landleuten auch eine Vertrauenskrise bescheinigte. Zuvor hatte er zahlreiche Gespräche mit amerikanischen Bürgern geführt und dabei viele pessimistische Stimmen gehört. Doch dazwischen waren immer auch Aufbruchstimmung und Tatkraft aufgeblitzt. Besonders beeindruckt, so Carter, habe ihn die Aufforderung: »Seien Sie mutig, Mr. President. Vielleicht werden wir Fehler machen, aber wir sind bereit zu Experimenten.« Wie sich herausstellen sollte, war Carter den Amerikanern nicht mutig genug. Die nächste Wahl verlor der Demokrat an einen charismatischen Hollywood-Schauspieler namens Ronald Reagan.

Grundlage dieser Bereitschaft zum Risiko sind Amerikas demokratische Institutionen, die bisher noch allen Vertrauens- und anderen Krisen getrotzt haben. Für viele US-Bürger gilt deshalb weiterhin, was Bill Clinton in seiner Antrittsrede 1993 so griffig formuliert hat: »There is nothing wrong with America that cannot be cured by what is right in America« – sprich, das System vermag sich immer wieder selbst zu heilen, weil es im Kern gesund ist. Im Volksmund heißt das etwas drastischer: »American government was designed by geniuses so that it can be run by idiots.« Wie in der Wirtschaft folgt deshalb auch in der Politik auf *bust* wieder *boom,* kommen nach schlechten auch wieder gute Zeiten. Gestern ist vorbei, und morgen ist ein neuer Tag. *Let's move on!*

Wohin die politische Reise der Amerikaner geht, ist damit noch nicht ausgemacht. Denn an der Westküste der USA, weit weg von Washington, ist ein neues Machtzentrum in Gestalt der Technologie-Giganten Apple, Alphabet (wie die Google-Holding seit August 2015 heißt), Amazon, Facebook und Microsoft entstanden. Sie sind die teuersten Unternehmen der Welt – und sie stehen für eine neue Art der Supermacht. Der Ehrgeiz ihrer Gründer geht über Profitmaximierung weit hinaus. Ihre ideologische Prägung stammt aus dem Silicon Valley mit seiner besonderen Mischung aus Gegenkultur, libertärem Denken und dem Primat der Technologie. Technologische Innovation ist für sie viel mehr als nur Grundlage für Produkte, die sich gut verkaufen. Sie ist auch der Schlüssel zu einer besseren Gesellschaft, das Werkzeug zum datengesteuerten *social engineering.* Kein Silicon-Valley-Start-up, das es sich nicht explizit zum Ziel gesetzt hätte, die Welt zu verbessern. »Wenn wir es richtig angehen, können wir alle Probleme der Menschheit lösen«, wie es der ehemalige Google-Chef Eric Schmidt ohne jede Ironie formulierte.

Deshalb suchen diese Unternehmer nicht mehr vorrangig den Schulterschluss mit Parteipolitikern wie einst die Eisenbahnmagnaten und heute die Rüstungskonzerne oder *Big Oil,* auch wenn Eric Schmidt im Wahlkampf von 2016 für Clinton als Medienberater fungierte und der PayPal-Gründer Peter Thiel dasselbe für Trump tat. Sie suchen den direkten Zugriff auf die Gesellschaft: Sei es, dass sie für eine Viertelmilliarde Dollar in bar die *Washington Post* kaufen wie Amazon-Chef Jeff Bezos, sei es, dass sie ein mächtiges soziales Medium schaffen wie Facebook-Gründer Mark Zuckerberg, oder dass sie den Zugriff der Bürger auf Informationen steuern wie Alphabet mit Google. »Google weiß längst besser als wir selbst, was gut und richtig für uns ist – schließlich haben sie dort all unsere Daten«, schrieb der Medienwissenschaftler Ian Bogost 2013 lakonisch im *Atlantic*.

Die Dystopie dazu lieferte im selben Jahr der Schriftsteller Dave Eggers mit seinem Roman *The Circle*. Darin setzt ein kalifornischer Technologie-Leviathan alles daran, mit Hilfe sozialer Medien und Millionen von Web-Kameras nicht nur einen bestimmten Wirtschaftsbereich, sondern die gesamte Gesellschaft zu erobern. Jeder einzelne Bürger soll ständig überwacht, komplett digitalisiert und damit berechenbar bzw. beherrschbar gemacht werden. Die Pioniere sind die Mitarbeiter des Unternehmens, dann sind deren Familien und Freunde dran, und zuletzt beugen sich auch staatliche Entscheidungsträger dem technologiegesteuerten sozialen Druck. Das Ziel des Circle ist nicht weniger als das totale Monopol: Erst wenn jeder Mensch einen Account bei diesem Unternehmen hat, ist der Kreis geschlossen.

Fünf Jahre später kann man sagen, dass die Realität zumindest in den USA die Science Fiction fast schon eingeholt hat. Kaum ein Amerikaner, der kein E-Mail-Konto bei Google hat und nicht mit dessen Suchmaschine im Internet surft. Kaum ein Schulkind, das nicht mit GoogleDocs den Großteil seiner Hausaufgaben online macht. Zwei von drei US-Bürgern haben ein Facebook-Konto. Schon 2022 werden Prognosen zufolge in mehr als der Hälfte aller amerikanischen Haushalte *smart speakers* wie Amazons Echo oder Google Home stehen, die ihren Besitzern jeden Wunsch von den Lippen abhören, aber auch deren sämtliche Daten an ihre Hersteller senden. Und im Frühjahr 2018 hat Google eine intelligente Minikamera auf den Markt gebracht, die auch ohne menschlichen Auslöser Fotos und Videos macht.

Lange wurden die Tech-Riesen und ihre Gründer in den USA fast unisono als Heilsbringer nicht nur für die Wirtschaft, sondern auch für die Demokratie gefeiert. Warnungen vor der Eskalation von Kommerz und Überwachung im Netz gingen in der Begeisterung über immer neue Gadgets (das iPhone X!) und

Apps (Instagram! Waze!) unter. »Ihr Deutschen mögt euer German Engineering haben«, sagt David, ein *soccer dad* aus meinem Bekanntenkreis, »but we have all the cool stuff« – aus Amerika kommt alles, was wirklich cool ist. Für die überwiegende Mehrheit der US-Bürger sind Apple, Google & Co. keine bedrohlichen Datenkraken, sondern freundliche Riesen, die das Leben mit immer neuen, nützlichen Erfindungen leichter und bequemer machen – und das auch noch für wenig Geld oder sogar gratis. »Wenn Sie auf die Verbraucher setzen, um diesen Unternehmen Paroli zu bieten, dann können Sie lange warten«, folgert Scott Galloway, Wirtschaftsprofessor und Autor des 2017 erschienenen Buchs *The Big Four: Die geheime DNA von Amazon, Apple, Facebook und Google.*

Erst in jüngster Zeit findet in den USA eine breitere Debatte über die negativen Seiten der Tech-Industrie und ihrer mächtigen Konzerne statt. Angestoßen wurde sie ausgerechnet von Vertretern der *Big Four* selbst (oder auch der *Big Five,* wenn man Microsoft dazuzählt). Die Abtrünnigen sind Designer, Software-Entwickler und Produktmanager, die den explosionsartigen Erfolg ihrer Produkte mit gemischten Gefühlen beobachten und nun fürchten, dass man diese Geister nie wieder loswird. Justin Rosenstein zum Beispiel, der den »Like«-Button mit dem nach oben gerichteten Daumen für Facebook mitgestaltet hat, graust es inzwischen vor der eigenen Erfindung, weil sie vor allem junge Leute süchtig mache wie Heroin. Immerhin »tippt« oder »wischt« ein durchschnittlicher Nutzer in den USA mittlerweile mehr als 2600 mal pro Tag auf seinem Smartphone. Wobei diese Konsequenzen wohl nicht immer so ungewollt waren, wie die Schöpfer solcher Produkte im Nachhinein glauben machen wollen. Nicht zufällig rekrutierte der Produktdesign-Guru Nir Eyal, Autor des Bestsellers *Hooked: Wie Sie Produkte erschaffen, die süchtig machen* (2014) einen Großteil seiner Gefolgschaft aus der Technologiebranche. Und die Silicon-Valley-Elite schickt ihre eigenen Kinder schon seit langem auf Schulen, in denen iPads, iPhones und Laptops verboten sind – getreu dem Drogendealer-Motto aus einem Song des Rappers Biggie Smalls alias The Notorious B. I. G.: »Never get high on your own supply.«

Wirklich in Gang kam die Debatte aber erst durch den Skandal um *fake news* und gefälschte Identitäten auf Facebook, Twitter und anderen sozialen Medien während des Wahlkampfs 2016. Hatte Trump womöglich nur mit Hilfe russischer Meinungs-Bots gewonnen, denen Facebook eine willige Plattform zur Verbreitung gefälschter Nachrichten geboten hatte? Wie konnte es sein, dass Armeen von Trollen und Sockenpuppen in den sozialen Medien ungehindert ihr Unwesen trieben? Aus Facebook wurde »Fakebook«, aus den Großen Fünf wurden die Furchtbaren Fünf. Mit der Grundsatzentscheidung, ihren Gewinn aus Werbung statt aus Nutzergebühren zu erwirtschaften, hatten Google, Facebook, Twitter und Co. jene schnelle, kurzatmige Aufmerksamkeits-Ökonomie geschaffen, die nun auch in der politischen Kommunikation komplexe Sachverhalte auf die Entscheidung zwischen »gefällt mir« und »gefällt mir nicht« reduzierte. Als *BAADD* galten die Tech-Titanen nun, wie der *Economist* notierte – »big, anti-competitive, addictive, and destructive to democracy«.

Forderungen wurden laut, sie zu zerschlagen wie andere übermächtige Monopole zuvor, zum Beispiel Rockefellers Standard Oil oder die Telefongesellschaft AT & T im 20. Jahrhundert. Einfach dürfte das nicht werden, selbst wenn die amerikanischen Wettbewerbshüter sich tatsächlich zu solchen Verfahren durchringen. So hat trotz der unbestreitbaren Marktmacht kurioserweise fast keines dieser Unternehmen ein klassisches Monopol. Apple mag das erfolgreichste Produkt der Welt anbieten, aber nur eines von drei verkauften Smartphones in den USA ist ein iPhone. Hier geht es um eine neue Art des Monopols, um Monopole durch soziale Skalierung, die sich nicht auf die USA beschränkt: »Eine Handvoll Leute, die in einer Handvoll Technologiefirmen arbeiten, steuern durch ihre Entscheidungen, was eine Milliarde Menschen denken wird«, sagt Tristan Harris, ein ehemaliger Google-Mitarbeiter und heute einer der schärfsten Kritiker der *Big Five:* »Ich wüsste kein Problem, das wir dringender lösen müssten.«

Vielen gilt Donald Trumps Aufstieg als Beweis für das zerstörerische Potential der neuen Technologien für die Demokratie. Aber auch Trumps Vorgänger verdankte seinen politischen Erfolg maßgeblich der geschickten Nutzung sozialer Medien. »Barack Obama ist der erste Hausherr im Weißen Haus, der eine Präsidentschaftswahl im Netz gewonnen hat«, schrieb *U. S. News and World Report* im November 2008. Der 24-jährige Facebook-Mitgründer Chris Hughes war einer seiner wichtigsten Wahlkampfstrategen gewesen. Zwei Drittel der 18-29-Jährigen und fast 70 Prozent der Erstwähler stimmten in dieser *Facebook election* für Obama. Auch 2016 war eine Facebook-Wahl – und, nicht zu vergessen, eine Smartphone-Wahl. Seit die Bürger und Konsumenten ständig online ansprechbar sind, hat sich die Konkurrenz um ihre Aufmerksamkeit nur noch verschärft. Die Suche nach obskuren Politakteuren, die den Wahlkampf manipulieren wollten, geht deshalb am Kern des Problems vorbei. Das System der sozialen Medien und Apps, das Aufmerksamkeit zu Geld macht, war als solches quasi dafür programmiert, ein Phänomen wie Trump zu promoten – einen im Showbiz erfahrenen Außenseiter, der es meisterhaft verstand, die Aufmerksamkeit seiner Anhänger ebenso wie seiner Gegner stets auf neue zu erregen, hauptsächlich indem er für Empörung sorgte.

Die Historikerin Jill Lepore hat sich bereits nach den Vorwahlen in New Hampshire vom Februar 2016 frei nach Marshall McLuhan gefragt, ob es sich bei dem *new populism* in der amerikanischen Politik »um die Botschaft oder um das Medium« drehte. In New Hampshire waren bei beiden Parteien populistische Außenseiter als Sieger hervorgegangen – Donald Trump und Bernie Sanders. Dieser Wahlkampf war auch der erste, bei dem in fast jeder Tasche ein Smartphone steckte und auf nahezu allen Veranstaltungen freies WiFi zur Verfügung stand. Wenn aber jeder Politiker direkt mit den Wählern kommunizieren und jeder Bürger in Echtzeit Nachrichten empfangen, aufnehmen oder verschicken kann, bleibt das nicht ohne Folgen, wie Lepore unter dem Titel »The Party Crashers« im *New Yorker* schrieb: »Das Parteiensystem kämpft, wie fast alle herkömmlichen Industrien und Institutionen, nach einer Kommunikations-Revolution ums Überleben.«

Amerikas Zweiparteiensystem ist selbst durch – damals – neue Medien entstanden. Der Grundsatzstreit um die amerikanische Verfassung wurde Ende des 18. Jahrhunderts nämlich nicht nur in den ratifizierenden Versammlungen der Einzelstaaten ausgefochten, sondern auch und vor allem in den vielen hundert Zeitungen der Nation. Ein Teil dieser Zeitungen befürwortete die Ratifizierung, sie wurden bald als *Federalist newspapers* bezeichnet. Die Zeitungen, die den Verfassungsentwurf ablehnten, nannte man *Anti-federalist papers*. Die zweigeteilte Presselandschaft blieb nach der Abstimmung erhalten. Auf diese Weise strukturierte der Ja-oder-Nein-Dualismus schließlich weit über die ursprüngliche Verfassungsdebatte hinaus die gesamte politische Landschaft der USA.

Seitdem haben technologische Sprünge, die für größere Reichweiten und/oder höhere Geschwindigkeiten in der Kommunikation gesorgt haben, immer auch neue Verhältnisse im politischen System der USA geschaffen. Doch hatte sich vom 18. bis zum 20. Jahrhundert zumindest eins nicht geändert: Die Parteien und eine freie Presse fungierten als Vermittler zwischen Wählern und Politikern. Sie vor allem bestimmten die politische Agenda, organisierten die Meinungsbildung und die Entscheidungsprozesse, kurz: Sie hielten die Demokratie am Laufen. Im 21. Jahrhundert ist das aber nicht länger garantiert. Die jüngste Revolution der Kommunikationsmedien hat beide, die Parteien und die Presse, unter existenziellen Druck gesetzt.

Wie sieht ein politisches System aus, in dem Parteien und die klassischen Medien als Vermittler nach und nach ausfallen? Einen ersten Eindruck gab im Frühjahr 2018 eine neue Runde im ideologisch hoch aufgeladenen Kampf um die Regulierung des Waffenbesitzes in Amerika. Nach dem Amoklauf eines 19-Jährigen in einer Highschool der Stadt Parkland in Florida, bei dem 17 Schüler und Lehrer ums Leben kamen, sah es zunächst so aus, als würde dasselbe geschehen wie immer: Auf Schock und Betroffenheit, Gebete und Mahnwachen folgt von der einen Seite die Forderung nach strengeren Waffengesetzen und von der anderen Seite der Hinweis, dass es Menschen und nicht Waffen seien, die Menschen töten. Dann setzt die National Rifle Association (NRA) ihre mächtige Lobby-Maschine in Gang, mobilisiert *gun-rights*-Aktivisten und bearbeitet die Gesetzgeber in Amerikas Parlamenten, wo in den meisten Fällen republikanische Mehrheiten herrschen. Am Ende werden, wenn überhaupt etwas passiert, in den Einzelstaaten mehr Waffengesetze gelockert als verschärft. Auf Bundesebene verschwinden Gesetzentwürfe zur strengeren Regulierung des Waffenbesitzes in der Schublade, sobald sich die Medien wieder anderen aktuellen Themen zugewandt haben.

Doch diesmal ging nicht alles den gewohnten Gang. Jugendliche, die mit Nachrichten über immer neue Amokläufe groß geworden waren, machten mobil. Von klein auf hatten sie in ihren Schulen den *lock-down* üben müssen: wie man im Ernstfall die Türen des Klassenzimmers verbarrikadiert und unter Tischen oder in Wandschränken Deckung sucht. Nun wollten sie nicht länger als Zielscheiben herhalten – und auch ihre Lehrer nicht. Schüler reisten zu Parlamentsdebatten in ihren Heimatstaaten an und stellten Abgeordnete zur Rede. Das blieb, wie üblich, wirkungslos. Aber die Jugendlichen riefen auch zur Großdemonstration in Washington auf. Lehrer und Elterninitiativen schalteten ganzseitige Anzeigen in großen Tageszeitungen. Unterstützt von linksliberalen Aktivisten im ganzen Land, ist der »Teenager-Kreuzzug« angetreten, die mächtige Waffenlobby mit anderen Mitteln zu besiegen. Was man auf dem klassischen politischen Weg nicht geschafft hat, soll nun eine Protestbewegung bewirken, die vorrangig mit den Methoden der moralischen Empörung und der Stigmatisierung arbeitet.

Die ersten Erfolge hatte diese Bewegung schon nach wenigen Wochen vorzuweisen. Mehr als ein Dutzend großer US-Unternehmen, darunter der Autovermieter Hertz und die Fluggesellschaft United Airlines, beendeten ihre bisherige Zusammenarbeit mit der NRA. Zwei der größten Waffenverkäufer des Landes, Dick's Sporting Goods und Walmart, kündigten an, Schusswaffen und Munition künftig nur noch an Kunden zu verkaufen, die mindestens 21 sind – wer noch keinen Alkohol kaufen darf, sollte auch keine Schusswaffen mehr erwerben dürfen.

Solche Siege haben hohe Kosten, glaubt der konservative Kolumnist David Brooks: Wer den politischen Gegner verteufelt, statt mit ihm zu verhandeln, riskiert, dass sich die Gesellschaft nur noch weiter polarisiert. »Illiberalismus erzeugt Illiberalismus«, schrieb Brooks im März 2018 in der *New York Times*. Doch lässt sich kaum leugnen, dass es auf dem klassischen Weg der demokratischen Willensbildung über Jahrzehnte nicht gelungen ist, Schulkinder wenigstens vor halbautomatischen Schusswaffen in den Händen Amok laufender Teenager wirksam zu schützen.

»We, the people« – für Amerikas Verfassungsväter war das Volk der Souverän der Demokratie und zugleich ihr größter potentieller Feind. Sie fürchteten nichts mehr als die Tyrannei der Mehrheit, und was man ihnen von der Französischen Revolution auf anderen Seite des Atlantiks berichtete, war kaum dazu angetan, diese Sorge zu verringern. Nach ihrer Überzeugung brauchte Demokratie Zeit zur Abwägung und zur Willensbildung im Sinne des Gemeinwohls. Sie brauchte Vertrauen, politische Institutionen für den geregelten Machtwechsel und eine Debattenkultur, die Entscheidungen hervorbrachte, mit denen nicht nur spontane Mehrheiten leben konnten. Mit der digitalen Revolution konnten sie nicht rechnen.

Revolution, sagt der Philosoph Peter Sloterdijk, ist längst nicht mehr der Aufstand des Volkes gegen eine herrschende Klasse. Heute wird die Revolution von Unternehmern, Programmierern und Designern durch disruptive Technologien gemacht, und das Volk muss sie aushalten. So wie beim Autofahren, im Bildungssystem und beim Nachrichten-Schreiben wollen die *social engineers* aus dem Silicon Valley auch in der Politik den menschlichen Faktor überflüssig machen, die Sprache durch – scheinbar – objektive Zahlen ersetzen. Ihre Vision ist der *smart state,* der aus allen Daten aller Bürger mit dem richtigen Algorithmus Lösungen für alle Probleme findet – sogar für den »Trumpismus«. Manche halten das für *solutionism,* für technokratischen Größenwahn, andere für durchaus realistisch. Die Auseinandersetzung darüber hat gerade erst begonnen. Fasziniert wie seit jeher, werden wir von Deutschland und Europa aus den Amerikanern dabei zusehen und zuhören – auf Facebook, auf Twitter, im ePaper auf unseren Smartphones. Und wir haben allen Grund, ihnen die Daumen zu drücken.

# Anhang

## Glossar

Einige Begriffe, die Ihnen in diesem Buch und auch in den USA häufiger begegnen, kurz erläutert:

**9/11** – »Nine Eleven«, der elfte Neunte (Amerikaner schreiben beim Datum zuerst den Monat und dann den Tag). Gebräuchliches Kürzel für die Terroranschläge vom 11. September 2001; nicht zu verwechseln mit 911 (»nine one one«), dem US-weiten Polizeinotruf.

**24/7** – »twenty-four seven«, kurz für »rund um die Uhr« (24 Stunden an sieben Tagen der Woche).

**ATM** – Geldautomat.

**Big Three** – 1. die großen Drei der US-Autoindustrie (Chrysler, Ford, GM); 2. die drei führenden *Ivy-League*-Universitäten (Harvard, Princeton, Yale).

**blue states** – Einzelstaaten, in denen überwiegend demokratisch gewählt wird. In den USA ist also nicht Rot die Farbe der Linken, sondern Blau. Rot sind die konservativen, republikanisch wählenden Staaten. Das sind keine offiziellen Farben der Parteien, aber die US-Medien nutzen seit der Wahl des Jahrs 2000 einheitlich dieses Farbschema für Karten mit Wahlergebnissen. Siehe auch: *red states, swing states.*

**cash back** – Option in vielen US-Supermärkten und Kaufhäusern, beim Bezahlen mit Kredit- oder Debitkarte an der Kasse gleich auch Bargeld vom eigenen Konto abzuheben, und zwar gebührenfrei.

**change** – heißt nicht nur Wandel, wie in Obamas Wahlkampf, sondern auch Wechselgeld und Kleingeld (*nickel* = fünf Cent, *dime* = zehn Cent, *quarter* = 25 Cent).

**diet** – in den USA meist nicht Diät im Sinne von Abnehmen, sondern ganz allgemein die gewählte Ernährungsweise.

**diversity** – Zivilreligion der USA; die Anerkennung und Wertschätzung ethnischer, kultureller und religiöser Vielfalt bei striktem Diskriminierungsverbot wegen Rasse, Glauben, Geschlecht, Behinderung usw.

**ESL** – English as a Second Language. Unter diesem Kürzel werden oft Sprachkurse für Einwanderer angeboten.

**Expat** – kurz für Expatriate: Auswanderer auf Zeit; im engeren Sinne ein von seiner Firma vorübergehend ins Ausland entsandter Arbeitnehmer.

**Filibuster** – Dauerreden als Verzögerungs- und Verhinderungsinstrument in der parlamentarischen Debatte. Das Wort leitet sich von alten europäischen Bezeichnungen für »Freibeuter« ab. Gemeint ist, dass eine Debatte im US-Senat gekapert wird – sei es, um ein Gesetz ganz zu verhindern, sei es, um Zeit für weitere Verhandlungen zu gewinnen. Die einzelnen Senatoren dürfen so lange reden, wie sie wollen; es muss nicht einmal zum Thema sein. Um ein Filibuster zu beenden, bedarf es mindestens einer Dreifünftelmehrheit, das sind 60 Senatoren. Hat eine Partei also weniger als 60 Sitze, kann sie trotz ihrer Mehrheit kaum noch ein Gesetz gegen den Willen der Minderheit zur Abstimmung bringen. Kündigen 41 Senatoren ein Filibuster an, kommt das umstrittene Thema daher meist gar nicht erst auf die Tagesordnung.

**four-letter words** – Umschreibung für Schimpfwörter, mit denen zwar Tony Soprano und andere Helden amerikanischer TV-Serien (wie auch manche Amerikaner im echten Leben) nur so um sich werfen, von deren Gebrauch Ausländern aber dringend abzuraten ist. In vielen Gesellschaftskreisen führt Fluchen direkt ins soziale Abseits.

**Frontier** – bis Ende des 19. Jahrhunderts die Grenze zwischen den von europäischen Einwanderern und ihren Nachfahren besiedelten Gebieten und dem »wilden« Westen Nordamerikas; seitdem auch metaphorisch gebraucht, wo immer Pioniere zum Beispiel technologisches Neuland betreten *(technological frontier)*.

**Heartland** – das Kernland, das »Herz Amerikas«: idealisierende Bezeichnung für den Mittleren Westen der USA.

**Ivy-League-Universitäten** – In der »Efeu-Liga« tragen acht der ältesten und besten US-Universitäten seit Mitte des 20. Jahrhunderts offiziell ihre Sportwettkämpfe aus. Der Name wird meist von den efeuumrankten Campusgebäuden dieser Hochschulen abgeleitet, die alle im Nordosten der Vereinigten Staaten liegen. Vor allem die »großen Drei« der *Ivy-League schools* – Harvard, Princeton und Yale – sind weltberühmt. Andere, vor allem das Dartmouth-College in New Hampshire und die Brown-Universität in Rhode Island, sind weniger bekannt. Zur *Ivy League* zählen außerdem noch die University of Pennsylvania, die Columbia-Universität in New York City und die Cornell-Universität in Upstate New York.

**Jim Crow laws** – lokale und einzelstaatliche Gesetze zur Rassentrennung im amerikanischen Süden nach der Sklavenbefreiung. Die letzten Jim-Crow-Gesetze wurden erst mit dem Bürgerrechtsgesetz des Bundes von 1964 hinfällig.

**Kindergarten** – in den Grundschulen der USA die Vorschulklassen für Fünfjährige. Ein Kindergarten im deutschen Sinne heißt hier *preschool* oder *nursery school*.

**liberal** – generell: tolerant; politisch: das Gegenteil von *conservative,* ein Überbegriff für die politische Linke in den USA. Oft sind mit *liberals* Demokraten oder Personen gemeint, die der Demokratischen Partei nahestehen. Verglichen mit der deutschen politischen Landschaft, könnte man *liberal* mit sozialdemokratisch oder linksliberal übersetzen. Mit den deutschen Liberalen, der FDP, sind die amerikanischen *liberals* also nicht zu vergleichen.

**organic** – entspricht dem deutschen »Bio-«, bezeichnet Lebensmittel und Materialien aus biologischem Anbau.

**race** – Rassismus ist auch und gerade in den USA ein Dauerthema. Dennoch wird der Begriff der »Rasse« dort insgesamt neutraler gefasst und selbstverständlicher gebraucht als in Deutschland, wo er historisch so extrem belastet ist. Bei Volkszählungen oder in Aufnahmeformularen für amerikanische Schulen und Universitäten wird stets nach der Rasse gefragt, der man sich zugehörig fühlt. Die US-Zensusbehörde definiert »race« aber – ebenso wie »ethnicity« (ethnische Zugehörigkeit) – als ausschließlich »soziopolitisches Konstrukt« und warnt explizit vor jeder Interpretation von Rassen und Ethnien als biologische oder anthropologische Größen. Das gilt auch für die Verwendung des Begriffs »Rasse« in diesem Buch.

**red states** – Einzelstaaten, in denen überwiegend republikanisch gewählt wird. Siehe auch: *blue states.*

**Rednecks** – abfällige Bezeichnung für eine weiße Unterschicht vor allem im ländlichen Süden der USA, die damit stereotyp als rechtskonservativ, bigott und rassistisch beschrieben wird. Der Ausdruck leitet sich vom sonnenverbrannten Nacken eines Feldarbeiters her.

**SAT** – Standardtest, den Studienbewerber vor der Aufnahme in die meisten US-Colleges bestehen müssen. Geprüft wird auf den Feldern Mathematik, kritisches Lesen und kreatives Schreiben. SAT stand früher für verschiedene Begriffe wie Scholastic Achievement Test; heute heißt er offiziell nur noch SAT Reasoning Test.

**Southern Belle** – Südstaaten-Schönheit, eine schöne Frau aus dem Südosten der USA.

**swing states** – Einzelstaaten mit einem großen Anteil an Unabhängigen oder Wechselwählern *(swing voters),* in denen folglich keine der beiden großen Parteien auf verlässliche Mehrheiten zählen kann.

**WASP** – kurz für White Anglo-Saxon Protestant (weiße, angelsächsische Protestanten). Häufig polemisch gebraucht, um eine überwiegend von britischen Einwanderern in die alten Kolonien des Nordostens abstammende Klasse zu kennzeichnen, die sich als Bildungselite, Geldadel und / oder politische Aristokratie von anderen gesellschaftlichen Gruppen der USA abgrenzt.

## Literatur, Quellen und nützliche Websites

Lesenswertes zum Thema USA, das nicht schon anderswo in diesem Buch erwähnt ist:

Lösche, Peter (Hg.): Länderbericht USA, 5. Auflage, Bonn 2009.
Packer, George: Die Abwicklung. Eine innere Geschichte des neuen Amerika, Frankfurt 2014.
Schivelbusch, Wolfgang: Die Kultur der Niederlage. Der amerikanische Süden 1865. Frankreich 1871. Deutschland 1918, Berlin 2001.
Schreiterer, Ulrich: Traumfabrik Harvard. Warum amerikanische Universitäten anders sind, Frankfurt am Main / New York 2008.

Zahlreiche historische Fakten und Zitate in diesem Buch sind dem dicken Band *The National Experience: A History of the United States* entnommen (hg. von John M. Blum u.a., 8. Auflage, New York u.a. 1998). Meine regelmäßigen Quellen für das heutige Geschehen in den USA waren neben *New York Times, USA Today* und *Washington Post* vor allem die Zeitschriften *The Atlantic, Harper's, The New Yorker, Slate* und *Wired* sowie einzelne Blogs wie *Drudge Report* und *The Huffington Post*. Daten und Statistiken stammen, wo nicht gesondert gekennzeichnet, aus den offiziellen Quellen (vor allem US-Zensusbehörde, Statistisches Bundesamt Destatis und OECD).

Sehr empfehlenswert für jeden, der längere Zeit in den Vereinigten Staaten verbringen will, bleibt der Blog *USA Erklärt* (http://usaerklaert.wordpress.com), auch wenn ihn der Autor Scot W. Stevenson seit Februar 2016 nicht mehr weiterführt. Sehr sachlich und dennoch kurzweilig werden dort große Strukturen wie kleine Tücken des Alltags erklärt; auch ich verdanke der Lektüre viele Hintergrundinformationen und Anregungen. Informatives zur amerikanischen Geschichte und den USA von heute bietet auch die Website der US-Botschaft in Berlin (http://usa.usembassy.de/dindex.htm). Praktische Hinweise zu Visa, Kontakten, Arbeitswelt oder Immobilienkauf finden Sie zum Beispiel bei *Just Landed* (http://www.justlanded.de/deutsch/Vereinigte-Staaten)

# Basisdaten USA

**Fläche:** 9 857 306 km² (Deutschland 357 578 km²)

**Einwohner:** ca. 325 Mio., davon ca. 42 Mio. Afroamerikaner, ca. 57 Mio. Amerikaner lateinamerikanischer Herkunft, ca. 18 Mio. Amerikaner asiatischer Herkunft, ca. 4 Mio. Amerikaner indianischer Herkunft (Deutschland 82,7 Mio. Einw.)

**Bevölkerungsdichte:** ca. 30 Einwohner pro km², 82 % der Bevölkerung leben in städtischen Ballungsgebieten (Deutschland 231 Einw./km²)

**Religion:** 80 % der Bevölkerung gehören 238 verschiedenen Religionsgemeinschaften an, davon 23 % der römisch-katholischen Kirche, 37 % protestantischen Gemeinschaften (Baptisten, Methodisten, Lutheraner, Presbyterianer), 2 % Juden, 0,8 % Muslime

**Nationalfeiertag:** 4. Juli – Independence Day (Unabhängigkeitstag, seit 1776)

**Landessprache:** Englisch, lokal auch Spanisch

**Staatsform / Regierungsform:** Föderale und präsidiale Republik; Gewaltenteilung und -verschränkung

**Parlament:** Kongress mit zwei Kammern: Senat (100 Sitze), Repräsentantenhaus (435 Sitze)

**Verwaltungsstruktur:** 50 Bundesstaaten und Bundesbezirk Columbia mit der Hauptstadt Washington, zahlreiche Gliederungen auf Bundesstaatenebene

**Hauptstadt:** Washington, D.C., Stadt: ca. 681 170 Einwohner, Großraum: 5,95 Mio. Einwohner

**Größte Städte:** New York City (Bundesstaat New York, 8 537 673 Einwohner), Los Angeles (Kalifornien, 3 976 322), Chicago (Illinois, 2 704 958), Houston (Texas, 2 303 482), Philadelphia (Pennsylvania, 1 567 872), Phoenix (Arizona, 1 615 017). (Alle Zahlen Schätzung US Census 2016)

**Bruttoinlandsprodukt (BIP):** 18 624 Mrd. USD (Stand 2016, Deutschland: 3477 Mrd. USD)

**Pro Kopf-BIP:** 57 638 USD (Stand 2016, Deutschland: 42 161 USD)

Quellen: Statistisches Bundesamt, United States Census Bureau, World Bank

# Dank

Das Porträt eines ganzen Landes schreibt man nicht allein. Dieses Buch wäre nicht möglich ohne all jene Freunde und Bekannten in den USA, die mir ihre Geschichten erzählt und meine vielen Fragen geduldig beantwortet haben. Das gilt besonders für die lebendige Nachbarschaft rund um die Hawthorne Avenue – und noch einmal ganz besonders für Debra Gitterman, alias »meine Freundin Debbi«. Ein großer Dank auch an Nikolaus Wegmann, den Erstleser des Manuskripts, und an Günther Wessel, der mich mit Geduld und Humor durch den Publikationsprozess gesteuert hat.

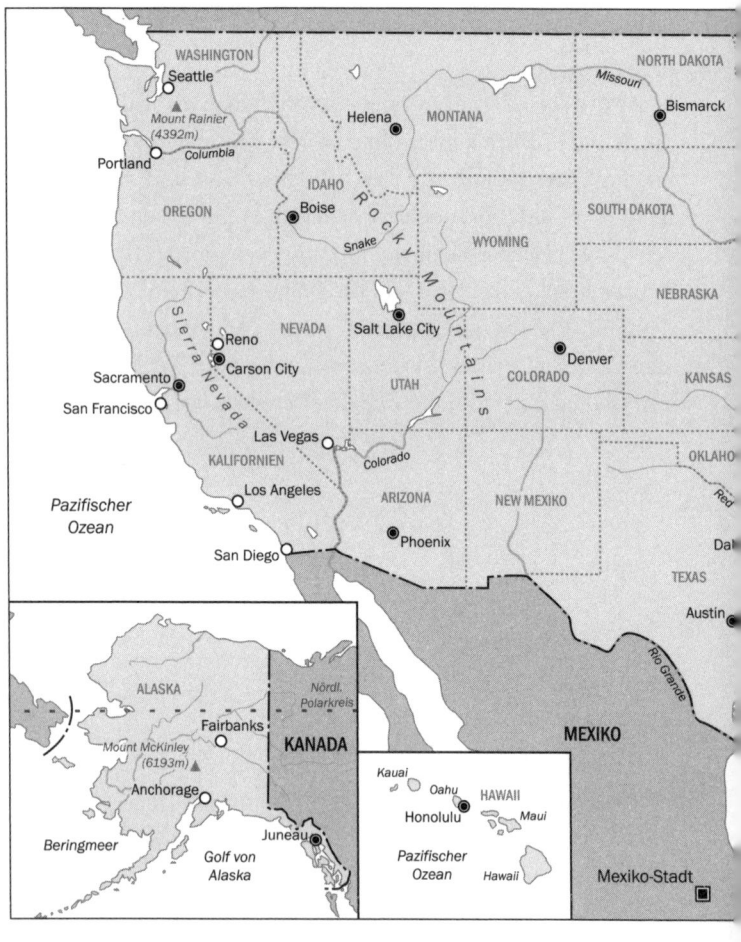

1 NEW HAMPSHIRE
2 VERMONT
3 MASSACHUSETTS
4 RHODE ISLAND
5 CONNECTICUT
6 NEW JERSEY
7 DELAWARE
8 MARYLAND

■ Bundeshauptstadt

◉ Hauptstadt des Bundes-
   staates (Auswahl)

○ Wichtige Stadt